JLPT 콕콕 찍어주마 N2 독해 4th EDITION

지은이 이서규, 박성길, 이영아, 김윤선, 鳥居麻衣子 공저
펴낸이 정규도
펴낸곳 (주)다락원

초판 1쇄 발행 2003년 10월 13일
개정2판 1쇄 발행 2010년 8월 3일
개정3판 1쇄 발행 2017년 12월 11일
개정3판 7쇄 발행 2025년 3월 24일

책임편집 송화록, 이선미, 정은영
디자인 이선주, 김희정, 하태호(표지)

㈜다락원 경기도 파주시 문발로 211
내용문의: (02)736-2031 내선 460~465
구입문의: (02)736-2031 내선 250~252
Fax: (02)732-2037
출판등록 1977년 9월 16일 제406-2008-000007호

Copyright © 2017, 이서규, 박성길, 이영아, 김윤선, 鳥居麻衣子

저자 및 출판사의 허락 없이 이 책의 일부 또는 전부를 무단 복제·전재·발췌할 수 없습니다. 구입 후 철회는 회사 내규에 부합하는 경우에 가능하므로 구입문의처에 문의하시기 바랍니다. 분실·파손 등에 따른 소비자 피해에 대해서는 공정거래위원회에서 고시한 소비자 분쟁 해결 기준에 따라 보상 가능합니다. 잘못된 책은 바꿔 드립니다.

ISBN 978-89-277-1177-3 18730
  978-89-277-1168-1 (set)

http://www.darakwon.co.kr

- 다락원 홈페이지를 방문하시면 상세한 출판정보와 함께 동영상강좌, MP3자료 등 다양한 어학 정보를 얻으실 수 있습니다.

- 콕콕 실전문제 및 파이널 테스트 문제의 해석은 다락원 홈페이지 학습자료실에서 다운로드 받으시거나 교재 안의 QR코드를 통해 바로 확인하실수 있습니다.

머리말

JLPT(일본어 능력시험)는 국제교류기금 및 일본국제교육지원협회가 일본 및 해외에서 일본어를 모국어로 하지 않는 사람을 대상으로 일본어 능력을 측정하고 인정함을 목적으로 하는 시험이며 일본 정부가 공인하는 세계 유일의 일본어 시험인 만큼 일본의 대학, 전문학교, 국내 대학교의 특차전형과 기업 인사 및 공무원 선발에서의 일본어 능력에 대한 평가 자료로도 활용되고 있습니다.

1984년부터 매년 12월에 시험이 시행되었고 2009년부터 1년에 2회, 즉 7월과 12월에 실시되고 있습니다. 또한 2010년부터 학습자들의 과제 수행을 위한 커뮤니케이션 능력을 측정하는 것을 목표로 새로운 유형으로 바뀌면서 N1부터 N5까지 더 세분화되었습니다.

독해는 글자 그대로 문장을 읽고 이해하는 능력을 측정하는 시험입니다. 단어 하나하나의 해석보다는 문장 전체의 흐름, 키워드, 필자의 의도 등을 파악하는 것이 훨씬 중요합니다. 그러기 위해서는 기본적으로 레벨에 맞는 어휘와 문법 실력을 갖추어야 하고 많은 문제를 풀어 반복적으로 등장하는 핵심 단어를 찾아낼 수 있어야 합니다.

독해 실력을 향상시키기 위해서는 다양한 장르의 문장을 다독하는 것이 선행되어야 합니다. 그리고 단문, 중문, 장문으로 갈수록 지문이 길어지면서 어려워하는 수험생이 많은데, 그럴 때는 단문 두 개 또는 세 개를 푼다는 생각으로 분리해서 사고하는 요령이 요구됩니다.

그래서 본서에서는 다양한 독해문을 다루었으며 상대적으로 조금 평이한 문제와 다소 어려운 문제까지 출제하여 합격은 물론 고득점을 목표로 하는 학습자에게도 도움이 될 수 있도록 구성하였습니다. 본서에 나오는 어휘와 문형을 두루 익히고 조금 난해한 문제라도 먼저 풀어 보고 해설을 통해 이해하는 식으로 여러 독해 지문에 대한 이해도를 조금씩 높여 나간다면 소기의 목적을 달성할 수 있으리라 확신합니다.

끝으로 이 책의 출판에 도움을 주신 ㈜다락원의 정규도 사장님과 일본어 출판부 직원 여러분에게 이 자리를 빌려 감사드립니다.

저자 일동

JLPT(일본어 능력시험)에 대하여

1. **목적 및 주최** | JLPT(일본어 능력시험)는 원칙적으로 일본 국내외에서 일본어를 모국어로 하지 않는 사람을 대상으로 한다. 일본어를 공부하거나 사용하는 사람들의 일본어 능력을 측정하고 인정하는 것을 목적으로 한다. 일본 정부가 세계적으로 공인하는 유일한 일본어 시험으로 국제교류기금과 재단법인 일본국제교육지원협회가 주최한다.

2. **실시 횟수** | 매년 7월 첫 번째 일요일과 12월 첫 번째 일요일 2회 실시한다. 하지만 주관 부서의 사정에 따라 변경될 수도 있으니 http://www.jlpt.or.kr/ 에서 확인하기 바란다.

3. **레벨** | 시험은 N1, N2, N3, N4, N5로 나뉘어 있어 수험자가 자신에게 맞는 레벨을 선택하면 된다. 각 레벨에 따라 N1~N2는 언어지식(문자·어휘·문법)·독해, 청해의 두 섹션으로, N3~N5는 언어지식(문자·어휘), 언어지식(문법)·독해, 청해의 세 섹션으로 나뉘어 있다.

4. **시험 결과 통지와 합격 여부** | JLPT는 다음 예와 같이 각 과목의 ①구분별 득점과 구분별 득점을 합계한 ②총점을 통지하며, 이 두 가지 기준에 따라 합격 여부를 판정한다. 즉, 총점이 합격점 이상이고, 각 구분별 득점(과목별 점수)이 기준점 이상이어야 합격이 된다.

일반 수험자 합격 기준점

2016. 12월 시험 기준

레벨	합격점/만점	기준점		
		언어지식	독해	청해
N2	90점 / 180점	19점 / 60점	19점 / 60점	19점 / 60점

* 2016년 12월 시험에서는 총점으로는 100점, 기준점으로는 각각 19점이 모두 넘어야 합격이 되었다.
만약 한 과목이라도 19점을 넘기지 못하면 총점이 100점을 넘더라도 불합격이 된다. 이 점수는 매년 달라진다.

*A 씨의 성적표

① 구분별 득점			② 총점
언어지식	독해	청해	
60 / 60	30 / 60	15 / 60	105 / 180 (불합격)

* 총점은 105점으로 합격점은 충족하지만, 청해가 15점으로 기준점 19점을 넘기지 못했다. 따라서 A 씨는 **불합격**이다.

*B 씨의 성적표

① 구분별 득점			② 총점
언어지식	독해	청해	
40 / 60	30 / 60	35 / 60	105 / 180 (합격)

* 총점은 105점으로 합격점을 충족하며, 구분별 득점도 모두 19점 이상이므로 B 씨는 **합격**이다.

5. 시험 내용 | 각 레벨의 인정 기준을 【읽기】, 【듣기】라는 언어행동으로 나타낸다. 각 레벨에는 이 언어행동을 실현하기 위한 언어지식이 필요하다.

레벨	구성 (항목 / 시간)		인정 기준
N1	언어지식 (문자·어휘·문법) 독해	110분	폭넓은 장면에서 사용되는 일본어를 이해할 수 있다. 【읽기】• 폭넓은 화제의 신문 논설, 논평 등 논리적으로 약간 복잡한 문장이나 추상도가 높은 문장 등을 읽고, 문장의 구성이나 내용을 이해할 수 있다. • 다양한 화제의 깊이 있는 내용을 읽고, 이야기의 흐름이나 상세한 표현 의도를 이해할 수 있다. 【듣기】• 폭넓은 장면에서 주고받은 자연스러운 속도의 정리된 회화나 뉴스, 강의를 듣고 이야기의 흐름이나 내용, 등장인물의 관계나 내용의 논리 구성 등을 상세하게 이해하거나 요지를 파악할 수 있다.
	청해	60분	
	계	170분	
N2	언어지식 (문자·어휘·문법) 독해	105분	일상적인 장면에서 사용되는 일본어의 이해에 더해, 보다 폭넓은 장면에서 사용되는 일본어를 어느 정도 이해할 수 있다. 【읽기】• 폭넓은 화제의 신문이나 잡지의 기사·해설, 평이한 논평 등 요지가 명쾌한 문장을 읽고 문장의 내용을 이해할 수 있다. • 일반적인 화제에 관한 내용을 읽고, 이야기의 흐름이나 표현 의도를 이해할 수 있다. 【듣기】• 일상적인 장면에 더해 폭넓은 장면에서, 비교적 자연스러운 속도의 정리된 회화나 뉴스를 듣고 이야기의 흐름이나 내용, 등장인물의 관계를 이해하거나 요지를 파악할 수 있다.
	청해	50분	
	계	155분	
N3	언어지식(문자·어휘)	105분	일상적인 장면에서 사용되는 일본어를 어느 정도 이해할 수 있다. 【읽기】• 일상적인 화제에 대한 구체적인 내용의 문장을 읽고 이해할 수 있다. • 신문의 표제어 등에서 정보의 개요를 캐치할 수 있다. • 일상적인 장면에서 눈으로 보는 범위의 난이도가 약간 높은 문장은 대체 표현이 주어지면 요지를 이해할 수 있다. 【듣기】• 일상적인 장면에서 비교적 자연스러운 속도의 정리된 회화를 듣고 이야기의 구체적인 내용을 등장인물의 관계 등과 맞춰서 대체로 이해할 수 있다.
	언어지식(문법)·독해		
	청해	40분	
	계	145분	
N4	언어지식(문자·어휘)	95분	기본적인 일본어를 이해할 수 있다. 【읽기】• 기본적인 어휘나 한자로 이루어진 매우 일상적인 화제의 문장을 읽고 이해할 수 있다. 【듣기】• 일상적인 장면에서 약간 천천히 이야기하는 대화라면 내용을 대체로 이해할 수 있다.
	언어지식(문법)·독해		
	청해	35분	
	계	130분	
N5	언어지식(문자·어휘)	80분	기본적인 일본어를 어느 정도 이해할 수 있다. 【읽기】• 히라가나나 가타카나, 일상생활에서 사용되는 기본적인 한자로 이루어진 정형적 어구나 문장을 읽고 이해할 수 있다. 【듣기】• 교실이나 신변적인 일상생활 중에서도 자주 접하는 장면에서 천천히 이야기하는 짧은 대화라면 필요한 정보를 파악할 수 있다.
	언어지식(문법)·독해		
	청해	30분	
	계	110분	

6. 성적표 교부 | 합격자에 한해 교부되는 급수별 「일본어 능력 인정서」와 함께 응시자 전원에게 합격·불합격의 결과를 알려 주는 통지서, 인정 결과 및 성적에 관한 증명서를 교부한다.

이 책의 구성 및 특징

이 책은 「JLPT(일본어 능력시험) N2 독해」 대비서로, 1교시 독해 시간에 해당되며 배점은 60점, 시간은 60분 정도입니다. N2 독해 문제의 5가지 형태 즉, 내용 이해(단문, 중문), 종합 이해, 주장 이해(장문), 정보 검색별로 「문제 유형 분석」과 「문제 풀이 비법」을 실어 처음 접하는 문제 형태에도 당황하지 않도록 배려하였으며, 문제 뒤에는 바로 해석과 해설을 실어 혼자서도 충분히 독해 파트를 공부할 수 있도록 하였습니다.

Part 1 유형별 독해 문제 공략하기

JLPT의 N2 독해 문제 유형은 내용 이해(단문, 중문), 종합 이해, 주장 이해(장문), 정보 검색으로 총 5가지입니다. 각 유형 앞에는 「문제 유형 분석」과 「문제 풀이 비법」이 실려 있어 독해 유형과 풀이에 대한 길잡이로 삼을 수 있습니다. 단문은 16지문, 중문은 10지문, 종합 이해는 6지문, 주장 이해는 6지문, 정보 검색은 6지문으로 충분한 양의 독해 지문을 통해 독해 파트를 대비할 수 있습니다. 또한 문제 뒤에는 바로 해석 및 해설을 실어 바로바로 확인할 수 있으며, 해설에는 단어 파트를 마련하여 어휘와 숙어, 묶어서 외우면 좋을 표현까지 모두 정리되어 있습니다.

Part 2 파이널 테스트

• **파이널 테스트**

JLPT N2 독해 문제와 같은 형식의 파이널 테스트를 2회 수록하여 마무리 점검을 할 수 있도록 하였습니다.

• **파이널 테스트 정답 및 해설**

파이널 테스트의 정답 및 해설을 자세히 수록하였습니다. 또한, 다락원 홈페이지(www.darakwon.co.kr) 자료실에 이 교재에 나온 모든 단어 및 표현을 해석과 함께 아이우에오 순으로 정리한 「N1 독해력을 UP시키는 어휘 1500」을 게재하여, 어휘력을 높일 수 있게 하였습니다. 다운로드 후 프린트해 주세요.

차례

머리말	003
JLPT(일본어 능력시험)에 대하여	004
이 책의 구성 및 특징	006
이 책의 사용법	008
독해 문제 유형 분석	010

Part 1 유형별 독해 문제 공략하기

1. 내용 이해 - 단문 공략하기	016
2. 내용 이해 - 중문 공략하기	049
3. 종합 이해 공략하기	090
4. 주장 이해 - 장문 공략하기	115
5. 정보 검색 공략하기	141

Part 2 파이널 테스트

1. 파이널 테스트 1~2회	168
2. 파이널 테스트 정답 및 해설	204

이 책의 사용법

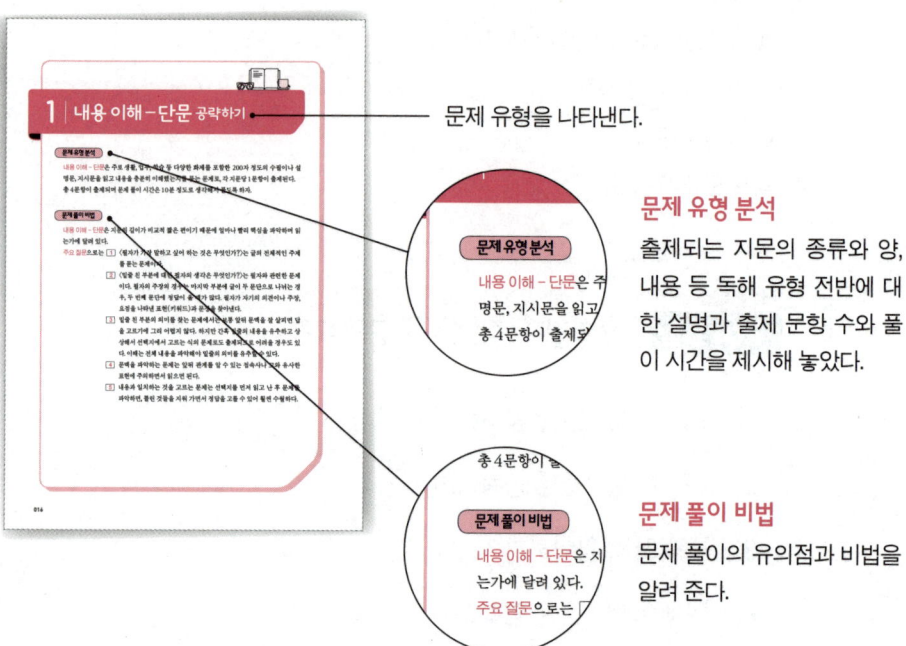

문제 유형을 나타낸다.

문제 유형 분석
출제되는 지문의 종류와 양, 내용 등 독해 유형 전반에 대한 설명과 출제 문항 수와 풀이 시간을 제시해 놓았다.

문제 풀이 비법
문제 풀이의 유의점과 비법을 알려 준다.

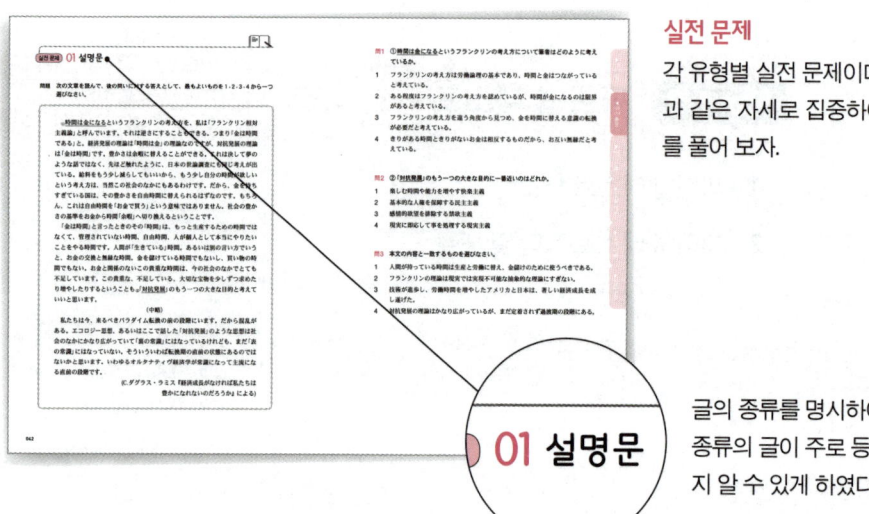

실전 문제
각 유형별 실전 문제이다. 실전과 같은 자세로 집중하여 문제를 풀어 보자.

글의 종류를 명시하여 어떤 종류의 글이 주로 등장하는지 알 수 있게 하였다.

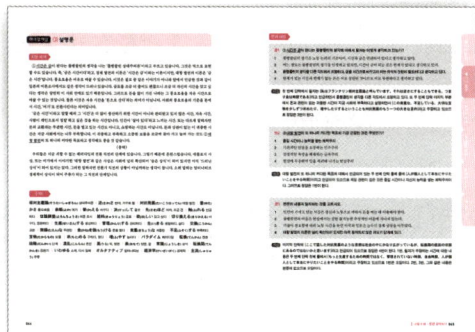

해석 및 해설

문제를 풀면 다음 장에는 바로 해석 및 해설이 나와 있다. 지문에 대한 해석, 그리고 단어 및 묶어서 알아 두면 좋은 표현이 정리되어 있다. 또한 문제 해설에는 해석 뿐만 아니라 왜 정답이 되는지 자세히 설명해 두었다.

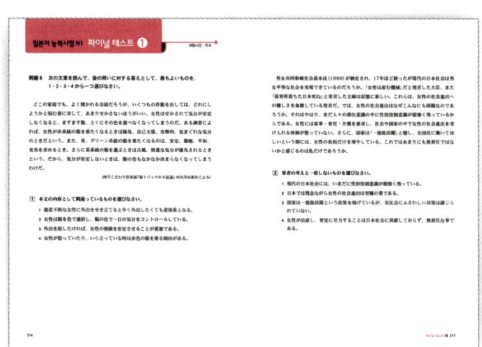

파이널 테스트

Part 2에는 N2 독해 파이널 테스트 2회분이 실려 있다. 학습을 끝낸 후, 마무리 테스트로 풀어 보자. 시간을 꼭 정해 놓고 풀어 보자.

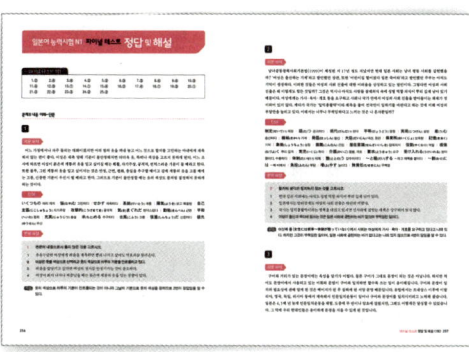

파이널 테스트 정답 및 해설

N2 독해 파이널 테스트에 대한 해석과 해설이 자세히 실려 있다.

어휘 1500

다락원 홈페이지 자료실에 교재에서 다룬 모든 단어를 히라가나 순으로 정리한 「N2 독해력을 UP시키는 어휘 1500」을 게재해 두었다. 꼭 다운로드 후 프린트하여 가지고 다니며 어휘력을 기르자.

독해 문제 유형 분석

지문 수로 보면 11지문, 문제 수는 26문제가 출제된다. 단문-중문-장문의 지문 비율이 4-4-3이며, 배점은 전체에서 1/3(60점)을 차지하는 등 독해는 그 비중이 상당히 크다.

지문의 종류

JLPT(일본어 능력시험)의 N2 독해 문제 유형은 내용 이해(단문, 중문), 종합 이해, 주장 이해(장문), 정보 검색으로 총 5가지이다.

1. 내용 이해 – 단문

주로 생활, 업무, 학습 등 다양한 주제를 포함한 200자 정도의 설명문이나 지시문을 읽고 내용을 충분히 이해했는지를 묻는 문제로, 각 지문당 1문제가 출제된다. 총 5문제가 출제되며, 문제 풀이 시간은 10분 정도로 생각해서 푼다.

지문의 길이는 200자(10행 내외) 정도 한 지문에 1문제 출제, 총 5지문 5문제 **10분**

2. 내용 이해 – 중문

비교적 쉬운 내용의 신문 논평, 설명문, 수필 등 500자 정도의 텍스트를 읽고 나서 인과관계나 개요, 이유, 필자의 생각 등을 이해할 수 있는지를 묻는다. 각 지문당 3문제가 출제되며, 총 3지문이 출제된다. 문제 풀이 시간은 15분 정도로 생각해서 푼다.

지문의 길이는 500자(20행 내외) 정도 한 지문에 3문제 출제, 총 3지문 9문제 **15분**

3. 종합 이해

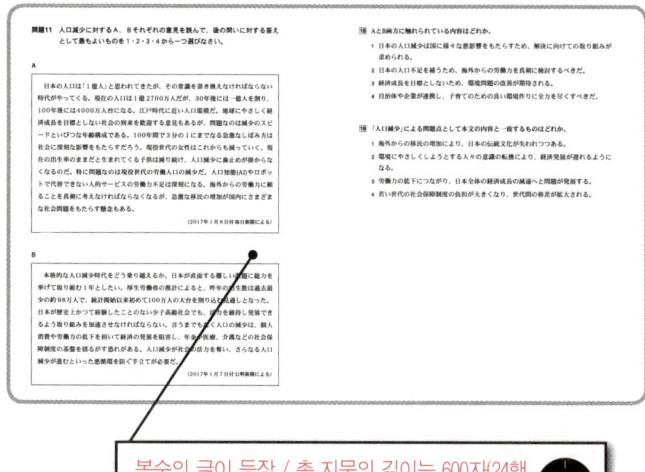

신문의 칼럼이나 기사 등의 같은 주제에 대한 두 가지 이상의 글을 읽고 공통점이나 상이점을 비교하거나, 복수의 지문 내용을 종합하여 이해하는 능력을 요구한다. 비교적 평이한 내용이므로 글 자체는 그다지 어렵지 않지만, 문제 형태가 달라 자칫 당황할 수 있다. 전체를 신속하게 읽거나 또는 문제에 따라 부분을 깊이 있게 읽는 방식으로 이해한다. 한 지문이 출제되며 2문제가 따른다. 문제 풀이 시간은 10분 정도이다.

복수의 글이 등장 / 총 지문의 길이는 600자(24행 내외) 정도, 한 지문에 2문제 출제, 총 1지문 2문제

10분

4. 주장 이해 – 장문

추상적이고 논리적인 900자 정도의 장문을 읽고 필자가 전달하려는 주장, 의견을 얼마나 이해할 수 있는지를 묻는 문제이다. 전체적 내용 이해, 키워드 파악, 논리 전개 등을 파악하는 것이 주장 이해 파트를 해결하는 데 무엇보다 중요하다. 독해 문제 중에서 제일 난이도가 높은 파트로 단어 수준도 높은 편이다. 한 지문에 3문제가 출제되며, 문제 풀이는 15분 정도로 잡는다.

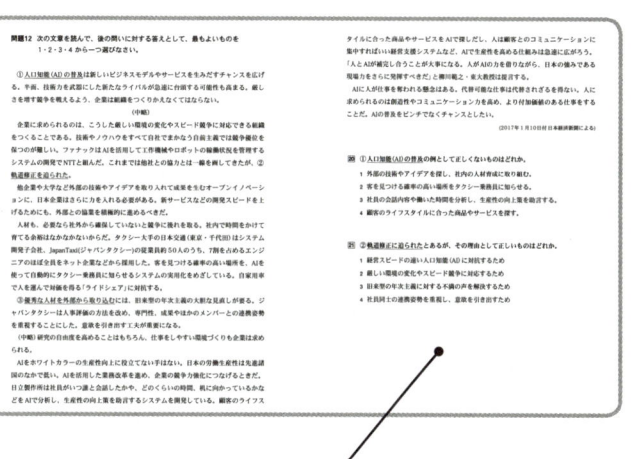

지문의 길이는 900자(20행 내외) 정도 한 지문에 3문제 출제, 총 1지문 3문제

15분

5. 정보 검색

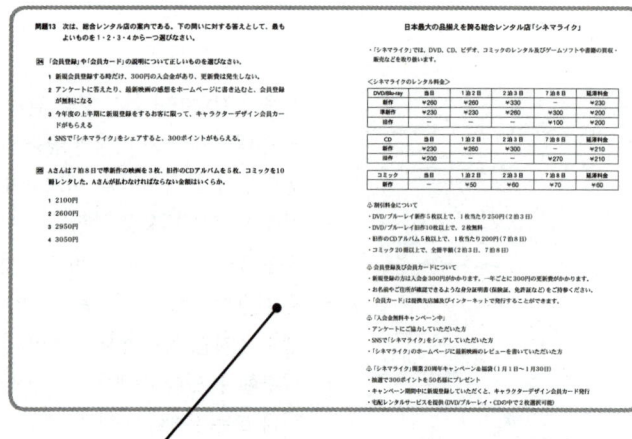

지문의 길이는 700자 정도
한 지문에 2문제 출제, 총 1지문 2문제

10분

광고, 팸플릿, 정보지, 전단지, 비즈니스 문서 등의 정보 소재글 700자 정도 안에서 자신에게 필요한 정보를 찾아낼 수 있는지 묻는 문제이다. 예를 들어 아르바이트 모집 광고를 보고 전체를 대략 훑어본 후 조건에 맞는 정보를 찾아내는 등의 문제이다. 한 지문에 2문제가 출제되며, 문제 풀이 시간은 10분 정도로 잡는다.

문제의 유형

각 유형별로 질문의 형태에 특징이 있다.

1. 내용 이해(단문·중문)

❶ 필자 관련 문제

필자의 생각이나 주장 등을 묻는 문제이다. 필자의 주장의 경우, 글이 두 문단으로 나뉘는 경우, 두 번째 문단에 정답이 올 때가 많다. 필자가 자기의 의견이나 주장, 요점을 나타낸 표현(키워드)과 문장을 찾아낸다.

❷ 의미 파악 문제

밑줄 친 부분에 대한 의미를 찾는 문제로 앞뒤 문맥을 잘 살펴보고 밑줄 친 부분이 의미하는 내용을 선택지에서 찾는다. 비슷한 의미의 표현으로 바뀌어 나타나는 경우가 많다.

❸ 문맥 파악 문제

앞뒤 관계를 알 수 있는 접속사나 그와 유사한 표현에 주의하면서 읽는다.

❹ 전체적 내용 파악 문제

선택지를 먼저 읽고 난 후 문제를 파악하면 틀린 것들을 지워 가면서 정답을 고를 수 있어 훨씬 수월하다.

> **질문의 예시**
> 1. 필자가 여기서 가장 말하고 싶은 것은 무엇인가?
> 2. ~라고 필자가 생각하는 이유는 무엇인가?
> 3. ~라고 했는데 이것은 무엇을 말하는 것인가?
> 4. ~라고 했는데 필자의 생각에 가까운 것은 어느 것인가?
> 5. 여기서 ~란 무엇을 말한다고 생각되는가?
> 6. ~의 이유는 무엇인가?
> 7. ~은 무엇을 가리키는가?
> 8. 이 문장에서 알 수 있는 ~은 어떤 것인가?
> 9. 다음 중 본문의 내용과 맞지 않는 것은 어느 것인가?

2. 종합 이해

❶ 내용 언급 문제

공통적으로 언급되는 내용, 혹은 양쪽에 모두 언급되어 있지 않거나 한쪽에만 언급되어 있는 사항 등을 비교하는 문제가 나온다.

❷ 의견 비교 문제

A와 B의 의견이 어떻게 다른지를 비교하는 문제이다. 예를 들어, 찬성인가 반대인가, 혹은 비판적인가 명확한 태도를 취하고 있지 않은가 등 필자의 의견을 묻는다. 의견을 말할 때 사용하는 문말 표현에 주의하면서 읽어야 한다.

❸ 주제 파악 문제

복수의 글을 읽고 어떤 사항에 대한 이유나 배경, 내용 등을 묻는 문제이다. 정답은 A 또는 B 한 곳에만 있을 수도 있고 두 글을 종합해야 얻을 수도 있다.

> **질문의 예시**
> 1. A와 B 어느 기사에도 언급되어 있지 않은 내용은 어느 것인가?
> 2. ~에 대해서 A의 필자와 B의 필자는 어떤 입장을 취하고 있는가?
> 3. A와 B의 필자가 공통적으로 주장하고 있는 것은 무엇인가?
> 4. ~에 대한 이유는 무엇인가?

3. 주장 이해(장문)

❶ 필자 관련 문제

유형의 특성상 필자의 주장이나 생각 등을 묻는 문제는 반드시 출제된다. 상식적인 의견이 나올 가능성이 많으므로, 너무 극단적이거나 대담한 의견은 정답일 확률이 낮다. 또한 필자가 말하고자 하는 바가 반드시 글 마지막 부분에 온다고는 할 수 없으므로 주의해야 한다.

❷ 내용 파악 문제

밑줄 친 부분의 의미를 묻거나 글 안에 있는 내용을 응용한 예를 찾는 문제도 나올 수 있다.

> **질문의 예시**
> 1. ~라고 했는데, 어떻게 그렇게 된다는 것인가?
> 2. ~란 무엇(어디)인가?
> 3. 필자가 말하는 ~의 예는 어느 것인가?
> 4. 이 문장에서 필자가 말하고 싶은 것은 무엇인가?

4. 정보 검색

❶ 내용 검색 문제

질문을 보고 필요한 정보가 지문 전체 중 어느 부분에 쓰여 있는지 찾는다. 정보 소재 중에서 하나의 기본이 되는 조건을 정하고 나서 하나씩 체크해 가면서 파악하는 것이 중요하다.

> **질문의 예시**
> 1. ~에서 ~할 수 있는 ~은 몇 개인가?
> 2. ~상황에서 ~할 수 있는 것은 어느 것인가?
> 3. ~에서 요구하는 조건을 충족시키고 있는 것은 어느 것인가?

Part 1

유형별 독해 문제 공략하기

1. 내용 이해-단문 공략하기
2. 내용 이해-중문 공략하기
3. 종합 이해 공략하기
4. 주장 이해-장문 공략하기
5. 정보 검색 공략하기

1 | 내용 이해 – 단문 공략하기

문제 유형 분석

내용 이해 - 단문은 주로 생활, 업무, 학습 등 다양한 주제를 포함한 200자 정도의 수필이나 설명문, 지시문을 읽고 내용을 충분히 이해했는지를 묻는 문제로, 각 지문당 1문항이 출제된다. 총 5문항이 출제되며 문제 풀이 시간은 10분 정도로 생각해서 풀도록 하자.

문제 풀이 비법

내용 이해 - 단문은 지문의 길이가 비교적 짧은 편이기 때문에 얼마나 핵심을 빨리 파악하며 읽는가에 달려 있다.

주요 질문으로는
[1] 〈필자가 가장 말하고 싶어하는 것은 무엇인가?〉는 글의 전체적인 주제를 묻는 문제이다.
[2] 〈밑줄 친 부분에 대한 필자의 생각은 무엇인가?〉는 필자와 관련되는 문제이다. 필자의 주장의 경우는 마지막 부분에 글이 두 문단으로 나뉘는 경우, 두 번째 문단에 정답이 올 때가 많다. 필자가 자기의 의견이나 주장, 요점을 나타낸 표현(키워드)과 문장을 찾아낸다.
[3] 밑줄 친 부분에 대한 의미를 찾는 문제에서는, 보통 앞뒤 문맥을 잘 살피면 답을 고르기에 그리 어렵지 않다. 하지만 간혹 밑줄의 내용을 유추하고 상상해서 보기에서 고르는 식의 문제로도 출제되므로 어려울 경우도 있다. 이때는 전체 내용을 파악해야 밑줄의 의미를 유추할 수 있다.
[4] 문맥을 파악하는 문제는 앞뒤 관계를 알 수 있는 접속사나 그와 유사한 표현에 주의하면서 읽으면 된다.
[5] 내용에 맞는 것을 고르는 문제는 선택지를 먼저 읽고 난 후 문제를 파악하면, 틀린 것들을 지워가면서 정답을 고를 수 있어 훨씬 수월하다.

실전 문제 01 수필문

問題　次の文章を読んで、後の問いに対する答えとして最もよいものを、1・2・3・4から一つ選びなさい。

　ボランティアのイメージといえば、無償かつ善意で行う奉仕活動といえるだろう。しかし近年ではそのボランティアのイメージとはかけ離れた現実がある。例えば、金銭面である。ボランティア活動は原則無償であるが、無償であるがゆえに人材確保が難しい。活動にかかる諸経費や交通費、ガソリン代、宿泊費など自己負担であることにより長期間の活動は難しくなる。また、ボランティアにくる者のマナーも問題視されている。学校などが推奨しボランティアを強制的に行わなければならなかったり、就職の自己アピールに利用するためであったり、また自分探しや他人から感謝されたいからという不純な動機のものもいる。そのような理由からも、人材確保の面からもボランティアの定義を拡張し、無償ではないボランティアも必要ではないだろうか。

問　**本文の内容として間違っているものを選びなさい。**

1　行政でもまかなえないボランティア活動に関しては、有償ボランティアも検討の余地がある。
2　無報酬でのボランティアは慢性的な人手不足に陥りやすい。
3　ボランティアには必要経費の自己負担により長期間の活動は困難である。
4　ボランティアには無償と自発の原則が存在し、それを守らなければならない。

해석 및 해설 01 수필문

지문 해석

자원 봉사의 이미지 하면 보상 없이 선의로 행하는 봉사 활동이라 말할 수 있을 것이다. 하지만 최근에는 그러한 자원 봉사의 이미지와는 동떨어진 현실이 있다. 예를 들면 금전적인 문제이다. 자원 봉사자의 활동은 원칙적으로 무급이지만 무급이기 때문에 인재 확보에 어려움을 겪는다. 활동에 필요한 여러 경비나 교통비, 주유비, 숙박비 등을 본인이 부담하기 때문에 장기간 활동이 힘들어진다. 또한 자원 봉사하러 오는 사람들의 매너도 문제시되고 있다. 학교 등의 권유로 강제적으로 자원 봉사를 해야 한다든가, 취직하는 데에 자기 PR로 이용하기 위함이라든가, 또한 '자아발견'이나 '타인에게 칭찬받고 싶어서'와 같은 불순한 동기를 가진 사람도 있다. 이러한 이유에서나, 인재 확보를 위해서나 자원 봉사자의 정의를 확장해 무급이 아닌 자원 봉사자도 필요한 것은 아닐까?

단어

ボランティア 자원 봉사(자) | ～といえば ～라고 하면 | 無償(むしょう) 무상 | 善意(ぜんい) 선의 | 奉仕活動(ほうしかつどう) 봉사 활동 | かけ離(はな)れる 동떨어지다 | 現実(げんじつ) 현실 | 金銭面(きんせんめん) 금전 면 | 原則(げんそく) 원칙 | ～がゆえに ～이기 때문에 | 確保(かくほ) 확보 | 諸経費(しょけいひ) 여러 경비 | 自己負担(じこふたん) 본인 부담 | ～により ～로 인해 | 推奨(すいしょう) 추천, 권유 | 強制的(きょうせいてき) 강제적 | 就職(しゅうしょく) 취직 | 自分探(じぶんさが)し 자아 발견 | 不純(ふじゅん)な 불순한 | 動機(どうき) 동기 | 定義(ていぎ) 정의 | 拡張(かくちょう) 확장

문제 해석

문 본문의 내용으로서 일치하지 않는 것을 고르시오.
1. 행정적으로 인재 확보가 어려운 자원 봉사 활동에 관해서는, 유급 자원 봉사자도 검토할 여지가 있다.
2. 무보수 자원 봉사는 만성적인 인력 부족에 빠지기 쉽다.
3. 자원 봉사자는 필요 경비를 본인이 부담하기 때문에 장기간 활동에 곤란함을 겪는다.
4. 자원 봉사에는 무급과 자발의 원칙이 존재하며, 그것을 지켜야 한다.

해설 밑에서 다섯 번째 줄 [学校などが推奨しボランティアを強制的に行わなければならなかったり～] 부분을 보면 강제적으로 행해지는 경우도 있음을 알 수 있다. 또한 본문에서는 무상의 원칙을 강조하기보다는 인재 확보를 위해서 유급 자원 봉사자가 필요하다고 나와 있으므로 4번이 정답이 된다.

실전 문제 02 수필문

問題　次の文章を読んで、後の問いに対する答えとして最もよいものを、1・2・3・4から一つ選びなさい。

　日本に古くからある介護観では「介護は家で家族がするもの」という固定概念が存在する。また医療水準があがるにつれ、要介護者も増加し、介護期間も長くなるのが現状である。介護が必要にもかかわらず、満足に介護が受けられなかったり、65歳以上の高齢者が高齢者を介護する老老介護も増えている。このように介護への負担は大きく、それが高齢者虐待（ぎゃくたい）に繋がるケースも少なくない。暴力だけでなく、ネグレクトや侮蔑（ぶべつ）、財産の不正使用なども含まれる。少子化により、若者たちの介護負担はさらに大きくなるだろう。行政はこうした現実をしっかり受け止め、介護支援を改善しなければならない。

問　本文の内容として間違っているものを選びなさい。

1　日本における介護観が家庭での介護負担を重くしているため行政が改善していく必要がある。
2　高齢者への虐待には、身体的虐待、介護放棄、精神的虐待、経済的虐待などがある。
3　高齢化した子供が親の介護をするだけでなく、高齢の妻が高齢の夫を介護するのも老老介護に含まれる。
4　在宅介護は要介護者に大きな負担を与え、深刻な問題になっている。

해석 및 해설 — 02 수필문

지문 해석

　예로부터 일본의 간호관에는 '간호는 집에서 가족들이 하는 것'이라는 고정관념이 존재했다. 또한 의료 수준이 향상됨에 따라 간병인이 필요한 사람도 증가하고 간호 기간 또한 길어지는 것이 현 상황이다. 간호가 필요함에도 불구하고 충분히 간호받지 못하거나, 65세 이상의 노인이 다른 노인을 간호하는 이른바 노노개호도 늘고 있다. 이처럼 간호의 부담이 커져서 그것이 노인 학대로 이어지는 경우도 적지 않다. 폭력뿐만 아니라, 방치하거나 모멸감을 주고, 재산의 부정 사용 등도 포함된다. 저출산으로 인해 젊은 세대들의 간호 부담은 더욱더 커져 갈 것이다. 행정은 이러한 현실을 똑바로 직시해 간호에 대한 지원을 개선해야 한다.

단어

固定概念(こていがいねん) 고정 개념 | **存在**(そんざい) 존재 | **医療水準**(いりょうすいじゅん) 의료 수준 | **～につれ** ~함에 따라서 | **要介護者**(ようかいごしゃ) 간호가 필요한 사람 | **増加**(ぞうか) 증가 | **現状**(げんじょう) 현 상황 | **～にもかかわらず** ~임에도 불구하고 | **老老介護**(ろうろうかいご) 노노개호(노인이 노인을 돌보는 현상) | **負担**(ふたん) 부담 | **虐待**(ぎゃくたい) 학대 | **繋**(つな)**がる** 이어지다, 연결되다 | **暴力**(ぼうりょく) 폭력 | **ネグレクト** 방치 | **侮蔑**(ぶべつ) 모멸, 모욕 | **行政**(ぎょうせい) 행정 | **受**(う)**け止**(と)**める** 받아들이다 | **支援**(しえん) 지원 | **改善**(かいぜん) 개선

문제 해석

> **문** 본문의 내용으로서 일치하지 않는 것을 고르시오.
> 1　일본의 간호관이 가정에서의 간호 부담을 가중시키기 때문에 행정적으로 개선해 나갈 필요가 있다.
> 2　노인 학대로는 신체적 학대, 간호 포기, 정신적 학대, 경제적 학대 등이 있다.
> 3　나이 든 자식이 부모를 간호하는 것뿐만 아니라, 나이 든 아내가 나이 든 남편을 간호하는 것도 노노개호에 해당한다.
> 4　재택 간호는 간호가 필요한 사람에게 큰 부담을 준다는 점에서 심각한 문제가 되고 있다.

해설 要介護者란 간호가 필요한 사람을 의미한다. 본문에서는 간호가 필요한 사람이 아니라, 노인을 간호해 줄 사람의 부담이 더욱더 커져 갈 것이라고 하였으므로 4번이 정답이 된다.

실전 문제 03 설명문

問題　次の文章を読んで、後の問いに対する答えとして最もよいものを、1・2・3・4から一つ選びなさい。

　　国税庁の、通称マルサと呼ばれる査察部がおこなう「強制調査」と国税局・税務署がおこなう「任意調査」がある。強制調査は悪意な所得隠しなどが疑われるとき、国税庁の査察部が裁判所の許可を得て家宅捜索をおこなうなど強い法的強制力をもつ。いっぽうの任意調査は日常的に行われているもので、法人税法、所得税法などに基づく質問や帳簿の調査で申告が適正かどうかをチェックするもの。調査を受けたうえ、誤りがあった場合、納税者が自発的に申告をやり直したり税務署の職権で申告を変更すれば「修正申告」「更生」として不足を納税すればすむが、悪質な裏帳簿などがあれば刑事告発され裁判になる場合もある。

(『世の中の秘密がズバリ！わかる本』河出書房新社による)

問　本文の内容として間違っているものを選びなさい。

1　国税徴収法に基づく事務処分のための調査には法的拘束力を持たせることが難しい。
2　税務署が職権で申告を修正することを「更生」という。
3　調査を受けた側が自発的に申告を修正することを「修正申告」という。
4　悪質な場合には国税調査官により刑事告発もありうる。

해석 및 해설 03 설명문

지문 해석

　국세청의 통칭 마루사라고 불리는 사찰부가 행하는 '강제 조사'와 국세국·세무서가 행하는 '임의 조사'가 있다. 강제 조사는 악의적인 소득 은폐 등이 의심되는 경우, 국세청 사찰부가 재판소의 허가를 받아 가택 수색을 행하는 등 강한 법적 강제력을 지닌다. 한편 임의 조사는 일상적으로 행해지는 것으로 법인세법, 소득세법 등에 입각해 질문을 하거나 장부를 조사해서 신고가 적정한지를 체크하는 것. 조사를 받은 이후 잘못된 부분이 있을 경우에 납세자가 자발적으로 재신고를 하거나 세무서의 직권으로 신고를 변경하면 '수정 신고'·'갱생'이 되어 부족한 만큼 납세하면 되지만, 악질적으로 이중 장부를 작성한 경우는 형사 고발되어 재판으로 이어질 수도 있다.

단어

通称(つうしょう) 통칭 | マルサ 경찰 관계 조직의 은어로 국세청 사찰부를 가리킴 | 査察部(さきつぶ) 사찰부 | 強制調査(きょうせいちょうさ) 강제 조사 | 国税局(こくぜいきょく) 국세청의 지방지분부국 | 任意調査(にんいちょうさ) 임의 조사 | 所得隠(しょとくかく)し 소득 은폐 | 疑(うたが)われる 의심되다 | 裁判所(さいばんしょ) 재판소 | 許可(きょか) 허가 | 得(え)る 얻다 | 家宅捜索(かたくそうさく) 가택 수색 | いっぽう 한편 | 日常的(にちじょうてき) 일상적 | 法人税法(ほうじんぜいほう) 법인세법 | ～に基(もと)づく ～에 기초한 | 帳簿(ちょうぼ) 장부 | 申告(しんこく) 신고 | 適正(てきせい) 적정 | 誤(あやま)り 오류, 잘못 | 自発的(じはつてき) 자발적 | やり直(なお)す 다시 하다 | 職権(しょっけん) 직권 | 修正申告(しゅうせいしんこく) 수정 신고 | 更生(こうせい) 갱생 | 悪質(あくしつ)な 악질적인 | 裏帳簿(うらちょうぼ) 이중 장부 | 刑事告発(けいじこくはつ) 형사고발

문제 해석

문 본문의 내용으로서 일치하지 않는 것을 고르시오.
1 국세징수법에 입각한 사무 처분을 위한 조사에 법적 구속력을 가지게 하는 것은 어렵다.
2 세무서의 직권으로 신고를 수정하는 것을 '갱생'이라 한다.
3 조사를 받은 쪽이 자발적으로 신고를 수정하는 것을 '수정 신고'라고 한다.
4 악질적인 경우에는 국세조사관에 의해 형사 고발이 될 수도 있다.

해설 둘째 줄 [強制調査は悪意な所得隠しなどが~強い法的強制力をもつ] 부분을 보면 강한 법적 강제력을 지닌다고 나와 있으므로 1번이 정답이 된다.

실전 문제 04 기사문

問題　次の文章を読んで、後の問いに対する答えとして最もよいものを、1・2・3・4から一つ選びなさい。

「年賀状は出さない」と知人の会員製交流サイト（SNS）に投稿があり、驚いた。年賀状と言えば、お年玉とともに、子どものころからの正月の楽しみの一つ。元日にポストをのぞくときは、いつもわくわくしていた。SNSや電子メールに代わってしまうのは、寂しい。報道によると、年賀状を送る人は減り続け、元日に配達された枚数は今年で八年連続の減少。人気アイドルグループを宣伝に起用するも歯止めがかからないという。小学生のころは、一枚ずつ手書きしていたもの。時間はかかったが、苦ではなかった。年一度の年賀状に、時間を割けないほど忙しいと、つい言い訳してしまう今の世の中は寂しい。

中日新聞　記者コラム：越中春秋　2017年1月13日

問　筆者のもっとも言いたいことは何か。

1　SNSや電子メールの広がりにより、年賀状を書く必要性がなくなっている。
2　現代人は年賀状を書く時間を割けないくらい仕事に追われている。
3　日本人の昔ながらの文化である年賀状書きが、SNSや電子メールに変わっていくことが残念である。
4　日本の人気アイドルを起用して、日本の年賀状を書く文化を世界に広げるべきである。

> **해석 및 해설** **04 기사문**

> 지문 해석

　'연하장을 보내지 않겠다'라고 지인의 회원제 교류 사이트(SNS)에 투고가 있어서 놀랐다. 연하장이라고 하면 어렸을 때부터 세뱃돈과 더불어 느끼는 설날의 즐거움 중의 하나. 설날에 우편함을 살펴볼 때는 언제나 두근두근했다. SNS와 전자 메일로 바뀌었다는 것이 안타깝다. 보도에 따르면 연하장을 보내는 사람은 점점 줄어 설날에 배달된 연하장 수는 올해까지 8년 연속 감소. 인기 아이돌 그룹을 광고에 내세웠지만 제동이 걸리지 않는다고 한다. 초등학생 때는 1장씩 손수 쓰곤 했다. 시간은 걸렸지만 힘들지는 않았다. 1년에 한 번 보내는 연하장에 시간을 할애할 수 없을 정도로 바쁘다고 그저 변명해 버리는 지금의 세상이 서글프다.

> 단어

年賀状(ねんがじょう) 연하장 | **出**(だ)**す** 보내다 | **知人**(ちじん) 지인 | **会員製交流**(かいいんせいこうりゅう)**サイト** 회원제 교류 사이트 | **投稿**(とうこう) 투고 | **驚**(おどろ)**く** 놀라다 | **お年玉**(としだま) 세뱃돈 | **正月**(しょうがつ) 정월, 설날 | **楽**(たの)**しみ** 즐거움 | **元日**(がんじつ) 설날 | **ポスト** 우편함 | **のぞく** 들여다보다 | **わくわく** 두근두근 | **電子**(でんし)**メール** 전자 메일 | **代**(か)**わる** 바뀌다 | **寂**(さび)**しい** 안타깝다, 서글프다 | **報道**(ほうどう) 보도 | **減**(へ)**り続**(つづ)**ける** 계속 줄다 | **配達**(はいたつ)**される** 배달되다 | **枚数**(まいすう) 장수 | **連続**(れんぞく) 연속 | **減少**(げんしょう) 감소 | **人気**(にんき)**アイドルグループ** 인기 아이돌 그룹 | **宣伝**(せんでん)**に起用**(きよう)**する** 선전에 기용하다 | **歯止**(はど)**めがかからない** 제동이 걸리지 않는다 | **一枚**(いちまい)**ずつ** 한 장씩 | **手書**(てが)**きする** 손으로 쓰다 | **時間**(じかん)**を割**(さ)**く** 시간을 할애하다 | **言**(い)**い訳**(わけ) 변명

> 문제 해석

문 필자가 가장 말하고 싶은 것은 무엇인가?
1 SNS나 전자 메일의 확산으로 연하장을 쓸 필요가 없어지고 있다.
2 현대인은 연하장을 쓸 시간을 할애할 수 없을 정도로 일에 쫓기고 있다.
3 일본의 오래된 문화인 연하장 쓰기가 SNS나 전자 메일로 바뀌는 것이 유감이다.
4 일본의 인기 아이돌을 내세워서 일본의 연하장 쓰는 문화를 세계로 확산시켜야 한다.

해설 필자는 연하장을 보내지 않겠다는 지인의 SNS 투고를 보고 안타까움을 느끼고 있다. 마지막 문장에 [年に一度の年賀状に~言い訳してしまう今の世の中は寂しい] 라고 언급하고 있으므로 3번이 정답이 된다.

실전 문제 05 수필문

問題　次の文章を読んで、後の問いに対する答えとして最もよいものを、1・2・3・4から一つ選びなさい。

　ギリシア神話の中に登場するシーシュポス。彼は神を(注1)欺いたことにより、永遠に終わらない刑罰を受ける。大きな岩を山の頂上に押し運ぶことだが、それを運び終わった瞬間、岩はまた下へと転がり落ちる。目的もなく無意味な動作を続けなければならないが、シーシュポスはその絶望的な状況の中でも自分なりの喜びや希望を見出していく。人々は心の中に、「努力すれば必ず報われる」とか「努力はうそをつかない」という気持ちを持って、一生懸命に努力しながら生活している。だが、そういう努力が水の泡に帰した時もあるし、改善される見込みもなく同じ日常が繰り返される時もある。それを我々はどう克服するべきか。その答えはシーシュポスの話にあるかもしれない。シーシュポスは自分の運命は自分で決め、作っていくものだと教えてくれる。自分の行動が単なる無益な時間の(注2)消耗になるのか、新しい生きがいになるのかは完全に自分にかかっていると言っているのだ。

(注1)　欺く：だますこと
(注2)　消耗：使ってなくなること

問　本文で筆者が最も言いたいことは何か。

1　自分の努力に相応する結果が見られない時、人間は絶望感を味わう。
2　シーシュポスの話は、現実離れの理論的な話に過ぎない。
3　自分に与えられた状況を守ることも、変えることも本人の意志による。
4　我々の労働に対して、公正な賃金を保障しなければならない。

해석 및 해설 05 수필문

지문 해석

　　그리스 신화에 나오는 시지프스. 그는 신을 (주1)속였다는 이유로 영원히 끝나지 않는 형벌을 받게 된다. 큰 바위를 산 정상에 밀어 올리는 것인데 그것을 다 옮기는 순간, 바위는 다시 밑으로 굴러 떨어진다. 목적도 없이 무의미한 동작을 반복해야만 하지만 시지프스는 그 절망적인 상황 속에도 자신만의 기쁨과 희망을 발견해 간다. 사람들은 마음속에 '노력하면 반드시 보답받는다'라든지 '노력은 거짓말을 하지 않는다'라는 생각으로 열심히 노력하며 생활한다. 하지만 그러한 노력이 수포로 돌아갈 때도 있고 개선의 희망도 없이 같은 일상이 반복될 때도 있다. 그런 상황을 우리는 어떻게 극복해야 할 것인가? 그 답은 시지프스의 이야기에 있을지도 모른다. 시지프스는 자신의 운명은 스스로 결정하고 만들어가는 것이라고 가르쳐 준다. 자신의 행동이 단순히 무익한 시간의 (주2)소모가 될지 새로운 삶의 보람이 될지는 전적으로 자기 자신에게 달려 있다고 말하고 있는 것이다.

(주1) 欺く : 속이는 것
(주2) 消耗 : 사용해서 없어지는 것

단어

ギリシア神話(しんわ) 그리스 신화 | 神(かみ)を欺(あざむ)く 신을 속이다 | 永遠(えいえん)に 영원히 | 刑罰(けいばつ)を受(う)ける 형벌을 받다 | 岩(いわ) 바위 | 頂上(ちょうじょう) 정상 | 押(お)し運(はこ)ぶ 밀어서 옮기다 | 瞬間(しゅんかん) 순간 | 転(ころ)がり落(お)ちる 굴러 떨어지다 | 無意味(むいみ)な 무의미한 | 動作(どうさ)を続(つづ)ける 동작을 계속하다 | 絶望的(ぜつぼうてき)な状況(じょうきょう) 절망스러운 상황 | 喜(よろこ)び 기쁨 | 希望(きぼう)を見出(みいだ)す 희망을 발견하다 | 努力(どりょく) 노력 | 報(むく)われる 보답 받다 | 一生懸命努(いっしょうけんめい) 열심히 | 生活(せいかつ)する 생활하다 | 水(みず)の泡(あわ)に帰(き)する 수포로 돌아가다 | 改善(かいぜん)される見込(みこ)み 개선될 조짐 | 日常(にちじょう)が繰(く)り返(かえ)される 일상이 반복되다 | 克服(こくふく)する 극복하다 | 答(こた)え 대답 | 運命(うんめい) 운명 | 行動(こうどう) 행동 | 単(たん)なる 단순한 | 無益(むえき)な 무익한 | 消耗(しょうもう) 소모 | 生(い)きがい 삶의 보람 | 完全(かんぜん)に 완전히 | 〜にかかっている 〜에 달려 있다

문제 해석

문 본문에서 필자가 가장 말하고 싶은 것은 무엇인가?

1 　자신의 노력에 상응하는 결과가 보이지 않을 때, 인간은 절망감을 맛본다.
2 　시지프스의 이야기는 현실과 동떨어진 이론적인 이야기에 불과하다.
3 　자신에게 주어진 상황을 고수하는 것도 바꾸는 것도 본인의 의지에 달려 있다.
4 　우리의 노동에 대해 공정한 임금을 보장해야 한다.

해설 네 번째 줄 [シーシュポスはその絶望的な状況の中でも自分なりの喜びや希望を見出していく]와 마지막 문장 [自分の行動が単なる無益な時間の消耗〜自分にかかっていると言っているのだ]를 보면 필자의 생각을 알 수 있다. 시지프스는 절망적인 상황 속에서도 나름대로의 희망과 기쁨을 찾아 냈다고 이야기하면서 주어진 상황을 어떻게 받아들일 것인지는 본인의 의지에 달려 있다고 말하고 있다. 그러므로 정답은 3번이 된다.

실전 문제 06 논설문

問題　次の文章を読んで、後の問いに対する答えとして最もよいものを、1・2・3・4から一つ選びなさい。

　私自身は監視カメラの存在を意識していないが、カメラの存在によって違法な行為が防がれていると考えられる。しかし、こうした装置は最近の無差別殺人や衝動的な犯罪を防止するには役立たないように思われる。犯罪者の中には逮捕されることを望む者さえいるからだ。そうなると、私たちは監視装置の別の側面を考える必要がある。監視装置は私たちを見張り、情報を集めているが、私たちは、こうした情報が関係当局、さらには民間の組織によってどのように利用されているのか何も知らないのだ。こうしたことに対して注意を払う必要がある。

問　次のうち、本文の内容と一致するものを一つ選びなさい。

1　監視装置によって集められた情報がどのように利用されているのかに、もっと注意をはらうべきだ。
2　監視装置により集められた情報がどのように利用されているかは、考える必要のないことだ。
3　関係当局や民間の組織は、監視装置によって集めた情報をどのように利用するかもっと考えるべきだ。
4　関係当局は、監視装置によって無差別殺人や衝動的な犯罪を防止することをもっと考えなければならない。

해석 및 해설　06 논설문

지문 해석

　　나 자신은 감시 카메라의 존재를 의식하고 있지 않지만, 카메라의 존재에 의해 불법 행위가 방지되고 있다고 생각된다. 그러나 이러한 장치는 최근의 무차별 살인과 충동적인 범죄를 방지하는 데에는 도움이 되지 않는 것 같다. 범죄자 중에는 체포되기를 원하는 사람조차 있기 때문이다. 그렇다면 우리는 감시 장치의 다른 측면을 생각할 필요가 있다. 감시 장치는 우리를 관찰하고 정보를 수집하고 있지만, 우리는 이러한 정보가 관계 당국, 나아가 민간 조직에 의해 어떻게 이용되고 있는지 아무것도 모른다. 이러한 점에 대해서 주의를 기울일 필요가 있다.

단어

監視(かんし) 감시 | **存在**(そんざい) 존재 | **意識**(いしき) 의식 | **違法**(いほう) 위법 | **行為**(こうい) 행위 | **防**(ふせ)ぐ 막다, 방지하다 | **装置**(そうち) 장치 | **無差別**(むさべつ) 무차별 | **殺人**(さつじん) 살인 | **衝動的**(しょうどうてき) 충동적 | **犯罪**(はんざい) 범죄 | **防止**(ぼうし) 방지 | **逮捕**(たいほ) 체포 | **側面**(そくめん) 측면 | **見張**(みは)る 눈을 크게 뜨고 보다, 망보다, 지키다 | **当局**(とうきょく) 당국 | **民間**(みんかん) 민간 | **組織**(そしき) 조직

문제 해석

> **문** 다음 중 본문의 내용과 일치하는 것을 하나 고르시오.
> 1 감시 장치에 의해 수집된 정보가 어떻게 이용되고 있는지에 좀 더 주의를 기울여야 한다.
> 2 감시 장치에 의해 수집된 정보가 어떻게 이용되고 있는지는 생각할 필요가 없는 일이다.
> 3 관계 당국과 민간 조직은 감시 장치에 의해 수집한 정보를 어떻게 이용할지 좀 더 생각해야 한다.
> 4 관계 당국은 감시 장치에 의해 무차별 살인과 충동적인 범죄를 방지하는 것을 좀 더 생각하지 않으면 안 된다.

해설 1번, 본문의 여섯 번째 줄 [こうした情報が~どのように利用されているのか~こうしたことに対して注意を払う必要がある]에 근거하여 정답이 1번임을 알 수 있다. 2번, 정답인 1번과 반대되는 내용이므로 정답이 아님을 알 수 있다. 3번, 본문에서는 관계 당국과 민간 조직이 수집된 정보를 어떻게 이용할지가 아니라, 수집된 정보들이 어떻게 이용되는지를 우리가 주의해야 한다는 것이 요지이다. 4번, 두 번째 줄 [こうした装置は最近の無差別殺人や衝動的な犯罪を防止するには役立たないように思われる]로 보아 정답이 아님을 알 수 있다.

실전 문제 07 논설문

問題　次の文章を読んで、後の問いに対する答えとして最もよいものを、1・2・3・4から一つ選びなさい。

　私は電車に広く「女性専用車両」を設けることには反対である。と言うのも、女性専用車両を備えておく主な理由は、混みあった車両で、男性の痴漢行為から女性を護ることだからである。したがって、「女性専用車両」はラッシュアワー時に限定されるべきである。それほど混んでいない電車に「女性専用車両」を設けるのは、女性の乗客に対する過度の配慮であり、鉄道会社のイメージアップの手段である、と私は思う。

問　筆者がここで最も言いたいことは何か。

1　「女性専用車両」は鉄道会社のイメージアップの手段でしかないため、反対だ。
2　列車の混みあう時間以外にも「専用車両」を設けることは、過度の配慮である。
3　混みあった時間帯の痴漢行為に配慮した「専用車両」は、行き過ぎた配慮だ。
4　痴漢はいかなる時にも起こり得る為、「専用車両」を設けることに賛成だ。

해석 및 해설 07 논설문

지문 해석

나는 전철에 널리 '여성 전용 차량'을 설치하는 것에는 반대한다. 왜냐하면 여성 전용 차량을 갖추는 주된 이유는 혼잡한 차량에서 남성들의 치한 행위로부터 여성을 보호하는 것이기 때문이다. 따라서 '여성 전용 차량'은 러시아워 때로 한정되어야 한다. 그 정도로 혼잡하지 않은 차량에 '여성 전용 차량'을 설치하는 것은 여성 승객에 대한 과도한 배려이고, 철도 회사의 이미지 개선의 수단이라고 나는 생각한다.

단어

専用(せんよう) 전용 | 車両(しゃりょう) 차량 | 設(もう)ける 마련하다, 설치하다 | 反対(はんたい) 반대 | 備(そな)える 준비하다, 갖추다 | 主(おも)な 주요한, 주된 | 混(こ)みあう 북적이다 | 痴漢(ちかん) 치한 | 行為(こうい) 행위 | 護(まも)る 지키다 | したがって 따라서 | 限定(げんてい) 한정 | ～べきである ～해야 한다 | 混(こ)む 붐비다 | 乗客(じょうきゃく) 승객 | ～に対(たい)する ～에 대한 | 過度(かど) 과도 | 配慮(はいりょ) 배려 | 鉄道(てつどう) 철도 | 手段(しゅだん) 수단 | 行(ゆ)き過(す)ぎる 지나치다, 과도하다 | いかなる 어떤, 어떠한 | ～得(う)る ～할 수 있다 | 賛成(さんせい) 찬성

문제 해석

문 필자가 여기서 가장 말하고 싶은 것은 무엇인가?

1. '여성 전용 차량'은 철도 회사의 이미지 개선의 수단일 뿐이기 때문에 반대한다.
2. 열차가 혼잡한 시간 이외에도 '전용 차량'을 설치하는 것은 과도한 배려이다.
3. 혼잡한 시간대의 치한 행위를 배려한 '전용 차량'은 지나친 배려이다.
4. 치한은 아무 때나 일어날 수 있기 때문에 '전용 차량'을 설치하는 데에 찬성한다.

해설 첫 번째 줄 [私は～である]와 네 번째 줄 [それほど混んでいない電車に「女性専用車両」を設けるのは、女性の乗客に対する過度の配慮であり]에 근거하여 필자는 '여성 전용 차량'을 반대하는 것이 아니라 '과도하게' 배치하는 것을 반대하는 것이므로, 정답은 2번이 된다. 3번, 두 번째 줄 [女性専用車両を備えておく主な理由は、混みあった車両で、男性の痴漢行為から女性を護ることだからである]로 보아 정답이 아님을 알 수 있고, 4번, 세 번째 줄 [「女性専用車両」はラッシュアワー時に限定されるべきである]에 근거하여 정답이 아님을 알 수 있다.

실전 문제 **08 설명문**

問題　次の文章を読んで、後の問いに対する答えとして最もよいものを、1・2・3・4から一つ選びなさい。

　私たちは教育を通じて生活に役立つ重要な知識を得る。あらゆる社会には、何種類かの学校があり、家庭や伝統的な社会の価値観を教えてくれる。一方、経験には二種類あり、一つは直接的で個人的なもので、他方は他人の経験を通じて得られる、間接的で非個人的なものである。私たちは後者の経験を一種の教育とみなすことができる。理由は、そうした経験は主に言語という手段によって私たちに伝えられるからである。厳密な意味で、経験と教育の間に一線を引くのは難しい。生活においては教育よりも経験のほうが価値があるとは言いきれない。

問　経験と教育の間に一線を引くのは難しいとあるが、なぜか。

1　間接的な経験も、教育とみなすことができるため
2　生活において教育よりも経験のほうが価値があるといえるから
3　他人の経験を通して得られる経験は体験とみなすことができないから
4　生活に役立つ重要な知識は教育を通じて得るものだから

해석 및 해설 08 설명문

지문 해석

우리는 교육을 통해 생활에 도움이 되는 중요한 지식을 얻는다. 모든 사회에는 몇몇 종류의 학교가 있고, 가정과 전통적인 사회의 가치관을 가르쳐 준다. 한편, 경험에는 두 종류가 있는데, 하나는 직접적이고 개인적인 것이고, 다른 하나는 타인의 경험을 통해 얻는 간접적이고 비개인적인 것이다. 우리는 후자의 경험을 일종의 교육으로 볼 수 있다. 이유는 그러한 경험은 주로 언어라는 수단에 의해 우리에게 전해지기 때문이다. 엄밀한 의미로 <u>경험과 교육 사이에 선을 긋기는 어렵다</u>. 생활에 있어서는 교육보다도 경험이 가치가 있다고는 말할 수 없다.

단어

教育(きょういく) 교육 | ～を通(つう)じて ~을 통해서 | 知識(ちしき) 지식 | あらゆる 온갖, 모든 | 種類(しゅるい) 종류 | 伝統的(でんとうてき) 전통적 | 価値観(かちかん) 가치관 | 経験(けいけん) 경험 | 直接的(ちょくせつてき) 직접적 | 個人的(こじんてき) 개인적 | 他方(たほう) 다른 한쪽 | 間接的(かんせつてき) 간접적 | 非個人的(ひこじんてき) 비개인적 | 後者(こうしゃ) 후자 | みなす 간주하다 | 言語(げんご) 언어 | 手段(しゅだん) 수단 | 厳密(げんみつ) 엄밀함 | 一線(いっせん)を引(ひ)く 선을 긋다, 구분짓다 | ～においては ~에 있어서는 | 価値(かち) 가치 | 言(い)いきる 잘라 말하다, 단언하다 | 体験(たいけん) 체험

문제 해석

문 <u>경험과 교육 사이에 선을 긋는 것은 어렵다</u>라고 되어 있는데, 왜인가?
1. 간접적인 경험도 교육으로 볼 수 있기 때문에
2. 생활에 있어서 교육보다도 경험이 가치가 있다고 말할 수 있기 때문에
3. 타인의 경험을 통해 얻어지는 경험은 체험으로 볼 수 없기 때문에
4. 생활에 도움이 되는 중요한 지식은 교육을 통해 얻는 것이기 때문에

해설 네 번째 줄 [私たちは後者の経験を一種の教育とみなすことができる]에 근거하여 1번이 정답임을 유추할 수 있다.

실전 문제 09 수필문

問題　次の文章を読んで、後の問いに対する答えとして最もよいものを、1・2・3・4から一つ選びなさい。

　もし自分が優柔不断(ゆうじゅうふだん)で、それを何とかしようとしているのであれば、優柔不断は必ずしも無知や思考の鈍(のろ)さのせいではないという事実に慰(なぐさ)めを得ることができる。それどころか、なかなか単純な結論に達し、その結論に基づいて行動することができないのは往々にして、実に多くのことを考え、実に多くの疑問を考慮しているからであるといえる。

問　次のうち、本文の内容と一致するものを一つ選びなさい。

1　優柔不断であることは、無知や思考の鈍さのせいであるということができる。
2　優柔不断とは、実に多くの考えや疑問を考慮するために起こるものではない。
3　優柔不断であると、単純な結論をもとに行動することが容易であるといえる。
4　優柔不断とは、物事を考える時に実に多くの情報を考慮するということである。

해석 및 해설　**09 수필문**

지문 해석

　　만약 자신이 우유부단하고 그것을 어떻게든 고치고자 한다면, 우유부단은 반드시 무지와 둔한 사고 탓은 아니라는 사실에 위안을 얻을 수 있다. 그러기는커녕 오히려 매우 단순한 결론에 이르고, 그 결론에 근거하여 행동할 수 없는 것은 이따금 실로 많은 것을 생각하고, 실로 많은 의문을 고려하고 있기 때문이라고 할 수 있다.

단어

優柔不断(ゆうじゅうふだん) 우유부단 ｜ **無知**(むち) 무지 ｜ **思考**(しこう) 사고 ｜ **鈍**(のろ)**さ** 둔함 ｜ **慰**(なぐさ)**め** 위로 ｜ **それどころか** 그러기는커녕 ｜ **単純**(たんじゅん) 단순함 ｜ **結論**(けつろん) 결론 ｜ **達**(たっ)**する** 달하다 ｜ **～に基**(もと)**づく** ~에 근거를 두다 ｜ **行動**(こうどう) 행동 ｜ **往々**(おうおう)**にして** 이따금, 때때로 ｜ **疑問**(ぎもん) 의문 ｜ **考慮**(こうりょ) 고려 ｜ **容易**(ようい) 용이함 ｜ **情報**(じょうほう) 정보

문제 해석

문　다음 중 본문의 내용과 일치하는 것을 하나 고르시오.
1　우유부단하다는 것은 무지와 둔한 사고 탓이라고 할 수 있다.
2　우유부단이란 실로 많은 생각과 의문을 고려하기 때문에 일어나는 것은 아니다.
3　우유부단하면 단순한 결론을 근거로 행동하는 것이 쉽다고 할 수 있다.
4　우유부단이란 매사를 생각할 때 실로 많은 정보를 고려한다는 것이다.

해설　1번, 첫 번째 줄 [それを何とかしようとしているのであれば、優柔不断は必ずしも無知や思考の鈍さのせいではないという事実に慰めを得ることができる]에 근거하여 선택지 1번과 같이 단정지어 이야기할 수 없다. 마지막 부분의 [実に多くのことを考え、実に多くの疑問を考慮しているからであるといえる]에 근거하여 2번은 오히려 본문의 내용과 반대이고 4번이 정답임을 알 수 있다. 3번, 세 번째 줄 [なかなか単純な結論に達し、その結論に基づいて行動することができないのは]를 보면 선택지의 내용이 우유부단의 특징이 아님을 알 수 있다.

실전 문제 10 서문

問題　次の文章を読んで、後の問いに対する答えとして最もよいものを、1・2・3・4から一つ選びなさい。

　私が家の中に猫がいて欲しいと思うのは、野原や通りで後ろから小走りについてくる犬がいて欲しいと思うのと同じである。私の周りにはいつも犬や猫がいたし、私がここで語ろうとしているのはそうした犬や猫たちのことである。現実主義の友人たちは犬の本と猫の本を別々に書くように勧めてくれた。犬好きは猫嫌いのことが多く、猫好きは犬を嫌悪するからである。
　しかし私は、人が動物を本当に愛し理解しているかどうかは、犬と猫という両方の生き物に共感を覚え、それぞれが持っている長所をどう評価するかで最もよくわかると考えている。

問　次のうち、筆者の考えと一致するものはどれか。

1　筆者は現実主義なので、猫の本と犬の本を別々に書くことにした。
2　動物を本当に理解するとは、異なる特徴を持った動物の両方に共感することだ。
3　筆者は猫好きなので、しばしば犬を嫌悪する傾向がある。
4　動物を本当に理解するには、それぞれの動物が持つ長所を評価しなくてよい。

해석 및 해설 10 서문

지문 해석

내가 집 안에 고양이가 있으면 하고 생각하는 것은, 들판이나 길에서 뒤에 종종걸음으로 따라오는 개가 있었으면 하는 것과 마찬가지다. 내 주변에는 항상 개와 고양이가 있었고, 내가 여기서 말하고자 하는 것은 그런 개와 고양이에 관한 것이다. 현실주의 친구들은 개에 관한 책과 고양이에 관한 책을 따로따로 쓰라고 권해 주었다. 개를 좋아하는 사람은 고양이를 싫어하는 경우가 많고, 고양이를 좋아하는 사람은 개를 혐오하기 때문이다.

그러나 나는 사람이 동물을 정말로 사랑하고 이해하고 있는지는, 개와 고양이라는 두 생물에 공감을 느끼고 각각이 갖고 있는 장점을 어떻게 평가하는지로 가장 잘 알 수 있다고 생각한다.

단어

野原(のはら) 들판 | 小走(こばし)り 종종걸음 | ついてくる 따라오다 | 語(かた)る 이야기하다 | 現実主義(げんじつしゅぎ) 현실주의 | ～好(ず)き ~을 좋아하는 사람 | ～嫌(ぎら)い ~을 싫어하는 사람 | 嫌悪(けんお) 혐오 | 理解(りかい) 이해 | 両方(りょうほう) 양쪽 | 生(い)き物(もの) 생물 | 共感(きょうかん) 공감 | 覚(おぼ)える 느끼다, 외우다 | それぞれ 각각 | 長所(ちょうしょ) 장점 | 評価(ひょうか) 평가 | 最(もっと)も 가장 | 異(こと)なる 다르다 | 特徴(とくちょう) 특징 | しばしば 자주, 종종 | 傾向(けいこう) 경향

문제 해석

문 다음 중 필자의 생각과 일치하는 것은 어느 것인가?

1. 필자는 현실주의여서 고양이에 관한 책과 개에 관한 책을 따로따로 쓰기로 했다.
2. **동물을 정말로 이해한다는 것은 다른 특징을 가진 동물 양쪽 모두에 공감하는 것이다.**
3. 필자는 고양이를 좋아해서 종종 개를 혐오하는 경향이 있다.
4. 동물을 정말로 이해하려면 각각의 동물이 가진 장점을 평가하지 않아도 된다.

해설 1번, 1단락 네 번째 줄 [現実主義の友人たちは犬の本と猫の本を別々に書くように勧めてくれた]에 근거하여, 주체가 필자가 아닌 현실주의 친구들임을 알 수 있다. 2번, 2단락 첫 번째 줄 [犬と猫という両方の生き物に共感を覚え、それぞれが持っている長所をどう評価するかで最もよくわかる]에 근거하여, 2번이 정답임을 유추할 수 있고, 4번은 반대의 내용임을 알 수 있다. 3번, 선택지와 같은 견해는 현실주의인 친구들이 개와 고양이 관련 책을 따로 쓸 것을 필자에게 권장하는 이유 중 일부로, 필자가 그러하다는 말은 찾을 수 없다.

실전 문제 11 설명문

問題　次の文章を読んで、後の問いに対する答えとして最もよいものを、1・2・3・4から一つ選びなさい。

　　ＥＵ(欧州連合)域内(いきない)での難民申請者は、昨年までの10年間で374万人を超える。そのうち難民と認められたのは約２割である。残りの人たちのうち相当数が不法滞在を続けている。民族紛争が各地で激しくなったうえ、人々の移動が容易になったというポスト冷戦の国際事情が、欧州諸国へ流入する難民・不法移民の急増をもたらしている。その結果、各国に宗教や生活慣習が異なる人々の居住地が生まれ、地元住民との摩擦が起きている。

問　ヨーロッパ各国への難民や不法移民が急増する原因として、一番適当なものをひとつ選びなさい。

1　ＥＵでは法的に難民と認められやすい。
2　ＥＵでは不法滞在をしても、いずれ難民として認められる。
3　冷戦が終わってから人々の移動が容易になったという国際事情が影響している。
4　ＥＵでは地元住民との摩擦を避けるため、外国人の居住地を設けている。

해석 및 해설 | 11 설명문

지문 해석

EU(유럽연합) 지역에서의 난민 신청자는 작년까지 10년간 374만 명을 넘었다. 그중 난민이라고 인정받은 사람은 약 20%이다. 나머지 사람들 중 상당수가 불법 체류를 계속하고 있다. 민족 분쟁이 각지에서 격렬해진 데다가 사람들의 이동이 쉬워진 냉전 후의 국제 사정이 유럽의 여러 나라로 유입하는 난민·불법 이민 급증을 초래하고 있다. 그 결과 각국에 종교나 생활 습관이 다른 사람들의 거주지가 생겨나 지역 주민과의 마찰이 일어나고 있다.

단어

欧州(おうしゅう) 구주, 유럽 주 | 連合(れんごう) 연합 | 域内(いきない) 역내, 구역 안 | 難民(なんみん) 난민 | 申請者(しんせいしゃ) 신청자 | 認(みと)める 인정하다, 허가하다 | 相当数(そうとうすう) 상당수 | 不法(ふほう) 불법 | 滞在(たいざい) 체재 | 民族(みんぞく) 민족 | 紛争(ふんそう) 분쟁 | 各地(かくち) 각지 | ~うえ ~에 더하여 | 移動(いどう) 이동 | 容易(ようい) 용이함 | ポスト冷戦(れいせん) 냉전 후 | 国際事情(こくさいじじょう) 국제 사정 | 諸国(しょこく) 제국, 여러 나라 | 流入(りゅうにゅう) 유입 | 移民(いみん) 이민 | 急増(きゅうぞう) 급증 | もたらす 초래하다 | 宗教(しゅうきょう) 종교 | 居住地(きょじゅうち) 거주지 | 地元(じもと) 그 지방 | 摩擦(まさつ) 마찰 | 法的(ほうてき) 법적 | いずれ 어쨌든, 머지않아 | 避(さ)ける 피하다 | 設(もう)ける 마련하다, 설치하다

문제 해석

문 유럽 각국으로의 난민과 불법 이민이 급증하는 원인으로 가장 적당한 것을 하나 고르시오.
1 EU에서는 법적으로 난민으로 인정받기 쉽다.
2 EU에서는 불법 체재를 해도 머지않아 난민으로 인정받는다.
3 냉전이 끝난 후부터 사람들의 이동이 쉬워진 국제 사정이 영향을 주고 있다.
4 EU에서는 지역 주민과의 마찰을 피하기 위해 외국인 거주지를 마련하고 있다.

해설 1번, 두 번째 줄 [そのうち難民と認められたのは約2割である]에 근거하여, 정답이 아님을 알 수 있다. 2번, 두 번째 줄 [残りの人たちのうち相当数が不法滞在を続けている]에서 알 수 있듯이, 난민으로 인정받지 못한 사람들 중에서 상당수가 불법 체류를 하고 있으므로, 정답이 될 수 없다. 3번, 세 번째 줄 [人々の移動が容易になったというポスト冷戦の国際事情が、欧州諸国へ流入する難民·不法移民の急増をもたらしている]에 근거하여, 3번이 정답임을 알 수 있다. 4번, 외국인의 거주지는 지역 주민과의 마찰을 피하기 위해 마련한 것이 아니라 난민과 불법 이민이 급증한 결과로서 생겨난 것이다.

실전 문제 12 설명문

問題　次の文章を読んで、後の問いに対する答えとして最もよいものを、1・2・3・4から一つ選びなさい。

　紛争や自然災害、飢餓(きが)などに際して、あらゆる災害に苦しむ人々のため、国境を超えて医療援助活動、人権擁護(ようご)活動に従事する民間の国際ボランティア団体のこと。
　1968年のビアフラ飢餓救済活動に関わった医師を中心として、1971年にフランスのパリで設立された。
　現在、世界18ヵ国の支部と2ヵ国の事務局があり、このうち、フランス、ベルギー、オランダ、スイス、スペインの5ヵ所がオペレーション支部として、医師団を編成し医療援助プログラムを計画する組織を持っている。
　1999年、28年間に及ぶ人道援助活動が評価されノーベル平和賞を受賞。

問　上の文章は「国境なき医師団」についての説明である。本文の内容と合っているものはどれか。

1　災害に苦しむ人々のため、国境を超えて活動している日本のボランティア団体である。
2　医療援助だけを行っている国際ボランティア団体である。
3　1968年にフランスのパリで設立され、医師を中心に飢餓救済活動を行っている。
4　ノーベル平和賞を受賞したこともある民間の国際ボランティア団体である。

> 해석 및 해설 **12 설명문**

지문 해석

　분쟁이나 자연재해, 기아 등에 처했을 때, 모든 재해로 고통받는 사람들을 위해 국경을 넘어 의료 원조 활동, 인권 옹호 활동에 종사하는 민간 국제 봉사단체.
　1968년 비아프라 기아 구제 활동에 참여한 의사를 중심으로 1971년에 프랑스 파리에서 설립되었다.
　현재 세계 18개국의 지부와 2개국의 사무국이 있으며, 이 중 프랑스, 벨기에, 네덜란드, 스위스, 스페인 5곳이 운영지부로서 의사단을 편성하여 의료 원조 프로그램을 계획하는 조직을 갖고 있다.
　1999년, 28년간에 이르는 인도 원조 활동이 높이 평가받아 노벨 평화상을 수상했다.

단어

紛争(ふんそう) 분쟁 | 災害(さいがい) 재해 | 飢餓(きが) 기아 | ～に際(さい)して ～에 즈음하여 | あらゆる 모든, 온갖 | ～に苦(くる)しむ ～로 고통받다 | 国境(こっきょう) 국경 | 援助(えんじょ) 원조 | 人権(じんけん) 인권 | 擁護(ようご) 옹호 | 従事(じゅうじ) 종사 | 民間(みんかん) 민간 | ビアフラ 비아프라(지명) | 救済(きゅうさい) 구제 | 設立(せつりつ) 설립 | 支部(しぶ) 지부 | 事務局(じむきょく) 사무국 | ベルギー 벨기에 | オランダ 네덜란드 | オペレーション支部(しぶ) 운영지부 | 編成(へんせい) 편성 | 及(およ)ぶ 이르다, 미치다 | 人道(じんどう) 인도 | 評価(ひょうか) 평가 | ノーベル平和賞(へいわしょう) 노벨 평화상 | 受賞(じゅしょう) 수상 | 国境(こっきょう)なき医師団(いしだん) 국경 없는 의사회

문제 해석

> **문**　위 문장은 '국경 없는 의사회'에 대한 설명이다. 본문의 내용과 일치하는 것은 어느 것인가?
> 1　재해로 고통받는 사람들을 위해 국경을 넘어 활동하고 있는 일본의 봉사 단체이다.
> 2　의료 원조만을 실시하고 있는 국제 봉사 단체이다.
> 3　1968년에 프랑스 파리에서 설립되어 의사를 중심으로 기아 구제 활동을 하고 있다.
> 4　노벨 평화상을 수상한 적도 있는 민간 국제 봉사 단체이다.

해설　1번, 1단락 두 번째 줄 [民間の国際ボランティア団体のこと]에 근거하여, 일본의 봉사 단체가 아닌 국제 봉사 단체임을 알 수 있다. 2번, 1단락 두 번째 줄 [医療援助活動、人権擁護活動に従事する民間の国際ボランティア団体]를 보면, 의료 원조 활동 이외의 활동도 하고 있음을 알 수 있다. 3번, 2단락 첫 번째 줄 [1971年にフランスのパリで設立された]에 근거하여, 정답이 아님을 알 수 있다. 4번, 1단락 두 번째 줄 [民間の国際ボランティア団体のこと]와 마지막 줄 [ノーベル平和賞を受賞]로 보아, 4번이 정답임을 알 수 있다.

실전 문제 **13 설명문**

問題　次の文章を読んで、後の問いに対する答えとして最もよいものを、1・2・3・4から一つ選びなさい。

　生物は環境に合わせて変化し、場合によっては種が分かれたりする。これを種分化というが、それによって分かれた種は、それぞれの生活する環境に合わせた違いが生じるのである。たとえば南東太平洋上にあるガラパゴス諸島のウミイグアナとリクイグアナは、同一の種が海中と陸とに生活場所を分けて種分化したものである。その結果、ウミイグアナはやや平たいしっぽができるなど、泳ぐのに適した体つきをしている状況が見られる。

問　本文の内容と合っているものを一つ選びなさい。

1　たとえばウミイグアナは陸地の生活に適応した生物だといえる。
2　たとえばウミイグアナは環境に合わせて変化した生物だといえる。
3　リクイグアナは水中生活に適応した生物である。
4　リクイグアナは種分化ができない生物である。

해석 및 해설 13 설명문

지문 해석

생물은 환경에 맞춰 변화하고, 경우에 따라서는 종이 나뉘기도 한다. 이것을 종분화라고 하는데, 그에 따라 나뉜 종은 각각이 생활하는 환경에 맞춰 차이가 생기는 것이다. 예를 들어 남동 태평양 상에 있는 갈라파고스 제도의 바다 이구아나와 육지 이구아나는 동일한 종이 바닷속과 육지로 생활 장소를 나누어 종분화한 것이다. 그 결과, 바다 이구아나는 다소 평평한 꼬리가 생기는 등, 헤엄치기에 적합한 몸집을 한 상황이 보인다.

단어

生物(せいぶつ) 생물 | **環境**(かんきょう) 환경 | **変化**(へんか) 변화 | **種**(しゅ) 종 | **種分化**(しゅぶんか) 종분화 | **生**(しょう)**じる** 생기다 | **南東太平洋**(なんとうたいへいよう) 남동 태평양 | **ガラパゴス諸島**(しょとう) 갈라파고스 제도 | **ウミイグアナ** 바다 이구아나 | **リクイグアナ** 육지 이구아나 | **同一**(どういつ) 동일 | **海中**(かいちゅう) 바닷속 | **陸**(りく) 뭍, 육지 | **結果**(けっか) 결과 | **やや** 다소, 약간 | **平**(ひら)**たい** 평평하다 | **しっぽ** 꼬리 | **~に適**(てき)**する** ~에 적합하다 | **体**(からだ)**つき** 몸매, 체격 | **状況**(じょうきょう) 상황 | **陸地**(りくち) 육지 | **適応**(てきおう) 적응

문제 해석

문 본문의 내용과 맞는 것을 하나 고르시오.
1 예를 들어 바다 이구아나는 육지 생활에 적응한 생물이라고 할 수 있다.
2 예를 들어 바다 이구아나는 환경에 맞춰 변화한 생물이라고 할 수 있다.
3 육지 이구아나는 수중 생활에 적응한 생물이다.
4 육지 이구아나는 종분화가 불가능한 생물이다.

해설 마지막 문장 [ウミイグアナはやや平たい〜泳ぐのに適した体つきをしている状況が見られる]에 근거하여, 1번과 3번은 정답이 아님을 알 수 있고, 첫 번째 줄 [生物は環境に合わせて変化し、場合によっては種が分かれたりする]에 근거하여, 2번이 본문과 일치함을 알 수 있다. 4번은 종분화를 하는 생물 중 하나로 육지 이구아나를 언급했으므로, 선택지의 내용과 본문은 일치하지 않는다.

실전 문제 14 설명문

問題　次の文章を読んで、後の問いに対する答えとして最もよいものを、1・2・3・4から一つ選びなさい。

　　日本では「欧米諸国では学歴が個人の生活に大きな影響を及ぼさない」という見解があるが、実態とはやや異なる。つまり、より良い大学に進学することが、より良い就業機会を与えることにつながる点では同じである。ただし、アジア型のように一般家庭の子女でも上位大学を目指すことが出来るといった環境は、それほど一般的ではない。
　　一般家庭の子女でも学力次第で上位大学へと進学が可能なのは、主に多くの優秀な人材を必要とする発展途上国で幅広く見られる現象である。

問　本文の内容と合っているものを一つ選びなさい。

1　ヨーロッパでは、上位大学に進学できても、よい企業に就職するのは難しい。
2　ヨーロッパでは、よい企業に入るのに学歴はそれほど問題にならない。
3　発展途上国では、一般家庭の子女でも努力しだいで上位大学に進学できる。
4　発展途上国では、学力があっても上位大学へ進学するのは難しい。

해석 및 해설 14 설명문

지문 해석

　日本では'欧米諸国では学歴が個人の生活に大きな影響を及ぼさない'という見解があるが実態とはやや異なる。즉, 보다 좋은 대학에 진학하는 것이 보다 좋은 취업 기회를 부여하는 것으로 이어지는 점에서는 같다. 단, 아시아형같이 일반 가정의 자녀라도 상위 대학을 목표로 할 수 있다는 등의 환경은 그만큼 일반적이지는 않다.

　일반 가정의 자녀라도 학력에 따라 상위 대학으로 진학이 가능한 것은 주로 많은 우수한 인재를 필요로 하는 개발도상국에서 폭넓게 보이는 현상이다.

단어

| 欧米(おうべい) 구미, 유럽과 미국 | 諸国(しょこく) 여러 나라 | 学歴(がくれき) 학력 | 個人(こじん) 개인 | 及(およ)ぼす 미치게 하다, 끼치다 | 見解(けんかい) 견해 | 実態(じったい) 실태 | やや 다소, 약간 | 異(こと)なる 다르다 | 進学(しんがく) 진학 | 就業(しゅうぎょう) 취업 | 機会(きかい) 기회 | つながる 연결되다 | ただし 단, 다만 | アジア型(がた) 아시아형 | 一般(いっぱん) 일반 | 子女(しじょ) 자녀 | 上位(じょうい) 상위 | 目指(めざ)す 목표로 하다 | 環境(かんきょう) 환경 | それほど 그렇게, 그토록 | 学力(がくりょく) 학력 | ~次第(しだい)で ~에 따라서 | 可能(かのう) 가능 | 主(おも)に 주로 | 優秀(ゆうしゅう) 우수함 | 人材(じんざい) 인재 | 発展途上国(はってんとじょうこく) 발전도상국, 개발도상국 | 幅広(はばひろ)く 폭넓게 | 現象(げんしょう) 현상 | 企業(きぎょう) 기업 | 就職(しゅうしょく) 취업 | 努力(どりょく) 노력 |

문제 해석

문 본문의 내용과 맞는 것을 하나 고르시오.
1　유럽에서는 상위 대학으로 진학해도 좋은 기업에 취직하는 것은 어렵다.
2　유럽에서는 좋은 기업에 들어가는 데 학력은 그렇게 문제되지 않는다.
3　개발도상국에서는 일반 가정의 자녀라도 노력에 따라 상위 대학에 진학할 수 있다.
4　개발도상국에서는 학력이 있어도 상위 대학에 진학하는 것은 어렵다.

해설 1번, 1단락 두 번째 문장 [より良い大学に進学することが、より良い就業機会を与えることにつながる点では同じである]에 근거하여, 선택지의 내용과 일치하지 않음을 알 수 있다. 2번, 유럽에서 좋은 대학에 들어가기 위한 조건으로서 언급되어 있는 내용은 본문에서 찾아볼 수 없다. 3번과 4번, 2단락 첫 번째 줄 [一般家庭の子女でも学力次第で上位大学へと進学が可能]에 근거하여, 3번이 정답이고 4번은 본문의 내용과 일치하지 않음을 알 수 있다.

실전 문제 **15** 논설문

問題　次の文章を読んで、後の問いに対する答えとして最もよいものを、1・2・3・4から一つ選びなさい。

　健康的で安全な食生活を送るためには、健全な食環境が整わなければならない。ここで言う食環境とは、自然環境だけではなく、作物を栽培したり、家畜を飼育したり、魚をとったりしてから、それらを加工・運搬・調理して、食卓にのせるまでのプロセスと定義されるべきである。
　情報もまた、食の安全を実現するために欠かせない重要な要素になる。たとえば食品の表示は、消費者が食材を購入するとき直接確認できる唯一の情報であり、きちんと行われるべきである。

問　本文の内容と合っているものを一つ選びなさい。

1　食品の表示は安全な食生活を送るのに、とても大切な情報となる。
2　食品の表示は食の安全を実現するのに、それほど役立つ情報ではない。
3　健全な食環境を整えるためには、何よりもまず自然環境の保全に力を入れるべきだ。
4　健全な食環境を整えるためには、まず家庭での調理に気を使うべきだ。

해석 및 해설 15 논설문

지문 해석

　건강하고 안전한 식생활을 하기 위해서는 건전한 식환경이 갖추어지지 않으면 안 된다. 여기서 말하는 식환경이란 자연환경뿐만 아니라 작물을 재배하거나, 가축을 사육하거나, 물고기를 잡거나 한 후 그것을 가공・운반・조리하여 식탁에 올리기까지의 과정으로 정의되어야 한다.
　정보도 또한 먹거리의 안전을 실현하기 위해 빠뜨릴 수 없는 중요한 요소가 된다. 예를 들어 식품의 표시는 소비자가 식재료를 구입할 때 직접 확인할 수 있는 유일한 정보이니 정확히 표시되어야 한다.

단어

食生活(しょくせいかつ) 식생활 | **食環境**(しょくかんきょう) 식환경 | **整**(ととの)**う** 정돈되다, 갖추어지다 | **作物**(さくもつ) 작물 | **栽培**(さいばい) 재배 | **家畜**(かちく) 가축 | **飼育**(しいく) 사육 | **加工**(かこう) 가공 | **運搬**(うんぱん) 운반 | **調理**(ちょうり) 조리 | **食卓**(しょくたく) 식탁 | **プロセス** 프로세스, 과정 | **定義**(ていぎ) 정의 | **食**(しょく) 먹거리, 음식 | **実現**(じつげん) 실현 | **欠**(か)**かせない** 빼 놓을 수 없다 | **要素**(ようそ) 요소 | **表示**(ひょうじ) 표시 | **食材**(しょくざい) 식재료 | **購入**(こうにゅう) 구입 | **直接**(ちょくせつ) 직접 | **唯一**(ゆいいつ) 유일 | **整**(ととの)**える** 정리하다, 갖추다 | **保全**(ほぜん) 보전 | **力**(ちから)**を入**(い)**れる** 노력하다, 주력하다

문제 해석

> **문** 본문의 내용과 맞는 것을 하나 고르시오.
> 1 식품의 표시는 안전한 식생활을 하는 데 매우 중요한 정보가 된다.
> 2 식품의 표시는 먹거리의 안전을 실현하는 데 그렇게 도움이 되는 정보는 아니다.
> 3 건전한 식환경을 갖추기 위해서는 무엇보다도 먼저 자연환경의 보전에 힘을 쏟아야 한다.
> 4 건전한 식환경을 갖추기 위해서는 우선 가정에서의 조리에 신경을 써야 한다.

해설 1번과 2번, 2단락 첫 번째 줄 [食の安全を実現するために欠かせない重要な要素になる。たとえば食品の表示は]에 근거하여, 1번이 정답이고, 2번은 본문과 일치하지 않음을 알 수 있다. 3번과 4번, 선택지와 같은 내용은 언급되어 있지 않다.

실전 문제 16 안내문

問題　次の文章を読んで、後の問いに対する答えとして最もよいものを、1・2・3・4から一つ選びなさい。

販売店　　各位

　　　　　　　　　　　　　　　　　平成22年7月13日
　　　　　　　　　　　　　　　　　株式会社　松本商事
　　　　　　　　　　　　　　　　　営業部長　田中一郎
　　　　　　　　　　　　　　　　　電話00-6204-1515

夏期休業のご案内

拝啓

　夏らしい暑い日が続きますが、どのようにお過ごしでいらっしゃいますでしょうか。貴社ますますご発展のことと心からお慶び申し上げます。

　さて、誠に勝手ながら我が社では、8月14日(土)〜8月16日(月)までを夏季休業とさせていただきます。皆様にはご不便をおかけしますが、どうかご理解いただき、ご協力いただきますよう宜しくお願い申し上げます。

　なお、夏期休業中に商品を納める作業が見込まれる場合は、事前に私どもの会社の営業担当にご相談ください。

問　ご不便とあるが、だれがどのような不便をかけるのか。

1　会社の営業担当が自分が勤める会社に迷惑をかける。
2　商品を納める会社が松本商事に勤める人に迷惑をかける。
3　松本商事が取引のある会社に迷惑をかける。
4　松本商事と取引のある会社が松本商事に迷惑をかける。

해석 및 해설 16 안내문

지문 해석

판매점　　각위

헤이세이 22년 7월 13일
주식회사 마쓰모토 상사
영업부장 다나카 이치로
전화 00-6204-1515

하기 휴업 안내

배계

본격적인 여름 무더위가 이어지고 있습니다만, 어떻게 지내고 계신지요? 귀사 더욱더 발전하심을 진심으로 기쁘게 생각합니다.

다름이 아니라 대단히 송구합니다만, 저희 회사에서는 8월 14일(토) ~ 8월 16일(월)까지 하계 휴업을 합니다. 여러분께 <u>불편</u>을 끼쳐 죄송합니다만, 양해해 주시고 협력 부탁 드립니다.

또한, 하기 휴업 중에 상품 납품 작업이 예상되는 경우는 사전에 저희 회사 영업 담당자와 상담 부탁 드립니다.

단어

販売店(はんばいてん) 판매점 | **各位**(かくい) 각위 | **夏期**(かき) 하기 | **拝啓**(はいけい) 배계(삼가 아뢴다는 뜻으로 편지 머리에 쓰는 말) | **発展**(はってん) 발전 | **さて** 그건 그렇고(화제 전환) | **夏季**(かき) 하계 | **不便**(ふべん)**をかける** 불편을 끼치다 | **なお** 또한, 덧붙여 | **納**(おさ)**める** 납품하다 | **作業**(さぎょう) 작업 | **見込**(みこ)**む** 예상하다, 기대하다

문제 해석

> 문 불편이라고 되어 있는데, 누가 어떻게 불편을 끼치는가?
>
> 1 회사 영업 담당이 자신이 근무하는 회사에 불편을 끼친다.
> 2 상품을 납품하는 회사가 마쓰모토 상사에 근무하는 사람에게 불편을 끼친다.
> 3 마쓰모토 상사가 거래가 있는 회사에 불편을 끼친다.
> 4 마쓰모토 상사와 거래가 있는 회사가 마쓰모토 상사에 불편을 끼친다.

해설 마쓰모토 상사의 영업부장 다나카 이치로 씨가 거래 관계에 있는 각 판매점에 하기 휴업 안내문을 보낸 것이므로 정답은 3번이 된다.

2 | 내용 이해 – 중문 공략하기

> **문제 유형 분석**

내용 이해 - 중문은 비교적 쉬운 내용의 신문 논평, 설명문, 수필 등 500자 정도의 텍스트를 읽고 인과관계나 개요, 이유, 필자의 생각 등을 이해할 수 있는지를 묻는 문제로, 한 지문에 2~3문항이 출제된다. 총 9문항을 15분 내에 풀도록 하자.

> **문제 풀이 비법**

1. 한 지문당 2~3문항이 출제되지만, 대부분 글의 초반부에서 중반부에 1~2문항, 후반부에 1문항 하는 식으로 차례대로 출제된다고 생각하자.
2. 단락별로 하고자 하는 이야기를 파악하면 된다. 기본적으로, 첫 번째 단락은 말하고자 하는 주제를 들 것이고, 두 번째 단락은 그에 대한 설명, 마지막 단락은 결론으로 구성된다. 단락마다 이야기하고자 하는 것은 하나이므로, 접속되는 표현 등에 주의하면 생각보다 쉽게 글 전체를 이해할 수 있다.
3. 〈필자가 가장 말하고 싶어하는 것은 무엇인가?〉〈밑줄 친 부분에 대한 필자의 생각은 무엇인가?〉〈내용에 맞는 것은 무엇인가?〉 등의 질문에 대한 정답은 대부분 글의 후반부에 힌트가 있다.
4. 밑줄 친 부분의 내용을 묻는 문제는 그 부분의 바로 앞뒤 내용을 주의해서 읽어야 한다. 단, 밑줄 친 부분의 글이 문장의 첫 부분에 해당한다면 정답은 글의 후반부, 즉 결론 부분에 있을 가능성이 높다. 괄호 안에 접속사나 지시사를 넣는 문제는 문법의 '문장의 문법'에서 출제되므로 여기서 다루지 않는다.

실전 문제 **01 수필문**

問題　次の文章を読んで、後の問いに対する答えとして、最もよいものを1・2・3・4から一つ選びなさい。

　①臓器移植を語るときに避けて通れないのが②脳死の問題だ。まず、脳死とふつうの死のちがいはつぎのとおりだ。これまでは、人間が死んだと判断されるのは、心臓の停止、呼吸停止、瞳孔の散大（瞳孔が開いたまま光に反応しない）という三つの条件が揃ったときだった。これにたいし脳死の場合は、心臓や呼吸が停止していなくても、脳の機能が停止した時点で死を判断される。人工呼吸器をつけていて、まだ呼吸もし、心臓も動いているのに、死を宣告されるのである。従来の判断では、移植できるのは角膜や腎臓だけだったが、脳死の場合は、まだ心臓の機能が停止していないので、心臓移植も可能になる。

（中略）

　臓器提供ができるのは、生前に、脳死判定を受け入れて臓器を提供する意思を表示していた15歳以上の人に限られる。それだけでなく、家族が移植に反対していないことも必須条件だ。

　なぜ15歳以上なのかというと、民法で遺言が有効とされているのが15歳以上だからである。しかし、これでは小さい子どもにたいする臓器提供ができない。大人の大きい臓器を小さな子供の体に移植することはできないからである。この15歳という年齢が適当かどうか、これからも論議が続くことだろう。また、脳死下での臓器提供には本人の生前の意思表示が必須になるため、最近では③臓器提供意思表示カードが普及しはじめた。このカードに記入、署名、携帯することで臓器提供の意思があることが確認できる。カードは各市役所、保健所、郵便局、運転免許試験所、一部のコンビニなどにおいてある。

（『世の中の秘密がズバリ！わかる本』素朴な疑問探究会 大文社による）

問 1　①臓器移植について間違っているものを選びなさい。

1　臓器移植は提供者から受給者へ臓器や組織を移し植える医療行為のことである。
2　心臓死体から心臓を移植できる。
3　脳死体から腎臓を移植できる。
4　生体、脳死体から角膜を移植できる。

問 2　②脳死の判断基準として正しいものを選びなさい。

1　全脳の機能が不可逆的に停止しているかで判断する。
2　瞳孔固定などで光に反応するかで判断する。
3　自発呼吸の消失で判断する。
4　心肺停止かどうかで判断する。

問 3　本文の中で述べている③臓器提供意思表示カードについて正しいものを選びなさい。

1　臓器提供意思カードの所有によって脳死後のみ、臓器提供する意思を表示できる。
2　臓器提供意思カードの所有は、老若男女問わない。
3　臓器提供意思カードの所有によって、死に関する選択権が与えられる。
4　臓器提供意思カードの所有だけでは臓器移植はできない。

해석 및 해설 01 수필문

지문 해석

①장기 이식을 논할 때 피해갈 수 없는 없는 것이 ②뇌사 문제이다. 우선, 뇌사와 보통의 죽음 간의 차이는 다음과 같다. 이제껏 인간이 죽었다고 판단되는 것은 심장 정지, 호흡 정지, 동공 산대(동공이 열린 채 빛에 반응하지 않는 것)라는 세 가지 조건이 갖추어졌을 때였다. 이에 비해 뇌사의 경우는 심장과 호흡이 정지하지 않아도 뇌의 기능이 정지된 시점에서 사망이라 판단된다. 인공 호흡기를 달고 있어서 아직 호흡도 하고, 심장 또한 뛰는데 죽음이 선고되는 것이다. 이제까지 이식할 수 있다고 판단되는 것은 각막과 신장뿐이었지만, 뇌사의 경우는 아직 심장의 기능이 정지하지 않았기 때문에 심장 이식도 가능하게 된다.

(중략)

장기 기증을 할 수 있는 것은 생전에, 뇌사 판정을 받아들이고 장기를 기증하겠다는 의사를 표한 15세 이상의 사람에 한한다. 그뿐만 아니라 가족이 이식에 반대하지 않아야 하는 것도 필수 조건이다. 왜 15세 이상인가 하면 민법에서 유언의 효력이 발생되는 것이 15세 이상이기 때문이다. 그러나 이래서는 어린 아이들에 대한 장기 기증을 할 수 없다. 성인의 큰 장기를 어린 아이의 몸에 이식할 수 없기 때문이다. 이 15세라는 연령이 적당한지 어떤지는 앞으로도 논의가 계속될 것이다. 또한 뇌사 상태에서의 장기 기증에는 본인의 생전 의사 표시가 필수이기 때문에 최근에는 ③장기 기증 의사표시카드를 보급하기 시작했다. 이 카드에 기입, 서명, 휴대함으로써 장기 기증의 의사가 있음을 확인할 수 있다. 카드는 각 시청, 보건소, 우체국, 운전면허시험장, 일부 편의점에 비치되어 있다.

단어

臓器移植(ぞうきいしょく) 장기 이식 | 避(さ)ける 피하다 | 脳死(のうし) 뇌사 | 判断(はんだん) 판단 | 心臓(しんぞう) 심장 | 停止(ていし) 정지 | 呼吸(こきゅう) 호흡 | 瞳孔(どうこう)の散大(さんだい) 동공 산대(동공이 열린 채 빛에 반응하지 않음) | 条件(じょうけん) 조건 | 揃(そろ)う 갖추어지다 | ~にたいし ~에 비해 | 機能(きのう) 기능 | 人工呼吸器(じんこうこきゅうき) 인공 호흡기 | 宣告(せんこく) 선고 | 従来(じゅうらい) 종래, 이전부터 지금까지 | 角膜(かくまく) 각막 | 腎臓(じんぞう) 신장 | 臓器提供(ぞうきていきょう) 장기 기증 | 生前(せいぜん) 생전, 살아 있을 때 | 判定(はんてい) 판정 | 受(う)け入(い)れる 받아들이다 | 意思(いし) 의사 | 表示(ひょうじ) 표시 | ~に限(かぎ)られる ~에 한정되다 | 必須(ひっす) 필수 | 民法(みんぽう) 민법 | 遺言(ゆいごん) 유언 | 有効(ゆうこう) 유효 | 年齢(ねんれい) 연령 | 適当(てきとう) 적당 | 論議(ろんぎ) 논의 | 普及(ふきゅう) 보급 | 記入(きにゅう) 기입 | 署名(しょめい) 서명 | 携帯(けいたい) 휴대 | 市役所(しやくしょ) 시청 | 保健所(ほけんしょ) 보건소

문제 해석

문1 ①장기 이식에 대한 설명으로 틀린 것을 고르시오.

1. 장기 이식은 기증자로부터 이식자에게 장기나 조직을 이식하는 의료 행위를 말한다.
2. **심장이 안 뛰는 사람에게서 심장을 이식받을 수 있다.**
3. 뇌사 상태인 사람에게서 신장을 이식받을 수 있다.
4. 생체, 뇌사 상태인 사람에게서 각막을 이식받을 수 있다.

[해설] 일곱 번째 줄 [従来の判断では、移植できるのは～心臓移植も可能になる]의 부분을 보면 이제까지는 각막과 신장만 이식이 가능했지만, 심장 기능이 멈추지 않은 뇌사의 경우에는 심장 또한 이식이 가능하다고 나온다. 심장의 기능이 멈춘 경우에는 이식할 수 없으므로 2번이 정답이 된다.

문2 ②뇌사의 판단 기준으로서 옳은 것을 고르시오.

1. 모든 뇌의 기능이 불가역적으로 정지된 것으로 판단한다.
2. 동공 고정 등 빛에 반응하는지에 따라 판단한다.
3. 자발 호흡의 불가능으로 판단한다.
4. 심폐 기능의 정지 여부로 판단한다.

[해설] 네 번째 줄 [これにたいし脳死の場合は～死を判断される] 부분을 보면 뇌사는 심장과 호흡은 멈추지 않고 뇌의 기능만이 멈춘 상태라고 하였다. 보기 2, 3, 4번은 뇌사가 아닌 보통의 죽음을 판단하는 조건이므로 1번이 정답이 된다.

문3 본문에서 말하는 ③장기 기증 의사표시카드에 대해 옳은 것을 고르시오.

1. 장기 기증 의사카드를 통해 뇌사 판정 시에만 장기 기증을 하겠다는 의사를 표시할 수 있다.
2. 장기 기증 의사카드는 남녀노소 상관없이 만들 수 있다.
3. 장기 기증 의사카드로 죽음에 대한 선택권이 주어진다.
4. 장기 기증 의사카드만으로는 장기 이식이 불가능하다.

[해설] 1번, 뇌사 판정 시만으로 한정하지 않았고, 2번, 장기 기증이 가능한 것은 15세 이상으로 정해져 있으며, 3번, 본문에 나오지 않는 내용이다. 장기 기증이 가능한 것은 15세 이상의 나이로, 가족들의 반대도 없어야 하므로 장기 기증 의사카드 하나만으로 이식이 불가능하다는 4번이 정답이 된다.

실전 문제 02 수필문

問題　次の文章を読んで、後の問いに対する答えとして、最もよいものを1・2・3・4から一つ選びなさい。

　日本における外国人登録者の数は、2008年末の時点で約二百二十万人、総人口の約1.7％を超えた。その数はどんどん増え続けていくと予想される。①外国人住民の急増、定住化の傾向は、これまでの日本社会にとって、地理的に広範囲、社会的属性と②来日する目的の多様性、といった点で前例のない事態である。彼らが日本にやってきた目的には生まれ育った国を出て、より広い世界で自己を試し、その可能性に挑戦したいという自己実現志向型がある一方、母国での経済的、社会的、心理的状態を忌避するための、いわば難民型のケースがある。いずれにしても、日本社会は外国人といかに「共生」するかという課題に直面しているのである。

　これまでの日本での研究は「外に向かっての国際化」のために海外からの情報を取り寄せ、また、向こうに出向くことにエネルギーを費やしてきたが、「内なる国際化」に対してはあまり興味を示しては来なかった。自分の周りの人々に目を向け、そこから何かを学ぶといった足元を見つめる姿勢が基本的に欠如していたように思われる。

　今後、日本人が、異なった言語、生活習慣、価値観を背景に持っている人々に心を開き、その違いを受け入れ、共生していこうとする③多言語・多文化主義に裏付けられた生き方を選ぼうとするなら、民族やエスニシティーだけにこだわらないポスト・エスニック・マルチカルチュラリズムに向かっての研究に着手することが必須なのである。

(『日本語の歴史』真田信治による)

問 1　①外国人住民の急増によって日本が抱えている課題として間違っているものを選びなさい。

1　異文化への受け入れ態勢の強化
2　内なる国際化への遅い対応
3　難民の受け入れ準備
4　市民レベルによる国際交流

問 2　②来日する目的の多様性として正しくないものを選びなさい。

1　母国で貧困に苦しみ出稼ぎのために来日するもの
2　日本語上達のために語学留学するもの
3　自分の能力を試すために日系企業で働くもの
4　片親が日本人のため来日するもの

問 3　③多言語・多文化主義の説明として間違っているものを選びなさい。

1　さまざまな人種，民族，階層がそれぞれの独自性を保ちながら共存していく考え方
2　他者の個性を積極的に容認していこうという考え方
3　市民レベルで文化の多様性を認めつつ法律や政策は干渉しないという考え方
4　一つの社会において各々の集団が「対等な立場で」扱われるべきだという考え方

해석 및 해설 02 수필문

지문 해석

일본에 거주하는 외국인 등록자 수가 2008년 말 시점으로 약220만 명, 총 인구의 1.7%를 넘어섰다. 이 수는 점차 늘어 갈 것으로 예상된다. ①외국인 주민의 급증, 정주화 경향은 이제까지의 일본 사회에 있어서 지리적인 광범위, 사회적 속성과 ②일본을 찾는 목적의 다양성이라는 점에서 전례가 없는 사태이다. 그들이 일본에 온 목적으로는 나고 자란 고국을 떠나 보다 넓은 세계에서 자신을 시험해 보고 그러한 가능성에 도전해 보고 싶다는 자아실현 지향형이 있는 한편 자국에서의 경제적, 사회적, 심리적 상태를 기피하기 위한 이른바 난민형 케이스도 있다. 어느 쪽이든 일본 사회는 외국인과 어떻게 '공생'할지의 과제에 직면하고 있는 것이다.

이제까지 일본에서 해 온 연구는 '밖을 향한 국제화'를 위해 해외에서 정보를 들여오거나 그곳으로 나가는 데에 모든 에너지를 쏟아왔지, '내부적 국제화'에 대해서는 그다지 흥미를 보이지 않았다. 자신의 주변 사람들에게 눈을 돌려 거기서 무엇을 배울 수 있을지 자신이 놓여진 상황을 제대로 파악하는 자세가 근본적으로 결여되어 있었던 것 같다.

향후 일본인이 다른 언어, 생활 습관, 가치관을 가진 사람들에게 마음을 열고 그 차이점을 받아들이고 공생해 나가려는 ③다언어·다문화주의가 뒷받침된 삶의 방식을 선택하려 한다면, 민족이나 에스니시티에만 얽매이지 않는 포스트 에스닉 멀티컬처리즘을 향한 연구에 착수하는 것이 필수이다.

단어

~における ~에서의 | **登録者**(とうろくしゃ) 등록자 | **数**(かず) 수 | **総人口**(そうじんこう) 총 인구 | **超**(こ)**える** 넘다, 초과하다 | **急増**(きゅうぞう) 급증 | **定住化**(ていじゅうか) 정주화 | **傾向**(けいこう) 경향 | **地理的**(ちりてき) 지리적 | **広範囲**(こうはんい) 광범위 | **属性**(ぞくせい) 속성 | **来日**(らいにち) 일본에 옴 | **多様性**(たようせい) 다양성 | **前例**(ぜんれい) 전례 | **事態**(じたい) 사태 | **生**(う)**まれ育**(そだ)**つ** 나고 자라다 | **試**(ため)**す** 시도하다 | **挑戦**(ちょうせん) 도전 | **自己実現志向型**(じこじつげんしこうがた) 자아실현 지향형 | **~一方**(いっぽう) ~한편 | **母国**(ぼこく) 모국, 자국 | **忌避**(きひ) 기피 | **いわば** 이른바 | **難民型**(なんみんがた) 난민형 | **いずれにしても** 어느 쪽이든 | **いかに** 어떻게 | **共生**(きょうせい) 공생 | **課題**(かだい) 과제 | **直面**(ちょくめん) 직면 | **国際化**(こくさいか) 국제화 | **情報**(じょうほう) 정보 | **取**(と)**り寄**(よ)**せる** 가져오다 | **出向**(でむ)**く** 나가다 | **費**(つい)**やす** 소비하다 | **内**(うち)**なる** 내부, 안쪽 | **~に対**(たい)**して** ~에 대해서 | **興味**(きょうみ) 흥미 | **示**(しめ)**す** 나타내다 | **足元**(あしもと) 주변, 신변 | **姿勢**(しせい) 자세 | **基本的**(きほんてき) 기본적 | **欠如**(けつじょ) 결여 | **今後**(こんご) 향후 | **異**(こと)**なる** 다르다 | **価値観**(かちかん) 가치관 | **背景**(はいけい) 배경 | **多言語**(たげんご) 다언어 | **多文化主義**(たぶんかしゅぎ) 다문화주의 | **裏付**(うらづ)**ける** 뒷받침하다 | **民族**(みんぞく) 민족 | **エスニシティ** 에스니시티 (공통의 관습, 언어, 종교, 신체 특징으로 개인이 특정 집단에 귀속하는 것) | **こだわる** 얽매이다, 연연해하다 | **着手**(ちゃくしゅ) 착수 | **必須**(ひっす) 필수

문제 해석

문1 ①<u>외국인 주민의 급증</u>으로 인해 일본이 떠안게 된 과제로서 틀린 것을 고르시오.

1. 다른 문화를 받아들이는 태세의 강화
2. 내부적 국제화에 대한 느린 대응
3. **난민을 받아들일 준비**
4. 시민 차원에서의 국제 교류

해설 여덟 번째 줄 [いずれにしても、**日本社会は外国人といかに共生するかという課題に直面しているのである**] 부분을 보면 외국인 주민과의 공생이 과제인 것을 알 수 있다. 그러므로 공생과 거리가 먼 3번이 정답이 된다.

문2 ②<u>일본을 찾는 목적의 다양성</u>으로서 옳지 않은 것을 고르시오.

1. 자국에서의 빈곤한 생활에 시달려 돈을 벌러 일본에 방문한 경우
2. 일본어를 잘하기 위해 어학 연수하러 오는 경우
3. 자신의 능력을 시험해 보기 위해 일본계 기업으로 일하러 오는 경우
4. **부모 중 한쪽이 일본인이라서 일본에 오는 경우**

해설 일본에 방문하는 목적으로서 본문에 나온 형태는 두 가지이다. 하나는 보다 넓은 세계에서 자신을 시험해 보고 싶어 하는 자아실현 지향형으로 보기 2, 3번이 이에 해당한다. 또 하나는 자국에서의 경제적, 사회적, 심리적 상태로부터 벗어나고자 하는 난민형인데 1번이 이에 해당한다.

문3 ③<u>다언어·다문화주의</u>의 설명으로서 옳지 않은 것을 고르시오.

1. 다양한 인종, 민족, 계층이 각각의 독자성을 유지하면서 공존해 가려는 생각
2. 타인의 개성을 적극적으로 용인해 가려는 생각
3. **시민 차원에서는 문화의 다양성을 인정하면서 법률이나 정책적으로는 간섭하지 않으려는 생각**
4. 하나의 사회에서 각각의 집단이 '대등한 입장으로' 다루어져야 한다는 생각

해설 밑줄 친 다언어·다문화주의의 앞 부분을 살펴보자. [今後、日本人が、異なった言語、生活習慣、価値観を背景に持っている人々に心を開き、その違いを受け入れ、共生していこうとする] 부분이 다언어·다문화주의를 설명해 주고 있으며 보기 1, 2, 4번이 이에 해당한다. 한편, 법률과 정책적인 간섭의 유무는 본문에 나오지 않으므로 3번이 정답이 된다.

実戦問題 03 수필문

問題　次の文章を読んで、後の問いに対する答えとして、最もよいものを1・2・3・4から一つ選びなさい。

　　①遠くの親類より近くの他人というように近所のつきあいは特にたいせつなものです。遠いところで子どもや孫が病気になったとき、まず助けを求めるのは近所の人となります。これを思うとき、親は息子や娘たちの隣人のありがたさを感謝することでしょう。
　　また、血は水よりも濃しともいいます。これは、一応他人さまはよくしてくださっても長期間、迷惑のかかるようなときはやはり肉親と言われる立場のものが面倒をみるようになることをいいます。

　　　　　　　　　　　　（中略）

　　一度も会ったことがないはとこか片いとこというような遠い関係でも、なんとなくどこかの誰かに似ているなどでなつかしさがわくものです。
　　それだけに、他人とのつきあいは親しすぎないように、他人の私生活に深いかかわりを持たないように、しかし温かな心で接するようにしましょう。質屋さんは、お客と親しい仲にはなれないといいます。また、しもの病気を治してくださるお医者さんと患者さんも、病気が治ればハイ、サヨナラということになるといいます。大層親しい友達でも一方が不幸に見舞われ、一方が親身も及ばぬ援助をしてあげるなどするとそれを機会に疎遠になることもあります。親友にお金を貸すと、お金と親友を失う、というのも②その類です。
　　親しき仲にも礼儀あり、というのは家族にもいえることですし、これが交際の基礎ではないでしょうか。

　　　　　　　　　　　　　　　　　　　　　西川勢津子『暮し上手の基礎知識』

問1 ①遠くの親類より近くの他人はどのような意味か。

1 遠くにいる親戚はしょっちゅう会えないから、近くにいる他人ともっと親しく接するべきだ。
2 いざとなったとき、すぐ助けてくれる人は身近にいる人である。
3 血のつながった親戚でも、助けを求めたら、よそよそしく他人行儀をする場合が多い。
4 人とのつきあいにおいて重要なことは、血縁関係ではなく、心の距離感である。

問2 ②その類とあるが、それと一番近いものはどれか。

1 一方的な援助を続けた場合
2 自分が施したことを恩に着せる場合
3 お互い気まずい格好になった場合
4 揚げ足を取ってお互い責める場合

問3 筆者が最も言いたいことは次のどれか。

1 遠くに住む家族や親戚より、隣人との付き合いがもっと大切である。
2 赤の他人と喧嘩をした時、根に持たず、早くケロリとすることが大事である。
3 仲が近ければ近いほど、お互いの私生活を尊重し、深く関わらないのが重要である。
4 家族には情にほだされやすく、適度な距離を置くべきである。

해석 및 해설   03 수필문

지문 해석

①멀리 있는 친척보다 이웃사촌이라는 말이 있듯이 이웃과의 교제는 특히 소중한 것입니다. 타지에서 자녀나 손자가 병이 났을 때 먼저 도움을 청할 수 있는 사람은 이웃입니다. 이런 점을 생각할 때 부모는 자녀들의 이웃에게 고마운 마음을 가져야 하겠지요.

또 피는 물보다 진하다고 합니다. 이 말은 우선 남은 잘 대해 주어도 장기간 신세를 지게 되는 경우에는 역시 혈연관계에 있는 사람이 보살펴 주게 되는 것을 뜻합니다.

(중략)

한 번도 만난 적이 없는 6촌이나 5촌 조카와 같은 먼 친척이라도 어딘지 모르게 누군가 닮았다는 등의 이유로 정감이 생겨납니다.

그러므로 타인과의 교제는 너무 허물없이 지내지 않도록 하고 상대방의 사생활에 깊이 관여하지는 않지만 따뜻한 마음으로 대하도록 합시다. 전당포 주인은 손님과는 친하게 지낼 수 없다고 합니다. 또한 하반신 질환을 치료해 준 의사와 환자도 병이 다 낫고 나면 자 그럼 안녕히 하고 다시는 안 보는 관계가 된다고 합니다. 아주 친한 사이라도 한쪽이 불행을 당하고 또 한쪽이 가족 못지 않은 도움을 주면 그것을 계기로 관계가 소원해지는 경우도 있습니다. 친구에게 돈을 빌려주면 돈도 친구도 잃는다는 말도 ②그와 같은 맥락입니다.

친할수록 예의를 지키라는 말은 가족에게도 해당되는데 이것이 교제의 근본이 아닐까요?

단어

親類(しんるい) 친척 | 遠(とお)い 멀다 | 孫(まご) 손자 | 助(たす)けを求(もと)める 도움을 청하다 | 隣人(りんじん) 이웃 | 感謝(かんしゃ)する 감사하다 | 血(ち)は水(みず)よりも濃(こ)し 피는 물보다 진하다 | 迷惑(めいわく)のかかる 민폐를 끼치다 | 肉親(にくしん) 육친 | 面倒(めんどう)をみる 돌보다 | はとこ 6촌 | 片(かた)いとこ 5촌 조카 | 似(に)ている 닮다 | なつかしさがわく 정감이 생기다 | 深(ふか)いかかわりを持(も)つ 깊은 연관이 있다 | 温(あたた)かい 따뜻하다 | 接(せっ)する 접하다 | 質屋(しちや) 전당포 | しもの病気(びょうき) 하반신 질환 | 医者(いしゃ) 의사 | 患者(かんじゃ) 환자 | 治(なお)る 낫다 | 大層(たいそう) 매우, 몹시 | 不幸(ふこう)に見舞(みま)われる 불행한 일을 당하다 | 親身(しんみ) 육친, 근친 | 及(およ)ぶ 이르다, 달하다 | 援助(えんじょ) 원조 | 機会(きかい) 기회 | 疎遠(そえん)になる 소원해지다 | 貸(か)す 빌려주다 | 失(うしな)う 잃다 | 類(たぐい) 같은 종류의 것 | 親(した)しき仲(なか)にも礼儀(れいぎ)あり 친한 사이에도 예의가 있다 | 交際(こうさい) 교제 | 基礎(きそ) 기초

문제 해석

문1 ①멀리 있는 친척보다 이웃사촌은 어떤 의미인가?

1. 멀리 있는 친척은 자주 만날 수 없으니까 가까이에 있는 타인과 더 친하게 지내야 한다.
2. **막상 무슨 일이 생겼을 때 바로 도움을 줄 수 있는 사람은 가까이에 있는 사람이다.**
3. 혈연관계에 있는 친척이라도 도움을 청하면 냉담하게 타인처럼 구는 경우가 많다.
4. 사람과 교제할 때 중요한 것은 혈연관계가 아니라 마음속의 거리감이다.

해설 밑줄 바로 다음 부분에서 답을 얻을 수 있다. [近所とのつきあいは特に大切なものです~親は息子や娘たちの隣人のありがたさを感謝することでしょう]로 보아 타지에 있는 자녀나 손자가 병이 났을 때 바로 도와줄 수 있는 사람은 가족이나 친척이 아니라 이웃사촌이라고 설명하고 있으므로 2번이 정답임을 알 수 있다.

문2 ②그와 같은 맥락이라고 되어 있는데 그것과 가장 근접한 것은 무엇인가?

1. 일방적인 원조를 지속한 경우
2. 자신이 베푼 것을 생색 내는 경우
3. **서로 민망한 모습이 되었을 경우**
4. 남의 꼬투리를 잡아서 서로 탓하는 경우

해설 밑줄 같은 단락을 보면 [質屋さんとお客], [しもの病気を治してくださるお医者さんと患者さん]은 서로 친해질 수 없다고 하면서 [大層親しい友達でも一方が不幸に見舞われたとき], [親友にお金を貸したとき]도 같은 맥락이라고 설명하고 있다. 다시 말해 서로 민망해지거나 껄끄러워진 상황을 뜻하므로 정답은 3번이 된다.

문3 필자가 가장 말하고 싶은 것은 무엇인가?

1. 멀리 사는 가족과 친척보다 이웃과의 교제가 더 소중하다.
2. 생판 남과 싸웠을 때 마음에 담아 두지 말고 빨리 잊는 것이 중요하다.
3. **사이가 가까우면 가까울수록 서로의 사생활을 존중하고 깊게 관여하지 않는 것이 중요하다.**
4. 가족에게는 정에 얽매이기 쉽기 때문에 적절한 거리를 둬야 한다.

해설 4단락에 필자의 주장이 나와 있다. 앞에서는 [遠くの親類より近くの他人], [血は水より濃し] 등 이웃 사촌과의 교제, 친척이나 혈연관계에 대한 내용이 나와 있지만 결국 4단락을 보면 [それだけに、他人とのつきあいは親しすぎないように~しかし温かい心で接するようにしましょう]라고 언급하며 마지막 단락에서 친할수록 예의를 지키라고 주장하고 있다. 그러므로 3번이 답이 된다.

실전 문제 04 기사문

問題　次の文章を読んで、後の問いに対する答えとして、最もよいものを1・2・3・4から一つ選びなさい。

　病院で待たされることを嫌う患者のため風邪など簡単な診断をし、薬を処方できる上級看護師がドラッグストアなどに雇われて医療を行う「コンビニクリニック」が米国で急増している。

　内科医による監督など簡単な規制しかなく、「早い、安い」を売り物に3〜4年前の数十から今では全米で1200カ所とまたたく間に広まった。品薄のインフルエンザ予防ワクチンを街の医師より豊富に入手し、行列のできるクリニックもある。

　米国流市場経済の活力を見る思いだが、「ドラッグストアに雇われて過剰な処方をしないといえるか」と懸念する声もある。ある大手チェーンは今春、需要の少ない季節だからと550店中90店を10月初旬まで閉めてしまった。ロサンゼルスのハワード・ストロム内科医(60)は「もうかるからやっているだけ」と手厳しい。

　折しも4600万人の無保険者を抱え、民間任せの医療保障を改革すべく議会は激論の真っ最中。市場原理を重んじる伝統は分かるが、医療は安心を原点とすべきではないか。

（吉富裕倫「コンビニ医療」2009年10月28日付け　毎日新聞『憂楽帳』による）

問1　「コンビニクリニック」が米国で急増している理由として最も適当なものを一つ選びなさい。

1　一般の病院より安い。
2　行政の監督があまり厳しくない。
3　新型インフルエンザワクチンが簡単に手に入る。
4　大手チェーンだから信頼性がある。

問2　筆者がこの文章で一番言いたいことはどんなことか。

1　コンビニクリニックは薬が早くて安く手に入り、合理的なシステムである。
2　コンビニクリニックはアメリカ式の市場経済が優れていることを示している。
3　需要が少ないからと店舗を閉めてしまった大手コンビニクリニックに対して、議会は厳しく対処すべきだ。
4　アメリカの民間委託の医療保障は改められるべきである。

해석 및 해설 04 기사문

지문 해석

　병원에서 기다리는 것을 싫어하는 환자를 위해 감기 등의 간단한 진단을 하고, 약을 처방할 수 있는 상급 간호사가 약국 등에 고용되어 의료를 행하는 '편의점 클리닉'이 미국에서 급증하고 있다.

　내과의가 감독하는 등 간단한 규제밖에 없으며, '빠르고, 싸다'는 점을 장점으로 3~4년 전 수십 군데에서 지금은 미국 전역에 1,200 군데로 눈 깜짝할 새 불어났다. 품귀 현상을 보이는 인플루엔자 예방 백신을 동네 의사보다 충분히 구비하여, 줄을 서는 클리닉도 있다.

　미국식 시장 경제의 활력을 보는 것 같지만 '약국에 고용되어 과잉 처방을 하지 않는다고 할 수 있는가'라는 우려의 목소리도 있다. 어느 대형 체인점은 올봄, 수요가 적은 계절이라며 550점포 중 90점포를 10월 초순까지 폐점했다. 로스앤젤레스의 하워드 스트롬 내과의(60)는 '돈이 되니까 할 뿐'이라며 가차 없이 말했다.

　때마침 4,600만 명의 무보험자를 떠안고서, 민간에 맡긴 의료 보장을 개혁하기 위해 의회는 격론이 한창이다. 시장 원리를 중시하는 전통은 이해하지만, 의료는 안심을 원점으로 해야 하는 것이 아닐까?

단어

診断(しんだん) 진단 | **処方**(しょほう) 처방 | **上級**(じょうきゅう) 상급 | **看護師**(かんごし) 간호사 | **ドラッグストア** 약국, 드러그 스토어 | **雇**(やと)**う** 고용하다 | **急増**(きゅうぞう) 급증 | **内科医**(ないかい) 내과의 | **監督**(かんとく) 감독 | **規制**(きせい) 규제 | **売**(う)**り物**(もの) 팔 물건, 자랑거리 | **またたく間**(ま) 순식간 | **品薄**(しなうす) 품귀 | **予防**(よぼう) 예방 | **ワクチン** 백신 | **入手**(にゅうしゅ) 입수 | **行列**(ぎょうれつ) 행렬 | **米国流**(べいこくりゅう) 미국식 | **市場経済**(しじょうけいざい) 시장 경제 | **活力**(かつりょく) 활력 | **過剰**(かじょう) 과잉 | **懸念**(けねん) 염려, 걱정 | **大手**(おおて) 대규모 | **チェーン** 체인 | **今春**(こんしゅん) 올봄 | **需要**(じゅよう) 수요 | **もうかる** 벌이가 되다 | **手厳**(てきび)**しい** 호되다, 가차 없다 | **折**(おり)**しも** 때마침 | **無保険者**(むほけんしゃ) 무보험자 | **民間**(みんかん) 민간 | **~任**(まか)**せ** ~에 맡김 | **保障**(ほしょう) 보장 | **改革**(かいかく) 개혁 | **議会**(ぎかい) 의회 | **激論**(げきろん) 격론 | **市場原理**(しじょうげんり) 시장 원리 | **重**(おも)**んじる** 소중히 하다, 존중하다 | **伝統**(でんとう) 전통 | **原点**(げんてん) 원점, 출발점 | **行政**(ぎょうせい) 행정 | **新型**(しんがた) 신형 | **信頼性**(しんらいせい) 신뢰성 | **合理的**(ごうりてき) 합리적 | **優**(すぐ)**れる** 뛰어나다, 훌륭하다 | **店舗**(てんぽ) 점포 | **対処**(たいしょ) 대처 | **委託**(いたく) 위탁 | **改**(あらた)**める** 고치다, 개선하다

문제 해석

문1 '편의점 클리닉'이 미국에서 급증하고 있는 이유로 가장 적당한 것을 하나 고르시오.

1. 일반 병원보다 싸다.
2. **행정 감독이 그다지 엄격하지 않다.**
3. 신종 인플루엔자 백신을 간단하게 구할 수 있다.
4. 대형 체인점이라서 신뢰성이 있다.

[해설] 2단락의 첫 번째 줄 [内科医による監督など簡単な規制しかなく]를 통해 2번이 정답임을 유추할 수 있다.

문2 필자가 이 문장에서 가장 말하고 싶은 것은 어떤 것인가?

1. 편의점 클리닉은 약을 빠르고 싸게 구입하는 합리적인 시스템이다.
2. 편의점 클리닉은 미국식 시장 경제가 우수하다는 것을 보여준다.
3. 수요가 적다고 점포를 닫아 버린 대형 편의점 클리닉에 대해 의회는 엄격히 대처해야 한다.
4. 미국의 민간 위탁 의료 보장은 개선되어야 한다.

[해설] 1번, 3단락 첫 번째 줄 [「ドラッグストアに雇われて過剰な処方をしないといえるか」と懸念する声もある]를 보면 문제점을 지적하고 있으므로 합리적인 시스템이라고 보기엔 무리가 있다. 2번과 4번, 마지막 문장 [民間任せの医療保障を改革すべく議会は激論の真っ最中。市場原理を重んじる伝統は分かるが、医療は安心を原点とすべきではないか]를 보면 2번은 정답이 될 수 없고 4번이 정답이라는 것을 알 수 있다. 3번, 필자는 선택지와 같은 내용은 언급하지 않았다.

실전 문제 **05** 기사문

問題　次の文章を読んで、後の問いに対する答えとして、最もよいものを1・2・3・4から一つ選びなさい。

　　海外で国政選挙に投票するには在外選挙人名簿への登録が必要だ。ロサンゼルスに駐在しているが、8月の衆院選は未登録で投票できなかった。申請から登録まで約2カ月はかかる。直前に気づいたのでは遅い。
　　制度実施から10年。世界で推定有権者数は約81万人だが、総選挙で実際に投票したのは3％余り。投票所は在外公館に限られ、郵便投票は手続きが複雑で、面倒と思われているようだ。
　　当地の総領事館は、広報費、アルバイト費、記入済み投票用紙を日本へ運ぶ費用など、1票あたりの経費を約70ドル(約6300円)と算出している。
　　インターネットで電子投票できるようになれば、遠隔地の人も簡単に投票できるし経費も削減できる。総務省は「セキュリティーなどの面で課題がある」と慎重だが、中央大学の辻井重男教授は「技術的には可能で、要はやる気の問題」と指摘する。
　　「地方選挙で試してから」と言わず、必要度の高い在外選挙からオンライン投票をぜひ導入してほしい、と思うのだが。

　　　　　　　(吉富裕倫「在外選挙」2009年11月11日付け　毎日新聞『憂楽帳』による)

問1 筆者が投票できなかった理由として最も適当なものを 一つ選びなさい。

1 選挙人名簿に登録はしたが投票日を忘れてしまったから
2 選挙人名簿に登録する時期を逃してしまったから
3 自分の住んでいるところには在外公館がなかったから
4 郵便投票の手続きができなかったから

問2 筆者がこの文章で一番言いたいことはどんなことか。

1 まず在外選挙のほうから、オンライン投票を実施すべきだ。
2 セキュリティーのことなど気にしないで、早くオンライン投票を導入すべきだ。
3 技術的には可能だから、地方選挙でも何でも早くオンライン投票を導入すべきだ。
4 オンライン投票はやる気さえあればできる問題だから、次の選挙からさっそく実施すべきだ。

해석 및 해설 **05 기사문**

> **지문 해석**

　해외에서 국정 선거에 투표하려면 재외 선거인 명부 등록이 필요하다. 로스앤젤레스에 주재하고 있는데 8월 중의원 선거에는 미등록으로 투표하지 못했다. 신청에서 등록까지 약 2개월은 걸린다. 직전에 깨달아서는 늦다.

　제도 실시 후 10년. 전 세계에서 추정 유권자 수는 81만 명이지만, 총선거에서 실제로 투표한 사람은 3% 남짓. 투표소는 재외 공관으로 한정되고, 우편 투표는 절차가 복잡해 귀찮다고 여기는 듯하다.

　현지의 총영사관은 홍보비, 아르바이트비, 기입이 끝난 투표용지를 일본으로 옮기는 비용 등, 1표당 경비를 약 70달러(약 6,300엔)로 산출하고 있다.

　인터넷에서 전자 투표를 할 수 있게 되면, 원격지에 있는 사람도 간단하게 투표할 수 있고 경비도 삭감할 수 있다. 총무성은 '보안 등의 면에서 과제가 있다'라며 신중한 태도를 보이지만, 주오대학의 쓰지이 시게오 교수는 '기술적으로는 가능하며, 중요한 것은 의욕의 문제'라고 지적한다.

　'지방 선거에서 시험하고 나서'라고 하지 말고, 필요도가 높은 재외 선거부터 온라인 투표를 꼭 도입해 주었으면 한다.

> **단어**

国政(こくせい) 국정 | **選挙**(せんきょ) 선거 | **投票**(とうひょう) 투표 | **在外**(ざいがい) 재외 | **選挙人**(せんきょにん) 선거인 | **名簿**(めいぼ) 명부 | **登録**(とうろく) 등록 | **駐在**(ちゅうざい) 주재 | **衆院選**(しゅういんせん) 중의원 선거 | **未登録**(みとうろく) 미등록 | **申請**(しんせい) 신청 | **直前**(ちょくぜん) 직전 | **制度**(せいど) 제도 | **実施**(じっし) 실시 | **推定**(すいてい) 추정 | **有権者**(ゆうけんしゃ) 유권자 | **総選挙**(そうせんきょ) 총선거 | **投票所**(とうひょうじょ) 투표소 | **在外公館**(ざいがいこうかん) 재외 공관 | **複雑**(ふくざつ) 복잡함 | **当地**(とうち) 그 고장 | **総領事館**(そうりょうじかん) 총영사관 | **広報費**(こうほうひ) 공보비 | **~済**(ず)**み** ~이 끝남 | **費用**(ひよう) 비용 | **~あたり** ~당 | **経費**(けいひ) 경비 | **算出**(さんしゅつ) 산출 | **遠隔地**(えんかくち) 원격지 | **削減**(さくげん) 삭감 | **総務省**(そうむしょう) 총무성 | **セキュリティー** 보안 | **慎重**(しんちょう) 신중함 | **要**(よう)**は** 요는, 요컨대 | **やる気**(き) 의욕, 할 마음 | **指摘**(してき) 지적 | **試**(ため)**す** 시험해 보다 | **導入**(どうにゅう) 도입

문제 해석

문1 필자가 <u>투표하지 못한</u> 이유로 가장 적당한 것을 하나 고르시오.

1. 선거인 명부에 등록은 했지만 투표일을 잊어버렸기 때문에
2. 선거인 명부에 등록하는 시기를 놓쳐 버렸기 때문에
3. 자신이 살고 있는 곳에는 재외 공관이 없었기 때문에
4. 우편 투표의 절차를 밟지 못했기 때문에

해설 1단락 첫 번째 줄 [海外で国政選挙に投票するには在外選挙人名簿への登録が必要だ]와 밑줄 친 부분의 바로 앞 [未登録で]로 보아 선거인 명부에 등록을 하지 못했기 때문임을 추론해 낼 수 있다. 따라서 정답은 2번이 된다.

문2 필자가 이 문장에서 가장 말하고 싶은 것은 어떤 것인가?

1. 우선 재외 선거부터 온라인 투표를 실시해야 한다.
2. 보안 등은 생각하지 말고 빨리 온라인 투표를 도입해야 한다.
3. 기술적으로는 가능하므로 지방 선거든 뭐든 빨리 온라인 투표를 도입해야 한다.
4. 온라인 투표는 의욕만 있다면 가능한 문제이므로 다음 선거부터 즉시 실시해야 한다.

해설 본문의 마지막 단락 중 [必要度の高い在外選挙からオンライン投票をぜひ導入してほしい、と思うのだが]에 근거하여 1번이 정답임을 알 수 있다.

실전 문제 06 설명문

問題 次の文章を読んで、後の問いに対する答えとして、最もよいものを1・2・3・4から一つ選びなさい。

　今日、カメラと消費者による写真撮影が急速に普及したことで、写真のない世を想像するのは難しいかもしれない。私たちは写真とともに成長し、写真を撮ったり眺めたりすることは日常の一部である。しかし、かつて写真という技術は驚異に満ちた、新鮮なものであったことを強調するのは重要なことである。いったん写真という技術が完成されると、人をわくわくさせるこの媒体（ばいたい）は、どのような目的に使われるようになったのだろうか。

　写真の場合、技術が目的に先行したように思われる。①初期の先駆者たちにとって、写真という技術が機能し、そして自然の世界を「凍結」できることを実際にやってみせるだけで十分だったのだ。そうした、先駆者たちが撮影した写真は、今の世界を写し出すことが出来るという以外には、世界についての多くのことを、私たちに教えてはくれなかった。

　しかし、いったん目新しさがなくなると、写真技術は、②以前とはまったく違った方法で、視野の世界を拡大しはじめたのである。写真技術のおかげで、人々は、写真がなければ見ることができなかったような場所を見ることが可能になった。たとえば、自分でエジプトに旅行できる人は少数だったが、写真技術のおかげで、今やピラミッドのような世界の驚異を目にすることができるのだ。場所に加えて、人々は今や人間を見ることもできる。近頃では、私たちは、当代の政治家や有名人の写真や映像を見ることにすっかりなれている。

問1 ①初期の先駆者たちにとって写真はどのようなものだったか。

1　写真を撮ったり眺めたりすることが日常の一部となっていた。
2　自然の世界を「凍結」できることをやって見せるだけで十分だった。
3　写真がなければ見ることができなかったような場所を見るのに使うものだった。
4　ピラミッドのような世界の驚異を目にするために使うものだった。

問2 ②以前とはまったく違った方法として、本文の内容と違っているものを一つ選びなさい。

1 写真という技術が機能し、自然の世界を「凍結」できることを実際に見せてやること
2 写真がなければ見ることができなかったような場所を見せること
3 ピラミッドのような世界の驚異を映し出すこと
4 場所にくわえ、目の前にいない人間の顔を見せること

問3 次のうち、本文の内容と合わないものを一つ選びなさい。

1 写真技術は、目的が技術よりも先行したものと思われる。
2 現代の人々は、当代の政治家や有名人の写真を見ることに慣れている。
3 写真技術のおかげで、世界の驚異を目の当たりにすることが可能となった。
4 写真という媒体の使用目的は、開発当初と現在とでは大きく変化してきた。

해석 및 해설 06 설명문

지문 해석

오늘날 카메라와 소비자에 의한 사진 촬영이 급속히 보급되어, 사진이 없는 세상을 상상하는 건 어려울지도 모른다. 우리는 사진과 함께 성장하고, 사진을 찍거나 보거나 하는 일이 일상의 일부이다. 그러나 일찍이 사진이라는 기술은 경이로웠고 신선한 것이었다는 것을 강조하는 것은 중요한 일이다. 일단 사진이라는 기술이 완성되면 사람들을 두근거리게 하는 이 매체는 어떤 목적으로 사용되었을까?

사진의 경우, 기술이 목적에 선행된 것 같다. ①초기의 선구자들에게 있어 사진이라는 기술이 기능하고, 자연의 세계를 '얼어붙게' 할 수 있는 것을 실제로 보여 준 것만으로 충분했다. 그런 선구자들이 촬영한 사진은 현 세계를 투영하는 것이 가능하다는 이외에는 세계에 대한 많은 것을 우리에게 가르쳐 주지는 않았다.

그러나 일단 신선함이 사라지자 사진 기술은 ②이전과는 전혀 다른 방법으로 시야의 세계를 넓혀 주기 시작했다. 사진 기술 덕분에 사람들은 사진이 없다면 볼 수 없었을 장소를 보는 게 가능해졌다. 예를 들어 자신이 직접 이집트에 여행을 갈 수 있는 사람은 소수였는데, 사진 기술 덕분에 이제는 피라미드 같은 세계의 경이를 볼 수 있는 것이다. 장소와 더불어 사람들은 이제는 인간을 보는 것도 가능하다. 요즘 우리는 당대의 정치가나 유명인의 사진이나 영상을 보는 것에 완전히 익숙해졌다.

단어

消費者(しょうひしゃ) 소비자 | **撮影**(さつえい) 촬영 | **急速**(きゅうそく) 급속함 | **普及**(ふきゅう) 보급 | **かつて** 일찍이 | **驚異**(きょうい) 경이 | **満**(み)**ちる** 가득하다 | **強調**(きょうちょう) 강조 | **いったん** 일단, 한 번 | **完成**(かんせい) 완성 | **媒体**(ばいたい) 매체 | **目的**(もくてき) 목적 | **先行**(せんこう) 선행 | **初期**(しょき) 초기 | **先駆者**(せんくしゃ) 선구자 | **機能**(きのう) 기능 | **凍結**(とうけつ) 동결, 얼어붙음 | **写**(うつ)**し出**(だ)**す** 나타내다, 투영하다 | **目新**(めあたら)**しい** 새롭다, 신기하다 | **視野**(しや) 시야 | **拡大**(かくだい) 확대 | **可能**(かのう) 가능 | **エジプト** 이집트 | **少数**(しょうすう) 소수 | **今**(いま)**や** 지금은 이미, 이제는 | **ピラミッド** 피라미드 | **目**(め)**にする** 보다 | **加**(くわ)**える** 더하다, 늘리다 | **近頃**(ちかごろ) 요즘 | **当代**(とうだい) 당대 | **映像**(えいぞう) 영상 | **なれる** 익숙해지다, 길들다

> **문제 해석**

문1 ①초기의 선구자들에게 있어 사진은 어떤 것이었나?
1. 사진을 찍거나 보거나 하는 것이 일상의 일부였다.
2. **자연 세계를 '얼어붙게' 할 수 있다는 것을 보여 주는 것만으로 충분했다.**
3. 사진이 없다면 볼 수 없었을 장소를 보는 데 사용하는 것이었다.
4. 피라미드 같은 세계의 경이를 보기 위해 사용하는 것이었다.

해설 밑줄 친 ①의 뒷부분 [そして自然の世界を「凍結」できることを実際にやってみせるだけで十分だったのだ]에 근거하여 정답이 2번임을 알 수 있다.

문2 ②이전과는 전혀 다른 방법으로서, 본문 내용과 다른 것을 하나 고르시오.
1. 사진이라는 기술이 기능하고, 자연 세계를 '얼어붙게' 할 수 있다는 것을 실제로 보여 주는 것
2. 사진이 없다면 볼 수 없었을 장소를 보여 주는 것
3. 피라미드 같은 세계의 경이를 투영하는 것
4. 장소와 더불어 눈앞에 없는 사람의 얼굴을 보여 주는 것

해설 1번, 선택지와 같은 내용은 사진이라는 기술이 막 생겨나기 시작했을 때의 내용에 해당되므로 1번이 정답이 된다. 2, 3, 4번, 3단락 세 번째 줄 [写真がなければ見ることができなかったような場所を見ることが可能になった], 다섯 번째 줄 [今やピラミッドのような世界の驚異を目にすることができるのだ], 여섯 번째 줄 [場所に加えて、人々は今や人間を見ることもできる]에 모두 언급되어 있다.

문3 다음 중 본문의 내용과 맞지 않는 것을 하나 고르시오.
1. 사진 기술은 목적이 기술보다도 선행된 것이라고 생각된다.
2. 현대인들은 당대의 정치가나 유명인의 사진을 보는 것에 익숙해져 있다.
3. 사진 기술 덕분에 세계의 경이를 눈앞에서 볼 수 있게 되었다.
4. 사진이라는 매체의 사용 목적은 개발 당초와 현재는 크게 변화해 왔다.

해설 1번, 2단락 첫 번째 줄에서 [写真の場合、技術が目的に先行したように思われる]라고 했는데, 선택지에서는 목적이 기술보다 선행된 것으로 생각된다고 했으므로 본문과 일치하지 않아 1번이 정답이 된다. 2번, 본문의 마지막 문장 [私たちは、当代の政治家や有名人の写真や映像を見ることにすっかりなれている]를 보면, 본문과 일치함을 알 수 있다. 3번, 3단락 두 번째 줄 [写真技術のおかげで~世界の驚異を目にすることができるのだ]에 근거하여, 본문과 일치함을 알 수 있다. 4번, 3단락 첫 번째 줄 [しかし、いったん目新しさがなくなると、写真技術は、以前とはまったく違った方法で、視野の世界を拡大しはじめたのである]에 근거하여 선택지와 같은 내용을 추론해 낼 수 있다.

実戦問題 07 수필문

問題　次の文章を読んで、後の問いに対する答えとして、最もよいものを1・2・3・4から一つ選びなさい。

　ピンポンダッシュとは、人の家のチャイムを押して「ピンポン」と鳴らしたあと、ダッシュで逃げる子供の遊びを指します。

　典型的なピンポンダッシュのイメージは、隠れて玄関の様子をうかがい、人が出てきて「チャイムが鳴ったはずだけど誰もいない」などと不思議そうな顔をしている姿を見ておもしろがる、というものです。

　しかし、実際のピンポンダッシュはチャイムを鳴らして逃げ去るようで、これは、スリルを味わうために隠れて様子をうかがう、というリスクの高い行為を避けた結果のようです。

　ピンポンダッシュには、それ以外にも、スリルを共有して仲間意識を高めたい、という心理もあるようです。押されるほうも慣れたもので、①一回のチャイムでは出ません。なぜなら、一回だけのチャイムは勧誘かピンポンダッシュの類(たぐい)である可能性が高いからです。

　たとえば郵便配達や宅配なら二回以上鳴らします。鍵を忘れた家族なら何度も鳴らすでしょう。ピンポンダッシュは、チャイムを押される側の心理を想定した上での遊びですが、それだけでは不十分な時代になってきています。

　というのも、防犯カメラを備えた家や地域が増えてきたからです。ピンポンダッシュの決定的瞬間が動画で記録されてしまう可能性があります。これはピンポンダッシュという遊びが、②もはや「気軽」な遊びではなくなってきていることを意味します。早めにピンポンダッシュは卒業したほうがよさそうです。

問1 ①一回のチャイムでは出ません、とあるが、なぜか。

1 仲間意識を高めるため
2 居留守を使うため
3 面倒くさいから
4 大した用ではないと思っているから

問2 ②もはや「気軽」な遊びではなくなってきている、とあるが、なぜか。

1 家の中から人が出てこないから
2 押される方も慣れているから
3 押される側の心理がもはや分からないから
4 ピンポンダッシュが映像で記録されるおそれがあるから

問3 次のうち、本文の内容と合っているものを一つ選びなさい。

1 ピンポンダッシュの何が面白いのか、さっぱり分からない。
2 チャイムを鳴らしてからすぐ隠れ玄関の様子をうかがうのが、ピンポンダッシュの典型的なパターンである。
3 チャイムを一回鳴らして逃げ去るのがピンポンダッシュの典型的なパターンである。
4 気軽にスリルを味わうために、リスクの高い行為は避けるべきだ。

해석 및 해설 | 07 수필문

지문 해석

딩동대시란, 남의 집 벨을 눌러 '딩동' 하고 울리게 한 후, 재빠른 속도로 도망가는 아이들의 놀이를 가리킵니다.

전형적인 딩동대시의 이미지는 숨어서 현관의 모습을 엿보며 사람이 나와 '벨이 울렸는데 아무도 없네' 등 이상하다는 얼굴을 하고 있는 모습을 보고 재미있어 하는 것입니다.

그러나, 실제 딩동대시는 벨을 울리고 도망가는 것으로, 이는 스릴을 즐기기 위해 숨어서 상황을 엿보는 위험이 큰 행위를 피한 결과인 듯합니다.

딩동대시에는 그것 이외에도, 스릴을 공유하여 동료 의식을 높이고자 하는 심리도 있는 듯합니다. 당하는 사람도 익숙해져서 ①벨이 한 번 울려서는 나오지 않습니다. 왜냐하면 한 번만 울리는 벨은 권유이거나 딩동대시 부류일 가능성이 크기 때문입니다.

예를 들어 우편 배달이나 택배라면 두 번 이상 울립니다. 열쇠를 깜박한 가족이라면 몇 번이나 울리겠죠? 딩동대시는 벨 장난을 당하는 사람의 심리를 생각한 장난이지만, 그 정도로는 충분하지 않은 시대가 되었습니다.

왜냐하면 방범 카메라를 설치한 집이나 지역이 늘어났기 때문입니다. 딩동대시의 결정적 순간이 동영상으로 기록될 가능성이 있습니다. 이것은 딩동대시라는 놀이가 ②이제는 '가벼운' 놀이가 아니게 되었다는 것을 의미합니다. 딩동대시를 빨리 졸업하는 편이 좋을 듯합니다.

단어

ピンポン 딩동 | ダッシュ dash, (권투나 단거리 경주에서) 돌진함 | 指(さ)す 가리키다 | 典型的(てんけいてき) 전형적 | 逃(に)げ去(さ)る 도망치다 | スリル 스릴 | 味(あじ)わう 맛보다 | リスク 리스크, 위험 | 行為(こうい) 행위 | 避(さ)ける 피하다 | 結果(けっか) 결과 | 共有(きょうゆう) 공유 | 高(たか)める 높이다 | 心理(しんり) 심리 | 押(お)す 누르다 | 慣(な)れる 익숙해지다 | 勧誘(かんゆう) 권유 | 類(たぐい) 비슷한 것, 부류, 종류 | 可能性(かのうせい) 가능성 | 想定(そうてい) 상정 | 防犯(ぼうはん)カメラ 방범 카메라 | 備(そな)える 갖추다, 대비하다 | 地域(ちいき) 지역 | 動画(どうが) 동영상 | もはや 이미, 벌써 | 居留守(いるす)を使(つか)う 집에 있으면서 없는 체하다 | 映像(えいぞう) 영상 | パターン 패턴

문제 해석

문1 ①벨이 한 번 울려서는 나오지 않습니다라고 되어 있는데, 그 이유는?
1. 동료 의식을 높이기 위해
2. 집에 없는 척하기 위해
3. 귀찮아서
4. 중요한 일이 아니라고 생각하기 때문에

해설 밑줄 친 ①의 뒷부분 [一回だけのチャイムは勧誘かピンポンダッシュの類である可能性が高いからです]에 근거하여 정답이 4번임을 알 수 있다.

문2 ②이제는 '가벼운' 놀이가 아니게 되었다라고 되어 있는데, 그 이유는?
1. 집 안에서 사람이 나오지 않으니까
2. 당하는 사람도 익숙해져서
3. 당하는 쪽의 심리를 이제는 모르기 때문에
4. 딩동대시가 영상으로 기록될 우려가 있기 때문에

해설 밑줄 친 ②의 앞부분 [ピンポンダッシュの決定的瞬間が動画で記録されてしまう可能性があります]에 근거하여 4번이 정답임을 알 수 있다.

문3 다음 중 본문의 내용과 맞는 것을 하나 고르시오.
1. 딩동대시 놀이의 어떤 점이 재미있는지 도저히 모르겠다.
2. 벨을 누르고 얼른 숨어서 현관의 모습을 훔쳐보는 것이 딩동대시의 전형적인 패턴이다.
3. 벨을 한 번 울리고 도망가는 것이 딩동대시의 전형적인 패턴이다.
4. 가볍게 스릴을 맛보기 위해 위험이 높은 행위는 피해야 한다.

해설 1번, 2단락 첫 번째 줄 [人が出てきて「チャイムが鳴ったはずだけど誰もいない」などと不思議そうな顔をしている姿を見ておもしろがる]에서 딩동대시를 하는 이유에 대해 언급하고 있으므로 정답이 아니다. 2번, 2단락 첫 번째 줄 [典型的なピンポンダッシュのイメージは、チャイムを鳴らした後、すぐに隠れて玄関の様子をうかがい]에서 알 수 있듯이 전형적인 딩동대시의 이미지를 딩동대시의 패턴이라고 착각할 수 있음에 주의해야 한다. 3번, 3단락 첫 번째 줄 [実際のピンポンダッシュはチャイムを鳴らして逃げ去るようで]에 근거하여 딩동대시의 패턴은 선택지 3번과 일치함을 알 수 있다. 4번, 본문에서는 위험성이 높은 행위를 피한 결과로서 벨을 누른 후 도망가는 딩동대시의 패턴을 언급했을 뿐 고위험의 행위를 피해야 한다고 주장한 바는 없다.

実戦問題 08 수필문

問題　次の文章を読んで、後の問いに対する答えとして、最もよいものを1・2・3・4から一つ選びなさい。

　　日本自動販売機研究所によると、全国に400万台を越える自動販売機があり、ほぼ国民30人に1台の割合に当たる。自動販売機の大半は路上に設置されていて、自動販売機から買える商品は多様だ。煙草や飲料に加えて、新鮮な卵、花束、傘、男物のシャツ、釣りの餌、車のタイヤチェーン、使い捨てのカメラ、そして豆腐を買うこともできるのだ。
　　24時間稼動している自動販売機の利用が実際に便利なのは否定できないが、店で買い物が出来る時間帯にも①自動販売機が好んで利用されることは、最初は不思議に思われる。
　　ひとつの説は、伝統的な「義理」の観念、つまり、たとえば売り買いをする時に他人同士が相手に強いる義務や押し付けの観念のようなものがまだ存在する、というものである。機械を相手にする方が、はるかに気が楽で、しかも手っ取り早いのだ。
　　しかし、自動化された機器に人間に似せた特徴を付け加えるという方策は②逆効果になることもある。ある清涼飲料水の自動販売機の会社が、前面部にセンサーを組み込んで、人が近づくと機械がその存在を感知し、「いらっしゃいませ」という、従業員が客を迎えるときの伝統的な言葉を発するようにした。日中は、こうした機械は子どもたちの注目を集めたが、夜遅くなると、一人で帰宅する多くの勤め人が、一見したところ人気(ひとけ)のない通りで声をかけられて驚き、不快な思いをしたために、「人間の声」はすぐに取り除かれたのである。

問1 ①自動販売機が好んで利用される理由として、本文の内容と違っているものはどれか。

1　１日２４時間稼動しているため、利用するのにとても便利だから
2　商店などで買い物する時にみられる伝統的な「義理の観念」が存在しないから
3　店で買うより商品の数が多いから
4　商店などで買い物をする時よりも手っ取り早いから

問2 ②逆効果になるとあるが、実際にどんな例が挙げられているか。

1　学校に通う子どもたちの注目を集めてしまい、登下校に危険が伴う。
2　商店やレストランに行った時のような「義理の観念」を感じ、不快に感じる。
3　夜遅く帰宅中の人が自動販売機の声を聞いて驚き、不快に感じた。
4　やはり機械の声よりも人間の声のほうが良いと感じる人が多い。

해석 및 해설 08 수필문

지문 해석

일본 자동판매기 연구소에 의하면, 전국에 400만 대가 넘는 자동판매기가 있으며, 거의 국민 30명에 1대 비율에 해당한다. 자동판매기의 대부분은 노상에 설치되어 있는데, 자동판매기에서 살 수 있는 상품은 다양하다. 담배와 음료에 신선한 달걀, 꽃다발, 우산, 남성 셔츠, 낚시 미끼, 자동차 타이어 체인, 일회용 카메라 그리고 두부를 살 수도 있다.

24시간 가동하는 자동판매기 이용이 실제로 편리하다는 사실은 부정할 수 없지만, 가게에서 물건을 살 수 있는 시간대에도 ①자동판매기가 곧잘 이용되는 것이 처음에는 이상하게 생각된다.

그 이유는 여러 가지가 있지만 그 중 하나는 전통적인 '의리'의 관념, 즉, 예를 들어 물건을 사고팔 때, 타인끼리 상대에게 강요하는 의무와 압력의 관념 같은 것이 아직 존재한다는 것이다. 기계를 상대하는 편이 훨씬 마음이 편하고 거기다 빨리 살 수 있다.

그러나 자동화된 기기에 인간과 닮은 특징을 장착한다는 방안은 ②역효과가 날 수도 있다. 한 청량음료수 자동판매기 회사가 기계 앞부분에 센서를 부착해 사람이 가까이 가면 기계가 그 존재를 감지해 '어서 오세요'라고 종업원이 손님을 맞을 때 사용하는 전통적인 말을 하도록 했다. 낮에는 이런 기계가 아이들의 이목을 끌었지만, 늦은 밤이 되면 혼자 귀가하는 많은 직장인들이 언뜻 보아 인적이 없는 길에서 목소리가 들려 놀라고, 불쾌해했기 때문에 '사람 목소리'는 곧 제거되었다.

단어

自動販売機(じどうはんばいき) 자동판매기 | **国民**(こくみん) 국민 | **割合**(わりあい) 비율 | **大半**(たいはん) 태반, 대부분 | **路上**(ろじょう) 노상 | **設置**(せっち) 설치 | **飲料**(いんりょう) 음료 | **加**(くわ)**える** 가하다, 보태다 | **男物**(おとこもの) 남자용 물품 | **餌**(えさ) 모이, 먹이 | **使**(つか)**い捨**(す)**て** 일회용 | **豆腐**(とうふ) 두부 | **稼動**(かどう) 가동 | **否定**(ひてい) 부정 | **好**(この)**んで** 좋아서, 곧잘 | **説**(せつ) 설 | **伝統的**(でんとうてき) 전통적 | **義理**(ぎり) 의리 | **観念**(かんねん) 관념 | **売**(う)**り買**(か)**い** 매매, 거래 | **強**(し)**いる** 강요하다 | **義務**(ぎむ) 의무 | **押**(お)**し付**(つ)**け** 강압, 강요 | **存在**(そんざい) 존재 | **手**(て)**っ取**(と)**り早**(ばや)**い** 날쌔다, 잽싸다 | **機器**(きき) 기기 | **似**(に)**せた** 닮게 하다, 모방하다 | **特徴**(とくちょう) 특징 | **付**(つ)**け加**(くわ)**える** 덧붙이다, 첨가하다 | **方策**(ほうさく) 방책 | **逆効果**(ぎゃくこうか) 역효과 | **清涼飲料水**(せいりょういんりょうすい) 청량음료 | **前面部**(ぜんめんぶ) 전면부 | **センサー** 센서 | **組**(く)**み込**(こ)**む** 짜 넣다, 편입시키다 | **感知**(かんち) 감지 | **従業員**(じゅうぎょういん) 종업원 | **言葉**(ことば)**を発**(はっ)**する** 말하다 | **日中**(にっちゅう) 주간, 대낮 | **注目**(ちゅうもく)**を集**(あつ)**める** 주목을 모으다 | **勤**(つと)**め人**(にん) 직장인, 월급쟁이 | **一見**(いっけん) 일견, 한 번 봄 | **人気**(ひとけ) 인기척 | **取**(と)**り除**(のぞ)**く** 치우다, 없애다 | **登下校**(とうげこう) 등하교 | **伴**(ともな)**う** 동반하다

문제 해석

문1 ①자동판매기가 곧잘 이용되는 이유로 본문의 내용과 맞지 않는 것은 어느 것인가?

1   하루 24시간 가동하고 있어 이용하기 매우 편리하기 때문에
2   상점 등에서 물건을 살 때 나타나는 전통적인 '의리의 관념'이 존재하지 않기 때문에
3   가게에서 사는 것보다 상품의 수가 많기 때문에
4   상점 등에서 살 때보다도 빨리 살 수 있어서

해설   1번, 2단락 첫 번째 줄 [24時間稼動している自動販売機の利用が実際に便利なのは否定できないが]를 보면 선택지와 본문이 일치함을 알 수 있다. 2번, 3단락을 보면 아직까지 상점에서는 전통적인 '의리의 관념'이 존재하는데, 기계는 그러한 관념을 신경 쓰지 않아도 되므로 편하다고 서술하고 있다. 따라서 선택지와 본문이 일치한다고 할 수 있다. 3번, 1단락 세 번째 줄 [自動販売機から買える商品は多様だ] 때문에 맞는 것으로 착각하기 쉽지만, 이전보다 자동판매기에서 살 수 있는 상품이 다양해졌다는 것이기 때문에 가게보다 상품의 수가 더 많다고 판단하는 것은 무리가 있다. 따라서 3번이 정답이 된다. 4번, 3단락의 마지막 문장 [機械を相手にする方が、はるかに気が楽で、しかもはるかに手っ取り早いのだ]를 보면 선택지와 본문이 일치함을 알 수 있다.

문2 ②역효과가 난다고 하는데 실제로 어떤 예를 들고 있는가?

1   학교에 다니는 아이들의 이목을 끌어 등하교에 위험이 따른다.
2   상점과 레스토랑에 갔을 때처럼 '의리의 관념'을 느끼고 불쾌해한다.
3   밤늦게 귀가 중인 사람이 자동판매기의 목소리를 듣고 놀라 불쾌함을 느꼈다.
4   역시 기계 소리보다 사람의 목소리가 좋다고 느끼는 사람이 많다.

해설   마지막 단락의 마지막 문장 [夜遅くなると、一人で帰宅する多くの勤め人が、一見したところ人気のない通りで声をかけられて驚き、不快な思いをしたために~]에 근거하여 3번이 정답임을 유추할 수 있다.

실전 문제 **09** 기사문

問題　次の文章を読んで、後の問いに対する答えとして、最もよいものを1・2・3・4から一つ選びなさい。

　新年度から小中学校で新しい学習指導要領が選考実施され、道徳教育の充実が図られる。道徳は学力向上とともに公教育再生の要(かなめ)である。学校現場は指導法を工夫して取り組んでもらいたい。

　文部科学省は全小中学生に配布している道徳の副教材①「心のノート」を改定した。新指導要領を踏まえた一斉改訂だ。心のノートは、神戸の児童連続殺傷事件などをきっかけに、平成14年度から使われている。命の大切さなどの教育の重要性が指摘され、日常生活の場面を題材に考える内容だ。

　改訂版では「きまりを守る」といった規範意識や公共心の育成など、新指導要領で重視される項目が増えて充実した。また若者の勤労意欲低下など最近の課題にも対応し、「働く事のよさ」をテーマにしたページも加わった。

　日常のあいさつ、助け合いの大切さなどの心のノートでも取り上げられている徳目は、以前は家庭や地域の中で当たり前に教えられ、はぐくまれてきた。だが家庭のしつけがきちんと行われず、幼児期から集団生活に慣れない子どもたちが増え、②学校の道徳教育の重要性は増している。

（2009年3月23日　産経新聞・主張より）

問1 ①「心のノート」の説明として、本文の内容と合うものを一つ選びなさい。

1　今までは神戸市だけで使われてきた。
2　道徳教育の副教材であるが、新指導要領はふまえられていない。
3　家庭や地域で当たり前に教えられる事項であるため、重要視されていない。
4　若者の勤労意欲低下などの問題に対応するテーマも加えられている。

問2 ②学校の道徳教育の重要性は増しているとあるが、それはなぜか。

1　家庭や地域の中で当たり前に教えられ、はぐくまれてきたものだから
2　家庭でのしつけが不十分で、集団生活に慣れない子どもが増えているから
3　児童連続殺傷事件がなくならないから
4　学校で暴力事件が頻繁に起きているから

해석 및 해설 09 기사문

지문 해석

　신년도부터 초중학교에서 새로운 학습 지도 요령이 전형 실시되어 도덕 교육의 내실화를 꾀한다. 도덕은 학력 향상과 함께 공교육 재생의 핵심이다. 학교 현장은 지도법을 궁리하여 몰두해 주길 바란다.

　문부과학성은 전국 초중학생에게 배포한 도덕 부교재 ①'마음의 노트'를 개정했다. 새로운 지도 요령을 근거로 하여 일제히 개정했다. 마음의 노트는 고베의 아동 연쇄 살상 사건 등을 계기로 헤이세이 14년(2002년)도부터 사용되고 있다. 생명의 소중함 등의 교육의 중요성이 지적되어 일상생활의 상황을 소재로 생각하는 내용이다.

　개정판에는 '규정을 지키다' 등의 규범의식과 공공심 육성 등, 새 지도 요령으로 중시되는 항목이 증가해 내용이 충실해졌다. 또 젊은이들의 근로 의욕 저하 등 최근의 과제에도 대응하여 '노동의 기쁨'을 테마로 한 페이지도 넣었다.

　일상의 인사, 서로 돕는 것의 중요성 등 마음의 노트에서도 거론된 덕목은 이전에는 가정이나 지역 속에서 당연히 배우고, 육성되어 왔다. 그러나 가정의 예절 교육이 착실히 행해지지 않고 유아기부터 집단생활에 익숙하지 않은 아이들이 늘어 ②학교의 도덕 교육의 중요성이 증가하고 있다.

단어

新年度(しんねんど) 신년도 | **指導**(しどう) 지도 | **要領**(ようりょう) 요령 | **選考実施**(せんこうじっし) 전형 실시 | **道徳**(どうとく) 도덕 | **充実**(じゅうじつ) 충실함 | **図**(はか)る 꾀하다, 도모하다 | **学力**(がくりょく) 학력 | **向上**(こうじょう) 향상 | **公教育**(こうきょういく) 공교육 | **再生**(さいせい) 재생 | **要**(かなめ) 핵심 | **現場**(げんば) 현장 | **工夫**(くふう) 궁리함, 고안 | **取**(と)**り組**(く)**む** 몰두하다, 맞붙다 | **文部科学省**(もんぶかがくしょう) 문부과학성 | **配布**(はいふ) 배포 | **副教材**(ふくきょうざい) 부교재 | **改定**(かいてい) 개정 | **踏**(ふ)**まえる** 입각하다, 밟아 누르다 | **一斉**(いっせい) 일제 | **改訂**(かいてい) 개정 | **児童**(じどう) 아동 | **連続**(れんぞく) 연속 | **殺傷**(さっしょう) 살상 | **指摘**(してき) 지적 | **題材**(だいざい) 제재 | **きまり** 규정, 약조 | **規範**(きはん) 규범 | **意識**(いしき) 의식 | **公共心**(こうきょうしん) 공공심 | **育成**(いくせい) 육성 | **重視**(じゅうし) 중시 | **項目**(こうもく) 항목 | **勤労**(きんろう) 근로 | **意欲**(いよく) 의욕 | **低下**(ていか) 저하 | **対応**(たいおう) 대응 | **助**(たす)**け合**(あ)**う** 서로 돕다 | **取**(と)**り上**(あ)**げる** 집어들다, 채택하다, 빼앗다, 문제 삼다 | **徳目**(とくもく) 덕목 | **はぐくむ** 소중히 기르다, 키우다 | **しつけ** 예의범절을 가르침 | **幼児期**(ようじき) 유아기 | **集団生活**(しゅうだんせいかつ) 집단생활 | **暴力**(ぼうりょく) 폭력 | **頻繁**(ひんぱん) 빈번함

문제 해석

문1 ①'마음의 노트'의 설명으로 본문의 내용과 맞는 것을 하나 고르시오.

1 지금까지는 고베시에서만 사용되어 왔다.
2 도덕 교육 부교재이지만, 새로운 지도 요령에 근거하고 있지는 않다.
3 가정과 지역에서 당연하게 교육받는 사항이기 때문에 중요시되지 않는다.
4 젊은이들의 근로 의욕 저하 등의 문제에 대응하는 테마도 첨가되어 있다.

해설 1번, 2단락 첫 번째 줄 [文部科学省は全小中学生に配布している道徳の副教材「心のノート」を改定した]에 근거하여 고베시에서만 사용되었다는 것이 틀렸음을 알 수 있다. 2번, 2단락 첫 번째 줄 [「心のノート」を改定した。新指導要領を踏まえた一斉改訂だ]에 근거하여, 새 지도 요령을 근거로 하지 않는다는 선택지는 틀린 내용임을 알 수 있다. 3번, 본문의 마지막 문장인 [だが家庭のしつけがきちんと行われず、〜学校の道徳教育の重要性は増している]를 보면 선택지와 본문이 일치하지 않음을 알 수 있다. 4번, 3단락 두 번째 줄 [また若者の勤労意欲低下など最近の課題にも対応し、「働く事のよさ」をテーマにしたページも加わった]를 보면 선택지와 본문이 일치함을 알 수 있다. 따라서 4번이 정답이 된다.

문2 ②학교의 도덕 교육의 중요성이 증가하고 있다라고 되어 있는데, 그 이유는 무엇인가?

1 가정과 지역 속에서 당연하게 배워 육성되어 왔던 것이기 때문에
2 가정에서의 예절 교육이 불충분하고 집단생활에 적응하지 못하는 아이들이 늘고 있기 때문에
3 아동 연쇄 살상 사건이 없어지지 않기 때문에
4 학교에서 폭력 사건이 빈번히 발생하고 있기 때문에

해설 밑줄 친 ②의 앞부분에서 답을 찾을 수 있다. 본문의 마지막 문장인 [だが家庭のしつけがきちんと行われず、幼児期から集団生活に慣れない子どもたちが増え、学校の道徳教育の重要性は増している]에 근거하여 2번이 정답임을 알 수 있다.

실전 문제 10 기사문

問題　次の文章を読んで、後の問いに対する答えとして、最もよいものを1・2・3・4から一つ選びなさい。

　本が買いたくなったら、なるべく近所の小さな書店を利用している。業界のまとめによると、06年度は1000店弱の書店が廃業した。日本のどこかで毎日2、3軒が店をたたんだ計算だ。大半が中小零細の「町の本屋」である。

　一方、都会では大型店が次々にオープンしている。とはいえ、書店経営は利幅が薄く、楽ではない。原価率が約8割で、残りから人件費、家賃、光熱費をひねり出し、利益をあげなければならない。大手の文教堂の06年8月期決算をみると、552億7000万円の売上高で、営業利益は7億3400万円。利益率は1.3%にすぎない。

　そこに万引きが追いうちをかける。経済産業省の調査によると、1店あたりの被害額は年間約211万円。文教堂では年間4億～5億円という。防ぐには費用と人手を要し、捕まえても手続きに時間がかかるので、経営の大問題である。

　その点、インターネットの書籍販売は、経費も抑えられ、万引き犯もいない。だから、もうかるし、はやる。利用するにも、手軽で便利だ。

　ただ、本との思わぬ出会いはないし、映画「ノッティングヒルの恋人」のような可能性もない。それは味気ないし、「本屋」と呼ぶのもためらいがある。

（「本屋がなくなる」2007年10月05日付け　毎日新聞『発信箱』による）

問1　次のうち、筆者が主に利用している本屋はどれか。

1　インターネット書店
2　都会の大型書店
3　近所の小さな書店
4　大手の文教堂

問2　書店についての説明として本文と一番近いものを一つ選びなさい。

1　大型書店の営業利益はかなり大きい。
2　2006年度は町の小さな本屋を中心に毎日2、3軒の店がなくなっている。
3　経済産業省の調査では、年間4億〜5億円の盗難の被害があるそうだ。
4　インターネットの書籍販売はもうかるので、町の本屋は要らない。

> **해석 및 해설** **10 기사문**

> **지문 해석**

책을 사고 싶어지면 가능한 한 근처의 작은 서점을 이용하고 있다. 업계가 정리한 것을 보면, 2006년도에는 1000개에 가까운 서점이 폐업했다. 일본 어딘가에서 매일 2, 3개의 서점이 문을 닫았다는 계산이다. 대부분이 중소 영세한 '동네 책방'이다.

한편, 도시에서는 대형 서점이 잇달아 오픈하고 있다. 그렇다고 해도 서점 경영은 이익의 폭이 적고 만만치 않다. 원가율이 약 80%이고, 나머지에서 인건비, 임대료, 광열비를 염출하여 이익을 올려야 한다. 대형 서점인 문교당의 2006년 8월기 결산을 보면, 매출 552억 7000만 엔으로 영업 이익은 7억 3400만 엔. 이익률은 1.3%에 지나지 않는다.

게다가 책 도둑으로 인한 손실도 가세한다. 경제산업성의 조사에 의하면 한 점포당 피해액은 연간 약 211만 엔. 문교당에서는 연간 4~5억 엔이라고 한다. 방지하려면 비용과 인력이 필요하고, 잡는다 해도 절차에 시간이 걸리기 때문에 경영의 큰 문제이다.

그런 면에서 인터넷 서적 판매는 경비도 줄고 책 도둑도 없다. 그래서 이익도 남고 번성한다. 이용하기도 쉽고 편리하다.

다만 책과의 뜻밖의 만남은 없고 영화 '노팅힐'과 같은 가능성도 없다. 그것은 무미건조하고 '서점'이라고 부르는 것도 망설여진다.

> **단어**

なるべく 가능한 한 | 業界(ぎょうかい) 업계 | まとめ 한데 모음, 정리함 | ～弱(じゃく) ~약(수량을 나타내는 말에 붙어 끝수를 반올림했음을 나타냄) | 廃業(はいぎょう) 폐업 | 店(みせ)をたたむ 가게를 접다, 장사를 그만두다 | 計算(けいさん) 계산 | 大半(たいはん) 태반, 대부분 | 零細(れいさい) 영세 | ～とはいえ ~라고는 하지만 | 経営(けいえい) 경영 | 利幅(りはば) 비용을 뺀 이익의 크기 | 原価率(げんかりつ) 원가율 | 人件費(じんけんひ) 인건비 | 家賃(やちん) 임대료 | 光熱費(こうねつひ) 광열비 | ひねり出(だ)す 짜내다, 염출하다 | 利益(りえき) 이익 | 決算(けっさん) 결산 | 営業利益(えいぎょうりえき) 영업 이익 | 利益率(りえきりつ) 이익률 | 万引(まんび)き 손님인 척 들어가서 물건을 훔치는 것 | 追(お)いうちをかける 추격하다 | 経済産業省(けいざいさんぎょうしょう) 경제산업성 | 被害額(ひがいがく) 피해액 | 防(ふせ)ぐ 막다, 방지하다 | 費用(ひよう) 비용 | 人手(ひとで) 일손 | 捕(つか)まえる 붙잡다 | 書籍(しょせき) 서적 | 販売(はんばい) 판매 | 抑(おさ)える 억제하다, 진정시키다 | もうかる 벌이가 되다 | はやる 번성하다, 번창하다 | 味気(あじけ)ない 재미없다, 시시하다 | ためらい 망설임 | 盗難(とうなん) 도난

문제 해석

문1 다음 중 필자가 주로 이용하는 서점은 어느 것인가?

1. 인터넷 서점
2. 도시의 대형 서점
3. **근처 작은 서점**
4. 대형 서점인 문교당

해설 ▶ 본문의 첫 번째 문장인 [本が買いたくなったら、なるべく近所の小さな書店を利用している]에 근거하여 3번이 정답임을 알 수 있다.

문2 서점에 대한 설명으로 본문과 가장 가까운 것을 하나 고르시오.

1. 대형 서점의 영업 이익은 상당히 크다.
2. **2006년도에는 마을의 작은 책방을 중심으로 매일 2, 3곳의 가게가 없어졌다.**
3. 경제산업성의 조사로는 연간 4~5억 엔의 도난 피해가 있다고 한다.
4. 인터넷 서적 판매는 벌이가 되기 때문에 마을의 책방은 필요 없다.

해설 ▶ 1번, 2단락의 첫 번째 줄 [都会では大型店が次々にオープンしている。とはいえ、書店経営は利幅が薄く]에 근거하여 영업 이익이 적음을 알 수 있다. 2번, 1단락 두 번째 줄 [06年度は1000店弱の書店が廃業した。日本のどこかで毎日2、3軒が店をたたんだ計算だ]에 근거하여 2번이 정답임을 알 수 있다. 3번, 3단락 두 번째 줄 [文教堂では年間4億~5億円という]를 보면 경제산업성의 조사가 아님을 알 수 있다. 4번, 선택지의 앞부분은 본문의 내용과 일치하지만, 마지막 단락에서 인터넷 서점의 아쉬운 점들을 들며 책방만의 매력이 있음을 서술하고 있으므로 선택지의 뒷부분에 오류가 있음을 알 수 있다.

3 | 종합 이해 공략하기

문제 유형 분석

종합 이해 - 같은 주제에 대한 두 가지 이상의 글을 읽고 공통점이나 차이점을 비교하거나, 복수의 지문 내용을 종합해서 이해하는 능력을 요구한다. 합계 600자 정도의 비교적 평이한 내용이므로 글 자체는 그다지 어렵지 않지만, 기존에 없었던 문제 형태라 자칫 당황할 수 있다. 전체를 신속하게 읽거나 또는 문제에 따라 부분을 깊이 있게 읽는 방식으로 이해한다.
2문항이 출제되며 문제 풀이 시간은 10분 정도이다.

문제 풀이 비법

1. 신문의 기사나 칼럼, 상담 등의 지문을 A와 B 두 가지 이상의 글로 나누어 공통적으로 언급되는 내용은 무엇인지, 혹은 양쪽에 모두 언급되어 있는 것은 무엇인지 등을 묻는다. 이 문제에서는 선택지를 먼저 읽고 본문 중에 선택지에 쓰인 부분이 나오면 그것을 체크하면서 읽어야 A와 B의 비교가 쉬워진다.
2. 〈A와 B의 내용은 어떻게 다른가?〉에 대한 질문은 선택지와 질문을 읽고 나서 본문을 읽어야 한다. 선택지를 보고 나서, 찬성인가 반대인가 등의 의견을 말할 때 사용하는 문말 표현에 주의해 가면서 읽어야 한다.
3. A에는 언급되었지만 B에서는 언급되지 않았거나, 혹은 그 반대의 경우를 묻는 질문 등 비교 통합 문제로 다소 어려울 것 같지만, 글 자체는 평이하다고 생각하면 된다. 정답이 A인지 B인지 모를 경우에는 질문을 먼저 읽고, 질문에 관계있는 부분을 체크하면서 본문을 읽으면 된다.

실전 문제 **01** 수필문

問題　次のAとBの文章を読んで、後の問いに対する答えとして、最もよいものを1・2・3・4から一つ選びなさい。

A

　人には、治そうと思っても治せない癖がある。癖は無意識の中で行われる行動であるため、人の心理を顕著に表しているといえる。例えば、質問に答える時や考えている時に目線を上に向ける人がいる。右上を向く人は、過去に見たことがない光景や物を想像していることが多く、質問に答える相手がこの場合であると嘘をついていたり作り話をしていると推測できるのだ。また、反対に左上を向くと自分の過去の経験を思い出していることが多く、質問に答える相手がこの行動をとると正直に話しているのだと理解できるのである。目は口ほどにものを言うとはよく言ったものだ。このような癖を応用した心理学は対人コミュニケーションにおいて様々な活用ができるといえよう。

B

　デート中、彼氏が会話途中で突然、話しながら自分の鼻を触り始めたということはないだろうか。これは、他者に対して意図的に虚偽の出来事を真実のように信じさせようとするときに現れる行動である。これを悟られないように無意識のうちに顔周辺を触るのだ。鼻という身体部位は顔の真ん中にあるため自意識やプライドを象徴するパーツであるといえる。そこを触ることで、自分の気持ちを隠しているのだ。相手のしぐさや態度、顔の表情、癖などは相手の深層心理を知るための一つの要素としてなり得る。これを恋愛心理に応用することもできるのだ。参考にするのもいいかもしれない。

問1　本文の内容として合っているものを選びなさい。

1　AもBも顔の表情からわかる相手の人格について述べている。
2　AもBも相手が嘘をついている時のしぐさについて述べている。
3　Aは相手の性格について表している癖を述べており、Bは相手との親密感を表している癖について述べている。
4　Aは、対人コミュニケーションについて、Bは恋愛心理学について述べている。

問2　本文の内容として間違っているものを選びなさい。

1　鼻は自尊心を表す身体部分であるため、鼻を触る人は自分の気持ちを相手に隠している。
2　相手の本心や性格を判断するには相手の癖が判断要素になり得る。
3　癖は無意識にするものであるから、そこから相手の本性などがにじみ出る。
4　相手の話よりも癖に集中した方が良いコミュニケーションが取れる。

해석 및 해설 | 01 수필문

지문 해석

A

　사람에게는 고치려고 해도 고쳐지지 않는 버릇이 있다. 버릇은 무의식중에 하게 되는 행동이기 때문에 사람의 심리가 현저히 드러난다고 할 수 있다. 예를 들면 질문에 답할 때나 무언가 생각하고 있을 때, 시선이 위쪽으로 향하는 사람이 있다. 시선이 오른쪽 위로 향하는 사람은 과거에 본 적이 없는 광경이나 물건을 상상하는 경우가 많으므로, 질문에 답하는 상대가 이러하다면 거짓말을 하거나 이야기를 만들어 내고 있다고 추측할 수 있다. 또한, 반대로 시선이 왼쪽 위로 향한다면 자신의 과거 경험을 떠올리는 경우가 많기 때문에 질문에 답하는 상대가 이런 행동을 취한다면 솔직하게 이야기하고 있다는 것을 알 수 있다. 눈은 입만큼이나 많은 것을 표현한다고 자주 말하곤 했다. 이와 같은 버릇을 응용한 심리학은 대인 커뮤니케이션에서 다양하게 활용할 수 있을 것이다.

B

　데이트 중, 남자 친구가 대화 도중에 갑자기 자신의 코를 만지면서 이야기한 적은 없었나? 이것은 타인에게 의도적으로 허위 사실을 진실인 것처럼 믿게끔 하려고 할 때 나타나는 행동이다. 이러한 것을 알아차리지 못하도록 무의식중에 얼굴 주변을 만지는 것이다. 코라는 신체 부위는 얼굴 정중앙에 위치하기 때문에 자의식과 자존심을 상징하는 부위라고 할 수 있다. 그곳을 만짐으로써 자신의 마음을 감추고 있는 것이다. 상대방의 몸짓, 태도, 얼굴 표정, 버릇 등은 상대의 심층 심리를 알아보기 위한 하나의 요소가 될 수 있다. 이것을 연애 심리에 응용할 수도 있다. 참고로 해도 좋을 듯싶다.

단어

癖(くせ) 버릇 | 無意識(むいしき) 무의식 | 顕著(けんちょ)に 현저하게 | 目線(めせん) 시선 | 過去(かこ) 과거 | 光景(こうけい) 광경 | 想像(そうぞう) 상상 | 嘘(うそ)をつく 거짓말을 하다 | 推測(すいそく) 추측 | 応用(おうよう) 응용 | 対人(たいじん) 대인 | 活用(かつよう) 활용 | 途中(とちゅう) 도중 | 突然(とつぜん) 갑자기 | 他者(たしゃ) 타인 | 意図的(いとてき) 의도적 | 虚偽(きょぎ) 허위 | 出来事(できごと) 일 | 真実(しんじつ) 진실 | 現(あらわ)れる 나타나다 | 悟(さと)る 깨닫다 | 自意識(じいしき) 자의식 | 象徴(しょうちょう) 상징 | パーツ 부위 | 隠(かく)す 숨기다 | しぐさ 몸짓 | 態度(たいど) 태도 | 深層心理(しんそうしんり) 심층 심리 | 要素(ようそ) 요소 | 〜得(う)る ~할 수 있다 | 参考(さんこう) 참고

> 문제 해석

문1 본문의 내용과 일치하는 것을 고르시오.

1　A도 B도 얼굴 표정으로 알 수 있는 상대방의 인격에 대해서 말하고 있다.
2　A도 B도 상대방이 거짓말을 하고 있을 때의 행동에 대해서 말하고 있다.
3　A는 상대방의 성격을 보여 주는 버릇에 대해 말하고 있고, B는 상대방과의 친밀감을 나타내는 버릇에 대해서 말하고 있다.
4　A는 대인 커뮤니케이션에 대해서, B는 연애 심리학에 대해 말하고 있다.

> 해설　1번, 인격을 알 수 있는 버릇은 A, B 어느 쪽에도 언급되지 않았고 3번, A에서는 시선에 따른 심리를, B에서는 코를 만지는 행동의 심리를 설명하고 있다. 4번, 필자는 버릇을 관찰함으로써 대인 커뮤니케이션이나 연애 심리학에 응용, 활용할 수 있다고 했을 뿐, 본문에서 이와 같은 내용을 구체적으로 언급하지 않았다.

문2 본문의 내용으로 옳지 않은 것을 고르시오.

1　코는 자존심을 상징하는 신체 부위이므로 코를 만지는 사람은 자신의 마음을 상대방에게 숨기고 있는 것이다.
2　상대방의 본심이나 성격을 판단하는 데에 상대방의 버릇이 판단 요소가 될 수 있다.
3　버릇은 무의식 중에 하는 것이므로 거기서 상대방의 본성 등이 드러난다.
4　상대방의 이야기보다 버릇에 집중하는 편이 커뮤니케이션을 원활하게 할 수 있다.

> 해설　사람의 심리를 알 수 있는 버릇을 이용한 심리학이 대인 커뮤니케이션에 다양하게 활용될 것이라는 내용이 본문 A 마지막 부분에 나와 있다. 하지만 그렇기 때문에 상대방의 버릇에 집중해야 한다는 내용은 나오지 않으므로 4번이 정답이 된다.

실전 문제 02 수필문

問題　次のＡとＢの文章を読んで、後の問いに対する答えとして、最もよいものを１・２・３・４から一つ選びなさい。

A

　誰もが承知の通り日本には地震がとても多い。地震発生時は、とにかく身を守り、揺れが収まるのを待つことが最優先である。また、大揺れが収まったら、台所やストーブなどの火の始末をするべきだ。避難時はブレーカー、ガスの元栓などを切っておくと火災防止につながる。また、その次にすべきことは、家族の身の安全の確認や、災害情報、避難情報の入手、避難のための出口の確保、ガラスの破片や転倒家具の注意だろう。地震発生時にはうろたえてしまい冷静な判断ができない。地震が起きたときに何をすべきか日ごろからイメージしておくことが大切である。

B

　津波、火事、地震、土砂崩れ、どのような災害に見舞われてもまずは、何よりも身体の安全確保に努めることが最も重要である。中でも自然災害は予防しようにも人間の力ではどうすることもできないものである。自然災害の予知は可能でも地震が起こらないようにすることは不可能である。ならば、日ごろから防災を心がけておく必要がある。また、災害発生後数日間は、水道、ガス、電話などのライフラインは途絶えてしまう。数日間は自分の力でなんとかしなければならない。そんな時のために非常用品を備えておく必要がある。備えあれば憂いなしという言葉があるように、慌てず適切な行動をとれるよう日頃から正しい心構えを身に付けておく必要がある。

問1　次のうち文章A、Bの説明として正しくないものを選びなさい。

1　A、Bともに地震が起きる前にあらかじめ準備をしておくことが重要だと述べている。
2　A，Bともに防災方法について述べている。
3　Aは地震発生時の避難方法に限定して述べている。
4　Bは地震発生後の生活に限定して述べている。

問2　AとBの文章ともに共通していないものを選びなさい。
1　地震が起きたときは、あたふたしてしまいがちなので冷静な行動を心がける。
2　地震が起きたときは、身の安全を優先する。
3　地震が起きたときに備えて地震発生時にするべきことを確認しておく。
4　地震が起きたときに備えて非常用品を準備しておく。

해석 및 해설 02 수필문

지문 해석

A

누구나 알고 있듯이 일본에는 지진이 상당히 많다. 지진 발생 시에는 어쨌든 몸을 보호하고 진동이 멈추기를 기다리는 것이 최우선이다. 또한 큰 진동이 멈추면 주방이나 스토브 등의 불이 잘 꺼졌는지 확인해야 한다. 피난 시에는 차단기, 가스 밸브 등을 잠가 두면 화재 방지를 할 수 있다. 그리고 그 다음으로 해야 할 것은 가족의 신변 안전 확인이나 재해 정보, 피난 정보의 입수, 피난을 위한 출구 확보, 유리 파편이나 쓰러진 가구 주의일 것이다. 지진 발생 시에는 당황하게 되어 이성적인 판단을 할 수 없다. 지진이 일어났을 때에 무엇을 해야 하는지 평소에 생각해 두는 것이 중요하다.

B

지진해일, 화재, 지진, 산사태, 어떠한 재해가 들이닥쳐도 우선은 무엇보다 신변 안전 확보에 힘쓰는 것이 가장 중요하다. 그중에서도 자연재해는 예방하려고 해도 인간의 힘으로는 어찌할 수 없는 것이다. 자연재해를 예지할 수는 있지만, 지진이 일어나지 않도록 하는 것은 불가능하다. 그렇다면 평소부터 방재를 유념해 둘 필요가 있다. 또한 지진 발생 후 며칠간은 수도, 가스, 전화 등 라이프라인이 끊기게 된다. 며칠간 자신의 힘으로 어떻게든 살아가야 한다. 그러한 때를 위해서 비상용품을 준비해 둘 필요가 있다. 유비무환이라는 말도 있듯이 당황하지 않고 적절한 행동을 취할 수 있도록 평소부터 올바른 마음가짐을 지닐 필요가 있다.

단어

承知(しょうち)の通(とお)り 알고 있듯이 | 地震(じしん) 지진 | とにかく 어쨌든, 아무튼 | 揺(ゆ)れが収(おさ)まる 진동이 멈추다 | 最優先(さいゆうせん) 최우선 | 始末(しまつ) 단속, 매듭 | ~べきだ ~해야 한다 | 避難時(ひなんじ) 피난 시 | ブレーカー 차단기 | 元栓(もとせん) 밸브 | 災害防止(さいがいぼうし) 재해 방지 | 確認(かくにん) 확인 | 災害情報(さいがいじょうほう) 재해 정보 | 入手(にゅうしゅ) 입수 | 破片(はへん) 파편 | 転倒家具(てんとうかぐ) 쓰러진 가구 | うろたえる 당황하다, 우왕좌왕하다 | 冷静(れいせい) 냉정 | 判断(はんだん) 판단 | 日(ひ)ごろ 평소 | 津波(つなみ) 지진해일, 쓰나미 | 土砂崩(どしゃくず)れ 산사태 | 見舞(みま)われる 들이닥치다 | 努(つと)める 힘쓰다 | 最(もっと)も 가장 | 自然災害(しぜんさいがい) 자연재해 | 予防(よぼう) 예방 | 予知(よち) 예지 | 防災(ぼうさい) 방재 | 心(こころ)がける 유념하다, 마음에 새기다 | ライフライン 라이프라인 | 途絶(とだ)える 끊기다 | 数日間(すうじつかん) 며칠간 | 非常用品(ひじょうようひん) 비상용품 | 備(そな)える 대비하다 | 備(そな)えあれば憂(うれ)いなし 유비무환 | 慌(あわ)てる 당황하다 | 適切(てきせつ) 적절 | 心構(こころがま)え 각오, 대비, 준비 | 身(み)に付(つ)ける 익히다, 습득하다

문제 해석

문1 다음 중 문장A, B의 설명으로 옳지 않은 것을 고르시오.
1. A, B 모두 지진이 일어나기 전에 미리 준비해 두는 것이 중요하다고 말하고 있다.
2. A, B 모두 방재 방법에 대해서 말하고 있다.
3. A는 지진 발생 시의 피난 방법에 한정해서 말하고 있다.
4. B는 지진 발생 후의 생활에 한정해서 말하고 있다.

해설 1번과 2번은, A, B 두 문장에서 방재 방법을 알려 주고 있으며 지진이 일어나기 전에 미리 준비해 둘 것을 당부하고 있으므로 옳은 설명이다. 또한 A에서는 지진 발생 시의 대처 방법에 대해서 말하고 있지만, B에서는 지진뿐만 아니라 자연재해 전반에 대한 대처 방법을 말하고 있으므로 4번이 정답이 된다.

문2 A, B 두 문장에서 공통적으로 언급되지 않은 것을 고르시오.
1. 지진이 일어났을 때에는 당황하기 십상이므로 냉정하게 행동할 수 있도록 주의한다.
2. 지진이 일어났을 때에는 신변 안전을 우선시한다.
3. 지진이 일어났을 때에 대비해서 지진 발생 시에 해야 할 것을 확인해 둔다.
4. 지진이 일어났을 때에 대비해서 비상 용품을 준비해 둔다.

해설 지진에 대비에 비상 용품을 준비해 두라는 내용은 B에만 나와 있으므로 4번이 정답이 된다.

실전 문제 03 수필문

問題　次のAとBの文章を読んで、後の問いに対する答えとして、最もよいものを1・2・3・4から一つ選びなさい。

A

　プロパガンダ（Propagannda）とは、特定の思想によって個人や集団に影響を与え、その行動を意図した方向へ仕向けようとする宣伝活動の総称です。特に、政治的意図を持つ宣伝活動をさすことが多いですが、ある決まった考えや思想・主義あるいは宗教的教義などを、一方的に(注1)喧伝するようなものや(注2)刷り込もうとするような宣伝活動などをさします。要するに情報による大衆操作・世論喚起と考えてよく、国際情報化社会においては必然的にあらわれるものです。今日その方法は、必ずしも押しつけがましいものではなくなり、戦略化し巧妙なものとなってきています。

　比較的古くから用いられているカタカナ語ですが、第二次世界大戦後のアメリカで、ナチスのゲッペルスによる国際宣伝戦を特定して「プロパガンダ」と呼ぶ風潮があったため、日本でも好ましくない感じを受けて敬遠されました。ところが、1989年のベルリン壁崩壊に始まり湾岸戦争やイラク戦争などに至る国際紛争が、衛星放送やインターネットを含む情報戦でもあったことから、限定された意味ではなく「プロパガンダ」という言葉が再び用いられるようになってきたようです。

(注1)　喧伝する：世間に伝えること
(注2)　刷り込む：ある地面に印刷する。

「三省堂　ワードワイズ・フェブ」より

B

　第2次世界大戦におけるプロパガンダは、メディアの発達によってより多くの大衆に思想を伝えることが可能となった。特にメディアを利用した情報操作・大衆に向けた心理操作については、第１次世界大戦を経験した世界の指導者はこれをよく認識していたともいわれている。特にナチスドイツのアドルフ・ヒトラーはそれを強く認識しており、彼はラジオに着目したファシストの世界戦略を押し進めたのである。日本と同様、第２次世界大戦におけるナチスドイツのプロパガンダは、社会への影響が非常に大きい。ナチスドイツにおけるプロパガンダは反共産主義的で軍国国家の政治的な面に加え、人種差別的な反ユダヤ主義を主張していたのである。
　　　　遠藤　礼菜「戦争プロパガンダが子ども達に与えた社会的な影響について」より

問１　「プロパガンダ」に当てはまらないものは何か。

1　何らかの意図を持って、個人や集団にある特定の思想を宣伝すること
2　政治的意図を持つ宣伝活動
3　国際情報化社会においては欠かせないもの
4　国の政策を批判するために、様々な団体が連携して自分たちの立場を主張すること

問２　「プロパガンダ」についてAとBはどのような立場を取っているか。

1　AもBも「プロパガンダ」について否定的で、負の側面を強調している。
2　AもBも「プロパガンダ」について肯定的で、それの効用性について述べている。
3　Aは「プロパガンダ」について好意的な面もあると述べているが、Bは悪意な面について述べている。
4　Aは「プロパガンダ」が押し付けがましいものだと述べているが、Bは戦争の妥当性を認識させるため自然に広がったと述べている。

03 수필문

지문 해석

A

　　프로파간다(Propagannda)란 특정 사상으로 개인과 집단에 영향을 주고 그 행동을 의도한 방향으로 향하게 하는 선전 활동의 총칭입니다. 특히, 정치적 의도를 가진 선전 활동을 가리키는 경우가 많은데 어떤 정해진 생각과 사상·주의 또는 종교적 교의 등을 일방적으로 ㈜1퍼트리는 것과 ㈜2주입하려는 선전 활동을 가리킵니다. 다시 말해 정보에 의한 대중 조작·여론 환기라고 생각해도 무방하며 국제 정보화 사회에 있어서는 필연적으로 나타나는 것입니다. 오늘날 그 방법은 반드시 억지스러운 것이 아니라 전략화되고 교묘한 것으로 바뀌고 있습니다.

　　비교적 오래 전부터 사용되고 있는 가타카나어입니다만, 제2차 세계대전 후 미국에서 나치스 게펠스에 의한 국제 선전전을 특정해서 '프로파간다'라고 부른 풍조가 있었기 때문에 일본에서도 좋지 않은 느낌을 받아 기피되었습니다. 하지만 1989년 베를린 장벽 붕괴를 시작해, 걸프 전쟁과 이라크 전쟁 등에 이르는 국제 분쟁이 위성방송과 인터넷을 포함한 정보전이기도 했기 때문에 한정된 의미가 아닌 '프로파간다'라는 말이 다시 사용되게 된 것 같습니다.

(주1) 喧伝(けんでん)する : 세상에 알리는 것
(주2) 刷(す)り込む : 어떤 지면에 인쇄하다, 주입하다

B

　　제2차 세계대전에서의 프로파간다는 미디어의 발달에 의해 보다 많은 대중에게 사상을 전달할 수 있게 되었다. 특히, 미디어를 이용한 정보 조작·대중을 향한 심리 조작에 대해 제1차 세계대전을 경험한 세계의 지도자는 이것을 잘 인식하고 있었다고 한다. 특히 나치스 독일의 아돌프·히틀러는 그것을 강하게 인식하고 있었고 그는 라디오에 착안한 파시스트 세계 전략을 추진했다. 일본과 마찬가지로 제2차 세계대전의 경우, 나치스 독일의 프로파간다는 사회에 끼치는 영향이 대단히 크다. 나치스 독일의 프로파간다는 반공산주의적이고 군국 국가의 정치적 면에 더해 인종 차별적인 반유대주의를 주장했다.

단어

プロパガンダ 프로파간다 | **特定(とくてい)の思想(しそう)** 특정 사상 | **集団(しゅうだん)に影響(えいきょう)を与(あた)える** 집단에 영향을 주다 | **意図(いと)する** 의도하다 | **仕向(しむ)ける** 하게 만들다 | **宣伝活動(せんでんかつどう)** 선전 활동 | **総称(そうしょう)** 총칭 | **宗教的教義(しゅうきょうてききょうぎ)** 종교적 교의 | **刷(す)り込(こ)む** 어떤 지면에 인쇄하다, 주입하다 | **要(よう)するに** 요컨대 | **大衆操作(たいしゅうそうさ)** 대중 조작 | **世論喚起(よろんかんき)** 여론 환기 | **国際情報化(こくさいじょうほうか)** 국제 정보화 | **必然的(ひつぜんてき)** 필연적 | **押(お)しつけがましい** 강요하는 듯하다 | **戦略化(せんりゃくか)** 전략화 | **巧妙(こうみょう)な** 교묘한 | **比較的(ひかくてき)** 비교적 | **用(もち)いる** 사용하다 | **第二次世界大戦後(だいにじせかいたいせんご)** 제2차 세계대전 후 | **風潮(ふうちょう)** 풍조 | **好(この)ましい** 바람직하다 | **敬遠(けいえん)する** 경원하다 | **崩壊(ほうかい)** 붕괴 | **湾岸戦争(わんがんせんそう)** 걸프 전쟁 | **国際紛争(こくさいふんそう)** 국제 분쟁 | **衛星放送**

(えいせいほうそう) 위성방송 | **心理操作**(しんりそうさ) 심리 조작 | **指導者**(しどうしゃ) 지도자 | **認識**(にんしき)**する** 인식하다 | **着目**(ちゃくもく)**する** 착안하다 | **押**(お)**し進**(すす)**める** 밀고 나가다, 추진하다 | **同様**(どうよう) 마찬가지로 | **反共産主義的**(はんきょうさんしゅぎてき) 반공산주의적 | **軍国国家**(ぐんこくこっか) 군국 국가 | **加**(くわ)**える** 더하다 | **人種差別的**(じんしゅさべつてき) 인종차별적 | **反**(はん)**ユダヤ主義**(しゅぎ) 반유대주의 | **主張**(しゅちょう)**する** 주장하다

문제 해석

문1 '프로파간다'에 해당하지 않는 것을 고르시오.
1. 뭔가의 의도를 가지고 개인과 집단에 어떤 특정 사상을 선전하는 것
2. 정치적 의도를 가진 선전 활동
3. 국제 정보화 사회에 있어서는 빼놓을 수 없는 것
4. 국가의 정책을 비판하기 위해서 여러 단체가 연계해 자신들의 입장을 주장하는 것

해설 1번, A의 첫 번째 줄 [特定の思想によって〜宣伝活動の総称]로 보아 올바른 설명이다. 2번, A의 세 번째 줄 [政治的意図を持つ宣伝活動をさす]로 보아 맞는 설명이다. 3번, A의 여섯 번째 줄 마지막 부분 [国際情報化社会においては必然的にあらわれるもの]라고 언급되어 있으므로 3번도 올바른 설명이다. 4번, 본문에 그와 같은 내용은 없으므로 4번이 정답이 된다.

문2 '프로파간다에 대해서 A와 B는 어떤 입장을 취하고 있는가?
1. A도 B도 '프로파간다'에 대해 부정적이고, 안 좋은 측면을 강조하고 있다.
2. A도 B도 '프로파간다'에 대해 긍정적이고, 그 효용성에 대해서 언급하고 있다.
3. A는 '프로파간다'에 대해 호의적인 측면도 있다고 말하고 있지만, B는 악의적인 측면에 대해 말하고 있다.
4. A는 '프로파간다'가 억지스러운 것이라고 말하고 있지만, B는 전쟁의 타당성을 인식시키기 위해 자연스럽게 확산되었다고 말하고 있다.

해설 A의 다섯 번째 줄 [要するに情報による〜巧妙なものとなってきています], B의 마지막 부분 [ナチスドイツにおける〜主張していたのである]을 보면 알 수 있다. A에서는 프로파간다가 필연적으로 나타나고 요즘은 반드시 억지스러운 것이 아니라고 설명하며 부정적인 측면만 강조하고 있지는 않다. 반면에 B는 인종차별적 반유대주의를 주장했다고 설명하고 있으므로 정답은 3번이 된다.

실전 문제 04 논설문

問題　次のＡとＢの文章を読んで、後の問いに対する答えとして、最もよいものを１・２・３・４から一つ選びなさい。

A

　大学は、学生に少なくとも一ヶ国語は外国語(特に英語)の習得を必修とすべきである。いまや世界の国々は経済的にも政治的にもますます相互依存を強めている。自分たちが日常生活の中で使用する母語だけでは、このような世界情勢に対応することは難しいことだろう。自国のことだけを考えていても、自国の発展はできない。周囲の国々の存在を無視するわけにはいかない。相互に協力しあう姿勢を表現することも大切になってくる。だから、異なる文化圏の人々、異なるものの考え方をする人々の相互理解は必要不可欠である。おそらく、言語の障壁は取り除かなければならない最大の障害物である。

B

　大学は学生に英語の他に第二外国語の習得を必修とさせるべきである。グローバル化は実質的にアメリカ化を意味し、英語はすでに「唯一の世界語」になりつつある。確かに世界のどこに行っても、英語を話せる人は必ずみつかるし、そのような言葉を習得することは個人にとってもよいことであろう。しかし、これは本当に望ましいことだろうか。世界は多言語多民族によって構成されており、そのような世界で共存していくためには、ある程度の言語の多様性がないと文学の多様性、観念の多様性も理解することが難しくなる。大学で、学生は英語を含む二カ国語以上の外国語を学習すべきである。

問1　大学での外国語の学習について、文章A、Bではどのような立場をとっているか。

1　Aでは英語を含めた二ヵ国語の習得を、Bでは少なくとも一ヶ国語を必修とさせるべきだと述べている。

2　A、Bともに英語のみを必修にすべきだと述べている。

3　A、Bともに英語を含まない二ヶ国語を必修にすべきだと述べている。

4　Aでは少なくとも一ヶ国語の習得を、Bでは英語も含めた二ヵ国語を必修とすべきだと述べている。

問2　AでもBでも述べられていない内容のものはどれか。

1　言語の障害は、取り除かなければならない最大の障害物である。

2　異なる文化圏の人々、異なるものの考え方をする人々の相互理解は必要不可欠であるとは言えない。

3　いまや世界の国々は経済的にも政治的にもますます相互依存を強めている。

4　言語の多様性がないと、文学の多様性、観念の多様性も理解することが難しくなる。

해석 및 해설 04 논설문

지문 해석

A

대학은 학생들에게 적어도 1개국어는 외국어(특히 영어) 습득을 필수로 해야 한다. 바야흐로 세계 나라들은 경제적으로도 정치적으로도 더욱더 상호 의존을 높이고 있다. 자신들이 일상생활 속에서 사용하는 모국어만으로는 이와 같은 세계정세에 대응하기가 어려울 것이다. 자국만을 생각해도 자국의 발전은 불가능하다. 주변 국가들의 존재를 무시할 수는 없다. 상호 협력하는 자세를 표현하는 것도 중요해진다. 그러니까 다른 문화권의 사람들, 다른 사고방식을 가진 사람들의 상호 이해는 필요 불가결하다. 필시, 언어의 장벽은 제거되지 않으면 안 되는 최대의 장애물이다.

B

대학은 학생에게 영어 외의 다른 제2외국어 습득을 필수로 해야 한다. 글로벌화는 실질적으로 미국화를 의미하고, 영어는 이미 '유일한 세계어'가 되고 있다. 분명 세계 어디에 가도 영어를 할 줄 아는 사람은 반드시 있고, 그와 같은 말을 습득하는 것은 개인에게도 좋은 일일 것이다. 그러나 이것은 정말로 바람직한 것일까? 세계는 다언어 다민족에 의해 구성되어 있고, 그와 같은 세계에서 공존해 나가기 위해서는 어느 정도의 언어의 다양성이 없으면 문학의 다양성, 관념의 다양성도 이해하기가 어려워진다. 대학에서 학생은 영어를 포함한 2개 국어 이상의 외국어를 학습해야 한다.

단어

習得(しゅうとく) 습득 | **必修**(ひっしゅう) 필수 | **相互依存**(そうごいぞん) 상호 의존 | **強**(つよ)**める** 강화하다 | **母語**(ぼご) 모국어 | **情勢**(じょうせい) 정세 | **対応**(たいおう) 대응 | **自国**(じこく) 자국 | **発展**(はってん) 발전 | **存在**(そんざい) 존재 | **無視**(むし) 무시 | **相互**(そうご) 상호 | **協力**(きょうりょく) 협력 | **姿勢**(しせい) 자세 | **表現**(ひょうげん) 표현 | **異**(こと)**なる** 같지 않다, 다르다 | **文化圏**(ぶんかけん) 문화권 | **必要不可欠**(ひつようふかけつ) 필요 불가결 | **おそらく** 필시 | **言語**(げんご) 언어 | **障壁**(しょうへき) 장벽 | **取**(と)**り除**(のぞ)**く** 제거하다 | **最大**(さいだい) 최대 | **障害物**(しょうがいぶつ) 장애물 | **グローバル化**(か) 글로벌화 | **実質的**(じっしつてき) 실질적 | **唯一**(ゆいいつ) 유일 | **世界語**(せかいご) 세계어 | **〜つつある** 〜하는 중이다 | **多言語**(たげんご) 다언어 | **多民族**(たみんぞく) 다민족 | **構成**(こうせい) 구성 | **共存**(きょうぞん) 공존 | **望**(のぞ)**ましい** 바람직하다 | **多様性**(たようせい) 다양성 | **文学**(ぶんがく) 문학 | **観念**(かんねん) 관념 | **含**(ふく)**む** 포함하다 | **述**(の)**べる** 말하다, 진술하다 | **いまや** 지금은 이미, 이제는

> **문제 해석**

문1 대학에서의 외국어 학습에 대해 문장 A, B에서는 어떤 입장을 취하고 있는가?

1. A에서는 영어를 포함한 2개국어의 습득을, B에서는 적어도 1개국어를 필수로 해야 한다고 말하고 있다.
2. A, B 모두 영어만을 필수로 해야 한다고 말하고 있다.
3. A, B 모두 영어를 포함하지 않는 2개국어를 필수로 해야 한다고 말하고 있다.
4. A에서는 적어도 1개국어의 습득을, B에서는 영어도 포함한 2개국어를 필수로 해야 한다고 말하고 있다.

해설 A의 첫 번째 줄 [大学は、学生に少なくとも一ヶ国語は外国語(特に英語)の習得を必修とすべきである]와 B의 첫 번째 줄 [大学は学生に英語の他に第二外国語の習得を必修とさせるべきである]에 근거하여 4번이 정답임을 알 수 있다.

문2 A에서도 B에서도 언급되지 않은 내용은 어느 것인가?

1. 언어의 장애는 제거되지 않으면 안 되는 최대의 장애물이다.
2. 다른 문화권의 사람들, 다른 사고방식을 가진 사람들의 상호 이해는 필요 불가결하다고는 말할 수 없다.
3. 바야흐로 세계의 나라들은 경제적으로도 정치적으로도 더욱더 상호 의존을 높이고 있다.
4. 언어의 다양성이 없으면, 문학의 다양성, 관념의 다양성도 이해하기 어려워진다.

해설 A의 6번째 줄에 [異なる文化圏の人々、異なるものの考え方をする人々の相互理解は必要不可欠である]라고 되어 있지만 2번 선택지는 [必要不可欠であるとは言えない]라고 했으므로 2번이 정답이 된다.

실전 문제 05 논설문

問題　次のＡとＢの文章を読んで、後の問いに対する答えとして、最もよいものを１・２・３・４から一つ選びなさい。

A

　公共の空間における若者の振るまいが悪くなりつつあるのは事実である。年上の世代が眉をひそめるような例もある。たとえば、若い女性が車内で化粧をすることである。そのほかにも、コンビニエンスストアの前で地面に直接座り込んで飲食をしたり、ただおしゃべりをしたりする若者も多い。なぜそうした風潮がこれほど広まったのだろうか。その主な理由は、今日の若者は昔の若者と比較して、精神的に成長するのにより多くの時間がかかるからだと思われる。もっともその責任は、若者だけにあるのではなく、政府、教育制度、地域社会、そして家庭を含む社会全体にあるのだが。

B

　電車内で何か物を食べるのは本当に悪いことだろうか。たしかに望ましいことではないかもしれない。しかし、その他の迷惑なおこないのように周りの人に大きな迷惑をかけることはないのだ。少なくとも暴力行為や嫌がらせのように他人に被害を与えることはない。ただそこに坐って、あるいは立ったままで、黙って食べたいものを食べるだけのことである。そして、社会の風俗習慣は時とともに変化する。前の時代の風俗習慣が現在にもあてはまるとは限らない。当然のことながら、それは公共の場所における若者の振るまいにも当てはまる。

問1　公共の場での若者の振る舞いについて、文章A、Bではそれぞれどのようなことを述べているか。

1　A、Bともに、若者の振る舞いが悪くなりつつある理由について述べている。

2　A、Bともに、公共の場での若者の振る舞いは暴力行為や嫌がらせと同じことだと述べている。

3　Aでは若者の振る舞いの原因と責任を明らかにしているが、Bでは明らかにしていない。

4　A、Bともに、電車内での若者の振る舞いについて述べている。

問2　次のうち、文章の内容と合わないものを一つ選びなさい。

1　今日の若者は、精神的に成長するのにより時間がかかると思われる。

2　電車内で何か食べ物を食べるのは、本当に悪いことであると言える。

3　社会の風俗習慣と同じく、公共の場における若者の振る舞いも変化していく。

4　若い女性が車内で化粧をする風潮が広まっている。

해석 및 해설 05 논설문

지문 해석

A

　공공장소에서의 젊은이들의 행동이 점점 나빠지고 있는 것은 사실이다. 윗세대가 눈살을 찌푸리는 일도 있다. 예를 들면, 젊은 여성이 차내에서 화장을 하는 일이다. 그 외에도 편의점 앞에서 땅바닥에 주저앉아서 먹고 마시거나, 그냥 수다를 떨거나 하는 젊은이도 많다. 왜 그런 풍조가 이렇게 확산된 것일까? 그 주된 이유는 오늘날의 젊은이들이 옛날의 젊은이들에 비해 정신적으로 성장하는 데 보다 시간이 걸리기 때문이라고 생각된다. 하긴, 그 책임은 젊은이들에게만 있는 것이 아니라 정부, 교육 제도, 지역 사회, 그리고 가정을 포함한 사회 전체에 있지만.

B

　전철 내에서 뭔가를 먹는 것은 정말 나쁜 행동일까? 분명 바람직한 일이 아닐지도 모른다. 하지만, 그 외의 폐가 되는 행동처럼 주변 사람들에게 큰 폐를 끼치는 경우는 없다. 적어도 폭력 행위나 남들이 싫어하는 행동처럼 타인에게 피해를 주는 일은 아니다. 그저 거기에 앉아서, 혹은 선 채로 잠자코 먹고 싶은 것을 먹을 뿐인 것이다. 그리고 사회의 풍습은 시대와 함께 변화한다. 이전 시대의 풍습이 반드시 현재에도 적합하다고는 할 수 없다. 당연한 것이지만, 그것은 공공장소에서의 젊은이들의 행동도 마찬가지다.

단어

公共(こうきょう) 공공 | 空間(くうかん) 공간 | ～における ～에 있어서의 | 振(ふ)るまい 행동 | 世代(せだい) 세대 | 眉(まゆ)をひそめる 눈살을 찌푸리다 | 地面(じめん) 지면, 땅바닥 | 直接(ちょくせつ) 직접 | 座(すわ)り込(こ)む 주저앉다 | 飲食(いんしょく) 먹고 마심 | 風潮(ふうちょう) 풍조 | 今日(こんにち) 오늘날 | 精神的(せいしんてき) 정신적 | 成長(せいちょう) 성장 | もっとも 하기는, 다만 | 責任(せきにん) 책임 | 政府(せいふ) 정부 | 教育制度(きょういくせいど) 교육 제도 | 地域社会(ちいきしゃかい) 지역 사회 | 含(ふく)む 포함하다 | 望(のぞ)ましい 바람직하다 | 暴力(ぼうりょく) 폭력 | 行為(こうい) 행위 | 嫌(いや)がらせ 남들이 싫어하는 행동 | 被害(ひがい) 피해 | 黙(だま)る 말없이 있다, 입을 다물다 | 風俗習慣(ふうぞくしゅうかん) 풍습 | 当(あ)てはまる 들어맞다, 적합하다 | ～とは限(かぎ)らない 반드시 ～라고는 할 수 없다 | 変化(へんか) 변화

> **문제 해석**

문1 공공장소에서의 젊은이들의 행동에 대해 문장 A, B에서 각각 어떤 것을 진술하고 있는가?

1　A, B 모두 젊은이들의 행동이 나빠지고 있는 이유에 대해 말하고 있다.
2　A, B 모두 공공장소에서의 젊은이들의 행동은 폭력 행위나 남들이 싫어하는 행위와 마찬가지라고 말하고 있다.
3　A에서는 젊은이들의 행동의 원인과 책임을 명확히 하고 있지만, B에서는 명확히 하고 있지 않다.
4　A, B 모두 전철 내에서의 젊은이들의 행동에 대해 말하고 있다.

해설　A에서 젊은이들의 행위의 원인은 다섯 번째 줄 [その主な理由は、今日の若者は昔の若者と比較して、精神的に成長するのにより時間がかかるからだと思われる]에 서술되어 있고, 그 책임은 일곱 번째 줄 [もっともその責任は、若者だけにあるのではなく、政府、教育制度、地域社会、そして家庭を含む社会全体にあるのだが]에 제시되어 있지만 B에는 명확히 제시되지 않았다. 따라서 정답은 3번이 된다.

문2 다음 중 문장의 내용과 맞지 않는 것을 하나 고르시오.

1　오늘날의 젊은이들은 정신적으로 성장하는 데 보다 시간이 걸린다고 생각한다.
2　전철 내에서 뭔가 음식을 먹는 것은 정말 나쁜 일이라고 할 수 있다.
3　사회의 풍습과 마찬가지로 공공장소에서의 젊은이들의 행동도 변화해 간다.
4　젊은 여성이 차내에서 화장을 하는 풍조가 확산되고 있다.

해설　B의 첫 번째 줄 [電車内で何か物を食べるのは本当に悪いことだろうか]의 뉘앙스를 보면 나쁘다고 하는 것에 의문을 제기하고 있으므로 2번 선택지와는 일치하지 않는다. 따라서 정답은 2번이 된다.

실전 문제 **06 상담문**

問題　次の文章は、「相談者」からの相談と、それに対するAとBからの回答である。三つの文章を読んで、後の問いに対する答えとして、最もよいものを1・2・3・4から一つ選びなさい。

相談者

　もし子供が朝、「いじめられてるから学校行きたくない」って言ってきたら皆さんは、どのように答えますか？その日は休ませますか？行かせますか？保健室まで行かせますか？自己肯定感という考え方からいくと、「行きたくない」というのは自己否定してる証拠だと思うのです。
　相手の言い分が正しくて、それを否定できない立場に立たされているから「いじめられてる」というのであって、もし自分を肯定でき反論が出来れば、行きたくないとは言わないと思います。行きたくない者を、行かせても意味はないように思えます。自分に自信がつくまで、あるいはそういう環境になるまで行かなくても良いのではと思います。

回答者 A

　わたしが子供の頃に母にそう訴えたら、母から「あなた何か悪いことをしたの？していないんだったら堂々と行きなさい！」と言われ、その学年のときは一度も休みませんでした。そのうち別の仲の良い友達もできました。こんな母親珍しいのでしょうね。でも母のあの堂々とした態度は今でも忘れられませんし、とても感謝しています。

回答者 B

> わたしならそのまま休ませると思います。今、子どもが傷ついているのに、無理して学校に行かせる必要がどこにあるんでしょうか。「学校に行きたくない」とあなたに訴えてくるということはあなたに助けを求めているのです。担任の先生や学校側に事実の確認をしてもらうのはもちろんですが、子どもの気持ちを第一に考えてあげてほしいと思います。

問1　そういう環境になるとはどういうことか。

1　子供が自己否定しなくなるような考え方をもてるようになること
2　子供が相手の言い分の正しさを理解できるようになること
3　子供が母親に対して、相手の悪いところを正直に話せるようになること
4　子供が自分を肯定できるくらい自分の正しさを信じるようになること

問2　「相談者」の相談に対するＡ、Ｂの回答について、正しいのはどれか。

1　ＡもＢも子供のいうとおりにしてやることが優先的にすべきことで、それ以外のことは今は必要ないと言っている。
2　ＡもＢも子供の意見と学校の意見が違うことを前提として、何が真実なのか家庭が確認すべきだと言っている。
3　Ａは子供の意見を受け入れず、子供を説得すべきだと言い、Ｂは子供の意見を受け入れるべきだと言っている。
4　Ａは子供の意見を聞き入れずに、学校にいくように説得すべきだと言い、Ｂは子供の意見を受け入れてかつ学校にも抗議すべきだと言っている。

해석 및 해설 06 상담문

지문 해석

상담자

> 만약 아이가 아침에 '집단 따돌림을 당하고 있어서 학교에 가기 싫어'라고 한다면 여러분은 어떻게 대답하겠습니까? 그날은 쉬게 하겠습니까? 보내겠습니까? 양호실까지 보내겠습니까? 자기 긍정감이라는 사고로부터 본다면, '가기 싫다'는 것은 자기를 부정하는 증거라고 생각합니다.
>
> 상대의 말이 옳기 때문에, 그것을 부정할 수 없는 입장에 처해 있기 때문에 '집단 따돌림을 당한다'는 것이어서 만약 자신을 긍정할 수 있어 반론이 가능하다면 가기 싫다고는 말하지 않을 것이라고 생각합니다. 가기 싫은 사람을 보내봤자 의미는 없다고 생각됩니다. 자기에게 자신이 붙을 때까지 혹은 <u>그런 환경이 될 때</u>까지 가지 않아도 된다고 생각합니다.

회답자 A

> 제가 아이였을 때 어머니께 그렇게 말했더니, 어머니께서는 '너 뭔가 잘못을 했니? 잘못하지 않았다면 당당하게 가!'라고 하셔서, 그 학년에는 한 번도 학교에 결석하지 않았습니다. 그러는 동안 다른 사이 좋은 친구도 생겼습니다. 그런 어머니는 드물지요. 그러나 어머니의 그 당당한 태도는 지금도 잊지 못하며, 매우 감사하고 있습니다.

회답자 B

> 저라면 그대로 쉬게 할 것이라고 생각합니다. 지금 아이가 상처받았는데 억지로 학교에 보낼 필요가 어디에 있습니까? '학교에 가기 싫어'라고 당신에게 호소한다는 것은 당신에게 도움을 구하고 있는 것입니다. 담임 선생님이나 학교 측에 사실을 확인하는 것은 말할 것도 없지만, 아이의 기분을 제일로 생각해 주길 바랍니다.

단어

相談者(そうだんしゃ) 상담자 | **いじめる** 괴롭히다 | **保健室**(ほけんしつ) 보건실, 양호실 | **自己肯定感**(じここうていかん) 자기 긍정감 | **否定**(ひてい) 부정 | **証拠**(しょうこ) 증거 | **言**(い)**い分**(ぶん) 주장, 할 말 | **反論**(はんろん) 반론 | **自信**(じしん)**がつく** 자신이 생기다 | **環境**(かんきょう) 환경 | **回答者**(かいとうしゃ) 회답자 | **訴**(うった)**える** 호소하다 | **堂々**(どうどう)**と** 당당하게 | **学年**(がくねん) 학년 | **珍**(めずら)**しい** 드물다 | **態度**(たいど) 태도 | **傷**(きず)**つく** 상처받다 | **助**(たす)**け** 도움, 구원 | **求**(もと)**める** 요청하다, 요구하다 | **担任**(たんにん) 담임 | **正直**(しょうじき)**に** 솔직하게 | **優先的**(ゆうせんてき) 우선적 | **意見**(いけん) 의견 | **前提**(ぜんてい) 전제 | **真実**(しんじつ) 진실 | **受**(う)**け入**(い)**れる** 받아들이다, 승낙하다 | **説得**(せっとく) 설득 | **聞**(き)**き入**(い)**れる** 승낙하다, 열심히 듣다 | **かつ** 또한, 동시에 | **抗議**(こうぎ) 항의

문제 해석

문1 그런 환경이 된다는 것은 어떤 것인가?

1. 아이가 자기를 부정하지 않게 되는 사고를 가질 수 있도록 되는 것
2. 아이가 상대의 말의 정당성을 이해할 수 있게 되는 것
3. 아이가 어머니에 대해, 상대의 나쁜 점을 정직하게 이야기할 수 있게 되는 것
4. 아이가 자신을 긍정할 수 있을 정도로 자신의 정당성을 믿게 되는 것

해설 상담자의 글의 2단락 두 번째 줄 [もし自分を肯定でき反論が出来れば、行きたくないとは言わないと思います]와 2단락 네 번째 줄 [自分に自信がつくまで]로부터 4번이 정답임을 추론할 수 있다.

문2 '상담자'의 상담에 대한 A, B의 회답에 대해 옳은 것은 어느 것인가?

1. A도 B도 아이가 말하는 대로 해 주는 것이 우선적으로 해야 하는 것으로, 그 이외의 것은 지금은 필요 없다고 말하고 있다.
2. A도 B도 아이의 의견과 학교의 의견이 다른 것을 전제로 무엇이 진실인지를 가정이 확인해야 한다고 말하고 있다.
3. A는 아이의 의견을 수용하지 않고, 아이를 설득해야 한다고 말하고, B는 아이의 의견을 수용해야 한다고 말하고 있다.
4. A는 아이의 의견을 듣지 않고, 학교에 가도록 설득해야 한다고 말하고, B는 아이의 의견을 수용하고 또 학교에도 항의해야 한다고 말하고 있다.

해설 A의 첫 번째 줄 [あなた何か悪いことをしたの？していないんだったら堂々と行きなさい！]에서 어머니가 아이의 의견을 받아들이지 않음을 알 수 있고, B의 마지막 부분 [子どもの気持ちを第一に考えてあげてほしいと思います]에 근거하여 무엇보다도 아이의 생각을 알아주어야 한다는 것을 알 수 있으므로 정답은 3번이 됨을 알 수 있다.

4 | 주장 이해 – 장문 공략하기

문제 유형 분석

주장 이해 - 장문은 900자 정도의 상당히 긴 지문이지만, 문장의 구성은 중문 정도일 것으로 예상된다. 설명문, 수필, 소설 등을 읽고 필자의 생각을 얼마나 이해하고 있는지를 묻는 문제로, 한 지문에 3문항이 출제되며, 문제 풀이에 소요되는 시간은 15분 정도로 잡도록 한다.

문제 풀이 비법

1. 글 자체의 난이도는 그다지 높지 않고, 추상적이지도 않은 경우가 많다. 사회 문제, 업무나 생활, 학습 등에 관한 설명문이나, 과학적인 것에 관한 것이 주로 출제된다고 할 수 있다.
2. 중문 문제를 풀 때와 같은 요령으로 먼저 질문을 잘 파악하고 나서, 무엇을 묻고 있는지를 주의 깊게 읽어 내려가야 한다. 지문이 길다고 해서 쉽게 포기하거나, 집중력을 잃지 않도록 해야 한다.
3. 〈필자가 가장 말하고 싶어 하는 것은 무엇인가?〉〈밑줄 친 부분에 대한 필자의 생각은 무엇인가?〉〈내용에 맞는 것은 무엇인가?〉 등 핵심 내용을 파악해 두어야 문제를 풀 수 있다.
4. 총 3문항인 것을 감안한다면 대체적으로 각 단락마다 한 문항이 출제된다고 볼 수 있다.

실전 문제 01 수필문

問題　次の文章を読んで、後の問いに対する答えとして、最もよいものを1・2・3・4から一つ選びなさい。

　①「飼い犬に手を噛まれる」といえば、かわいがっていた部下などに裏切られることだが、ペットブームが続く昨今、文字通り「飼い犬に手を噛まれる人」が増えているという。犬は1万年以上前から人間とともに暮らしはじめたといわれている。ヒトが犬を飼いならすことができた理由の一つは、彼らが集団で暮らす動物であり、自分より上位の者に従う社会性を持っていたから。そのため、飼い主との関係がきちんと主従になっていれば、「飼い犬に手を噛まれる」ことはないという。

　逆にいえば、飼い主を噛むような犬は、自分が人間より上位だと思っている証拠だ。一緒に暮らす人間を(注)下僕ぐらいにしか見ていないから、気に障ることがあれば噛んで制裁を加えるのである。なかには、他人には噛みつかないが、下僕たる飼い主だけに牙を剝く犬もいるし、飼い主家族の上下関係を見極めて、子供など弱い立場だけを自分より下位とみなし、限定して噛む場合もある。というわけで、ペットのしつけの専門家であるペットシッターは家中で自分が一番下位であることを犬に認識させるほかないという。いちばん下位なんてカワイソウ、という人もいるかもしれないが、人間を見下すような犬はかえって不幸になる。他人に預ければその人も噛み、病院に連れていけばスタッフを噛むような犬になったら、犬自身の命にも関わる問題だろう。犬がかわいければ、きちんとしつけるべきなのだ。

　②しつけのポイントとしては、叱るときはしっかり叱るという、毅然とした態度で接すること。悪さをしたときは、その場で叱る。時には口元を手で押さえたり、鼻先を軽くパシッと叩いたりといった体罰も必要だ。おっかなびっくりの態度では、叱ってもナメられるばかりだが、やたらと叩いたり脅かしたりするのも、もちろんよくない。犬が恐怖を感じ、今度は防衛本能から人を噛むようになってしまう。さらに、留守番させるばかりで遊んでやらない、散歩に行かないというのもダメ。かまってほしくて噛むケースが出てくるからだ。ふだんはたっぷりと愛情を注ぎ、ともに遊び、ほめることもしつけのうちなのだ。こうしてみると、まさにこどものしつけと同じ。愛すればこそ、時には厳しくしつけるのが、本来のあり方なのだ。自分でしつける自信がない人は、しつけ教室や講習会を利用するといい。

(2008年４月１日付け『プロから聞いた黄金の隠しワザ』暮らしの達人研究班による)

(注)下僕(げぼく)：召使いの男。下男。しもべ。 出典　小学館デジタル大辞泉

問1　①飼い犬に手を噛まれる理由として正しくないものを選びなさい。

1　遊びの一環で噛んでしまう。
2　怒りや興奮で噛んでしまう。
3　恐怖心で噛んでしまう。
4　攻撃本能から噛んでしまう。

問2　②しつけのポイントとして正しいものを選びなさい。

1　犬に上下関係を理解させるためにかまってやらないことも重要である。
2　人間に害のある犬に育ってしまうため、厳しくしつける必要がある。
3　かわいそうと思わず、厳しく徹底的に体罰で叱りつけることが良い。
4　かまっていると勘違いさせないために頻繁に遊ばないようにする。

問3　本文の内容として間違っているものを選びなさい。

1　主従関係の逆転が犬に問題行動を引き起こす。
2　飼い犬に手を噛まれないように、飼い主は犬を服従させなければならない。
3　犬に無視されないように、飼い主が飼い犬をかまわないことが重要である。
4　犬をきちんとしつけすることが飼い主の義務である。

해석 및 해설 01 수필문

지문 해석

　①'기르는 개에게 손을 물렸다'라고 하면 아끼던 부하에게 배신당하는 것이지만, 애완동물 붐이 계속되는 요즘 문자 그대로 '기르는 개에게 손을 물리는 사람'이 늘고 있다고 한다. 개는 만 년 이상 전부터 인간과 함께 살기 시작했다고 한다. 사람이 개를 길들일 수 있었던 이유 중 하나는 그들이 집단으로 생활하는 동물이라서 자신보다 위에 있는 사람에게 복종하는 사회성을 갖고 있기 때문이다. 그래서 주인과의 주종 관계가 명확하다면 기르는 개에게 손을 물리는 일은 없다고 한다.

　반대로 주인을 무는 개는 자신이 인간보다 위에 있다고 생각하고 있는 증거이다. 같이 사는 인간을 ㈜하인 정도로밖에 보지 않기 때문에, 거슬리는 일이 있으면 물어서 제재를 가하는 것이다. 그중에는 다른 사람은 물지 않지만 하인이 된 주인에게만 이빨을 드러내는 개도 있고, 주인 가족의 상하 관계를 지켜보고 아이 등 약한 입장만을 자신보다 아래로 간주해 그들에 한해서 무는 경우도 있다. 그래서 애완동물 훈련 전문가인 펫시터는 집 안에서 자신이 가장 하위임을 개에게 인식시켜줄 수밖에 없다고 한다. 가장 아래라니 가여워, 라고 말하는 사람도 있을지 모르겠지만 인간을 얕보는 개는 오히려 불행해진다. 다른 사람에게 맡기면 그 사람을 물고, 병원에 데리고 갔을 때 스태프를 무는 개가 된다면 개 자신의 목숨과도 관계되는 문제일 것이다. 개가 예쁠수록 제대로 훈련시켜야 한다.

　②훈련의 포인트로서는 혼낼 때는 확실히 혼낸다는 의연한 태도로 임할 것. 잘못을 했을 때에는 그 자리에서 바로 혼낸다. 때로는 입을 손으로 막거나 콧등을 가볍게 톡 치는 듯한 체벌도 필요하다. 겁먹은 태도로는 혼을 내고 있어도 우습게 보일 뿐이지만, 무턱대고 때리거나 겁주는 것도 물론 좋지 않다. 개는 공포를 느끼고 다음 번에는 방어 본능으로 사람을 물고 만다. 또한 빈집만 지키게 하고 놀아 주지 않거나 같이 산책 가지 않는 것도 안 된다. 상대해 달라고 무는 경우도 있기 때문이다. 평소에 애정을 듬뿍 쏟고, 같이 놀아 주고, 칭찬해 주는 것도 훈련의 일부이다. 이렇게 보면 정말 아이를 교육시키는 것과 같다. 사랑하기 때문에 때로는 엄하게 교육시키는 것이 본래의 방식이다. 혼자 훈련시킬 자신이 없는 사람은 훈련 교실이나 강습회를 이용하면 된다.

　㈜하인: 머슴, 남자 하인, 종

단어

飼(か)い犬(いぬ) 기르는 개 | ～といえば ~라고 하면 | かわいがる 예뻐하다, 귀여워하다 | 裏切(うらぎ)られる 배신당하다 | 昨今(さっこん) 요즘 | 文字通(もじどお)り 문자 그대로 | ～とともに ~와 함께 | 飼(か)いならす 길들이다 | 集団(しゅうだん) 집단 | 上位(じょうい) 상위 | 従(したが)う 따르다, 복종하다 | 飼(か)い主(ぬし) 기르는 사람 | きちんと 확실히, 제대로 | 主従(しゅじゅう) 주종 | 逆(ぎゃく)にいえば 반대로 말하자면 | 証拠(しょうこ) 증거 | 気(き)に障(さわ)る 비위에 거슬리다 | 制裁(せいさい)を加(くわ)える 제재를 가하다 | ～たる ~되는 | 牙(きば)を剥(む)く 으르렁대다, 이빨을 드러내다 | 上下関係(じょうげかんけい) 상하 관계 | 見極(みきわ)める 지켜보다, 판별하다 | 下位(かい) 하위 | みなす 간주하다 | 限定(げんてい) 한정 | しつけ 예의범절, 훈련 | 専門家(せんもんか) 전문가 | 認識(にんしき) 인식 | ～ほかない ~할 수밖에 없다 | 見下(みくだ)す 내려다보다, 얕보다 | かえって 오히려 | 不幸(ふこう) 불행 | 他人(たにん) 타인 | 預(あず)ける 맡기다 | 関(かか)わる 관련되다 | 叱(しか)る 혼내다 | 毅然(きぜん)とした 의연한 | 態度(たいど) 태도 | 接(せっ)する 접하다 | 悪(わる)さをする 못된 행동을 하다 | 口元(くちもと) 입가 | 押(お)さえる 막다 | 鼻先(はなさき) 콧등 | パシッっと叩(たた)く 톡 치다 | 体罰(たいばつ) 체벌 | おっかなびっくり 벌벌 떨면서, 무서워하며 | なめられる 무시당하다 | やたらに 무턱대고 | 脅(おど)かす 겁주다, 위협하다 | 恐怖(きょうふ) 공포 | 防衛本能(ぼうえいほんのう) 방위 본능 | 留守番(るすばん)させる 빈집을 지키게 하다 | かまう 상대하다, 관계하다 | ふだん 평소 | たっぷり 듬뿍 | 愛情(あいじょう)を注(そそ)ぐ 애정을 쏟다 | ほめる 칭찬하다 | まさに 정말로 | 厳(きび)しい 엄하다 | 本来(ほんらい) 본래 | あり方(かた) 방식 | 講習会(こうしゅうかい) 강습회

문제 해석

문1 ①기르는 개에게 손을 물리는 이유로서 옳지 않은 것을 고르시오.

1. 놀이의 일환으로 문다.
2. 화가 나거나 흥분해서 문다.
3. 공포심에서 문다.
4. **공격 본능으로 문다.**

해설 3단락 다섯 번째 줄 [犬が恐怖を感じ、今度は防衛本能から人を噛むようになってしまう] 부분을 보면 체벌로 인해 공포심을 느낀 개는 다음 번에 방어 본능으로 사람을 물게 된다고 나와 있다. 공격 본능이 아니므로 4번이 정답이 된다.

문2 ②훈련의 포인트로 옳은 것을 고르시오.

1. 개에게 상하 관계를 이해시키기 위해서 상대해 주지 않는 것도 중요하다.
2. **인간에게 해가 되는 개로 자라기 때문에 엄하게 훈련시킬 필요가 있다.**
3. 가엾게 생각하지 말고 엄하고 철저하게 체벌로 혼내는 것이 좋다.
4. 상대해 준다고 착각하지 않도록 자주 놀아 주지 않도록 한다.

해설 3단락 여섯 번째 줄 [さらに、留守番させるばかりで遊んでやらない、散歩に行かないというのもダメ~ほめることもしつけのうちなのだ] 부분을 보면 상대해 달라고 주인을 무는 경우도 있어서 평소에 애정을 듬뿍 주고, 같이 놀아 주고, 칭찬해 주는 것도 훈련의 일부분이라고 나오므로 1번과 4번은 오답이 된다. 또한 3단락 첫 번째 줄 [しつけのポイントとしては、叱るときはしっかり叱るという~パシッと叩いたりといった体罰も必要だ] 부분을 보면 혼낼 때는 확실히 혼내고, 잘못을 했을 때는 그 자리에서 혼내야 하며, 때로는 입을 막거나 콧등을 톡 치는 정도의 체벌도 필요하다고 하였으므로 엄하고 철저하게 체벌로 혼내는 것이 좋다는 3번도 오답이 된다.

문3 본문의 내용으로 옳지 않은 것을 고르시오.

1. 주종 관계의 역전이 개에게 문제 행동을 일으킨다.
2. 기르는 개에게 손을 물리지 않도록 주인은 개를 복종시켜야 한다.
3. **개에게 무시당하지 않도록 주인은 기르는 개를 상대해 주지 않는 것이 중요하다.**
4. 개를 제대로 훈련시키는 것이 주인의 의무이다.

해설 주인과의 주종 관계를 명확히 하면 기르는 개에게 물릴 일이 없다고 하였으므로 1번과 2번은 옳은 내용이고, 2단락 마지막 줄에 개를 제대로 훈련시켜야 한다고 나오므로 4번도 본문과 일치하는 내용이다.

실전 문제 02 수필문

問題　次の文章を読んで、後の問いに対する答えとして、最もよいものを1・2・3・4から一つ選びなさい。

　私が日本で留学をしていた時、好んで食べていた日本料理の一つがラーメンである。韓国にいた時は食べるものがない時とか、料理するのが面倒くさい時、小腹がすいた時ぐらいにラーメンを食べたけど、日本ではいつの間にかラーメンがヤミツキになって、週に2～3回以上はラーメン屋に足を運ぶようになっていた。もともとラーメン好きな人でもないのに私がラーメンの不思議な魔力に取りつかれるようになった理由は何だろうか。第一に、選んで食べる楽しさである。日本のラーメンは、醤油、味噌、塩、豚骨など味の種類も豊富で、麺やスープ、トッピングなどによっても味が大別される。また、同じ種類のラーメンでもこってり味、さっぱり味など、バリエーションが多く、飽きることなく頻繁に①ラーメン屋ののれんをくぐってしまう。第二に、お手頃な値段で敷居が低いことである。ラーメンが日本の国民食になれた大きな理由の一つも、そのリーズナブルな価格にあるだろう。またラーメンのお友である餃子やチャーハンなどのサイドメニューも、ラーメンとともに庶民のお腹を満足させてくれる良い味方だと言える。第三に、「食と健康」を考える人々に少しながらも安心感を与えている点である。ラーメンが健康に良い食べ物とは言えないまでもラーメンの種類によっては炭水化物だけでなく、野菜も適度にとることができるので、食べ続けられる。
　しかし、一方では②「日本人のラーメンを食べる頻度を抑えるべきだ」という声もある。ラーメンは炭水化物や塩分、脂質が多く含まれているため、栄養バランスが崩れやすく、肥満、高血圧といった成人病を引き起こす原因になるという。また、日本人がお酒を飲んでからシメにラーメンを食べたがる習慣は健康に悪影響を及ぼしているらしい。横浜市立大学病院の中島教授は、「お酒を飲むと肝臓でアルコールを分解し多量に血糖が使われてしまうので、血糖を補うために脳から炭水化物を摂るように指令が出て食欲が出てくる。それで炭水化物の中でも汁気の多いラーメンが食べたくなる」と述べた。飲酒後のラーメンは、アルコールと高カロリーのダブル摂取で消化も遅れるし、胃腸への負担がかかるので、ラーメンの代わりにみそ汁や、梅干しのお茶漬けなどの軽いものに変えるのが望ましいそうだ。
　とはいうものの、日本はラーメン天国と言っても過言ではない。日本のどこ

に行ってもラーメン屋があり、ラーメン横丁やラーメン博物館などを見ても日本人のラーメンに対する愛情がどれぐらいなのか見当がつく。ガイドブックには日本で人気があるラーメン屋が必ず紹介され、ラーメンの味比べや食べ歩きを続けるラーメンオタクも多い。でも何かを長く好きでいられるためには、好きすぎないようにすることがコツだと思う。日本のことわざに「好きこそものの上手なれ」という言葉があるが、私は「好きこそもののご注意なれ」と言いたい。栄養バランスを考えた健康な食生活のために、くれぐれもラーメンの食べ過ぎには注意してほしいのだ。

問1　①ラーメン屋ののれんをくぐってしまう理由として一致しないものを選びなさい。

1　ラーメンの種類や味付け、トッピングなどのバリエーションが多くて、ラーメンの味を楽しむことができる。
2　高カロリーをお手頃な値段でダブル摂取することができる。
3　ラーメン以外にも、ラーメン屋定番のメニューを食べることができる。
4　食べ物の偏りを気にする人に安心感を与える。

問2　②「日本人のラーメンを食べる頻度を抑えるべきだ」の理由として最も適切なものを選びなさい。

1　日本の主食はお米で、ラーメンは腹持ちが良くないから
2　お酒と一緒にラーメンを食べると、肝臓でアルコールを分解できなくなるから
3　炭水化物や塩分、脂質が多量に含まれて、体に悪影響を及ぼすから
4　胃腸への負担がかかるラーメンより、餃子やチャーハンなどのサイドメニューが栄養バランスがいいから

問3　上の内容と一致するものを選びなさい。

1　日本人が飲酒後ラーメンを食べる理由は、普段のカロリー不足を補うためである。
2　ラーメンを頻繁に食べることによって、バランスの取れた健康な食生活を営むことができる。
3　ラーメン屋さんの敷居が低いのはラーメンの味比べや食べ歩きをするグルメが多いためである。
4　飲酒後には高カロリーの食べ物より胃に負担がかからない軽いものを食べなければならない。

해석 및 해설 02 수필문

지문 해석

　내가 일본에서 유학할 때 즐겨 먹던 일본 요리 중의 하나가 라면이었다. 한국에 있을 때는 먹을 것이 없을 때나 요리하는 것이 귀찮을 때, 출출할 때 정도만 라면을 먹었는데 일본에서는 나도 모르게 라면에 빠져서 일주일에 두세 번 이상은 라면 가게에 발도장을 찍게 되었다. 원래 라면을 좋아하는 사람도 아닌데 내가 라면의 신기한 마력에 사로잡히게 된 이유는 무엇일까? 첫째, 골라 먹는 재미이다. 일본의 라면은 간장, 된장, 소금, 돼지 육수 등 맛의 종류도 풍부하고 면과 국물, 토핑 등에 따라서도 맛이 확 달라진다. 또 같은 종류의 라면이라도 진한 맛, 담백한 맛 등 선택지가 많아서 질리지 않고 자주 ①라면 가게 안으로 들어가게 된다. 둘째, 저렴한 가격으로 인해 부담이 없는 것이다. 라면이 일본의 국민 음식이 된 큰 이유 중의 하나도 그 합리적인 가격에 있을 것이다. 또 라면의 친구인 만두와 볶음밥 등의 사이드 메뉴도 라면과 함께 서민들의 배를 만족시켜 주는 좋은 아군이라 할 수 있겠다. 셋째, '음식과 건강'을 생각하는 사람들에게 조금이나마 안심을 주는 점이다. 라면이 건강에 좋은 음식이라고는 말할 수 없어도 라면의 종류에 따라서는 탄수화물뿐만이 아니라 야채도 적절히 섭취할 수 있기 때문에 계속 먹을 수 있는 것이다.

　하지만 한편으로는 ②'일본인의 라면을 먹는 횟수를 줄여야 한다'라는 의견도 있다. 라면은 탄수화물과 염분, 지방이 많이 함유되어 있기 때문에 영양 밸런스가 깨지기 쉽고 비만, 고혈압 등의 성인병을 일으키는 원인이 된다고 한다. 또 일본인이 술을 마시고 나서 마무리로 라면을 먹고 싶어 하는 습관은 건강에 악영향을 끼친다고 한다. 요코하마시립대학병원의 나카지마 교수는 '술을 마시면 간에서 알코올을 분해해 다량으로 혈당이 쓰이기 때문에 혈당을 보충하기 위해 뇌에서 탄수화물을 섭취하라고 지령을 내려 식욕이 생긴다. 그래서 탄수화물 중에서도 국물이 많은 라면이 먹고 싶어지는 것이다'라고 말했다. 음주 후의 라면은 알코올과 고칼로리의 더블 섭취로 소화도 늦어지고 위장에 부담이 가므로 라면 대신에 된장국이나 매실 오차즈케(밥에 뜨거운 엽차를 부어 먹는 것) 등의 가벼운 음식으로 바꾸는 것이 바람직하다고 한다.

　그렇다고는 하지만 일본은 라면 천국이라고 해도 과언이 아니다. 일본의 어디를 가든 라면 가게가 있고 라면 골목, 라면 박물관 등을 보더라도 일본인의 라면에 대한 애정이 어느 정도인지 짐작이 간다. 가이드북에는 일본에서 인기가 있는 라면 가게가 반드시 소개되고 라면 맛을 비교하거나 라면집 순례를 다니는 라면 마니아도 많다. 하지만 뭔가를 오랫동안 좋아하기 위해서는 지나치게 좋아하지 않는 것이 비결이라고 생각한다. 일본 속담 중에 '좋아할수록 잘하게 된다'라는 말이 있는데 나는 '좋아할수록 주의해야 한다'라고 말하고 싶다. 영양 밸런스를 생각한 건강한 식생활을 위해서 아무쪼록 라면을 너무 많이 먹지 않도록 주의하길 바란다.

단어

好(この)む 좋아하다 | **面倒(めんどう)くさい** 귀찮다 | **小腹(こばら)がすく** 출출하다 | **ヤミツキになる** 습관이 되어 못 버리다 | **足(あし)を運(はこ)ぶ** 발걸음을 옮기다 | **不思議(ふしぎ)な** 이상한, 희한한 | **魔力(まりょく)に取(と)りつかれる** 마력에 홀리다 | **醤油(しょうゆ)** 간장 | **味噌(みそ)** 된장 | **塩(しお)** 소금 | **豚骨(とんこつ)** 돼지 뼈 | **種類(しゅるい)** 종류 | **豊富(ほうふ)** 풍부 | **麺(めん)** 면 | **大別(たいべつ)される** 크게 나눠지다 | **こってり味(あじ)** 진한 맛 | **さっぱり味(あじ)** 담백한 맛 | **飽(あ)きる** 질리다 | **頻繁(ひんぱん)に** 빈번하게 | **のれんをくぐってしまう** 막을 걷고 가게 안에 들어가게 된다 | **お手頃(てごろ)な** 저렴한 | **値段(ねだん)** 가격 | **敷居(しきい)が低(ひく)い** 문턱이 낮다 | **餃子(ぎょうざ)** 만두 | **チャーハン** 볶음밥 | **庶民(しょみん)** 서민 | **味方(みかた)** 우리 편, 아군 | **炭水化物(たんすいかぶつ)** 탄수화물 | **適度(てきど)に** 적당히 | **頻度(ひんど)を抑(おさ)える** 빈도를 줄이다 | **塩分(えんぶん)** 염분 | **脂質(ししつ)** 지방질 | **含(ふく)まれる** 포함되다 | **栄養(えいよう)バランスが崩(くず)れる** 영양 밸런스가 깨지다 | **肥満(ひまん)** 비만 | **高血圧(こうけつあつ)** 고혈압 | **成人病(せいじんびょう)** 성인병 | **引(ひ)き起(お)こす** 일으키다 | **シメ** 끝, 마무리 | **悪影響(あくえいきょう)を及(およ)ぼす** 악영향을 끼

치다 | 肝臓(かんぞう) 간장 | 分解(ぶんかい) 분해 | 多量(たりょう) 다량 | 血糖(けっとう) 혈당 | 補(おぎな)う 보충하다 | 脳(のう) 뇌 | 摂(と)る 섭취하다 | 指令(しれい) 지령 | 食欲(しょくよく) 식욕 | 汁気(しるけ) 국물 | 摂取(せっしゅ) 섭취 | 消化(しょうか) 소화 | 胃腸(いちょう) 위장 | 負担(ふたん) 부담 | 梅干(うめぼし) 매실 | お茶漬(ちゃづ)け 밥에 뜨거운 엽차를 부어 먹는 것 | 望(のぞ)ましい 바람직하다 | ~とはいうものの ~라고는 하나 | 天国(てんごく) 천국 | 過言(かごん) 과언 | 横丁(よこちょう) 골목 | 博物館(はくぶつかん) 박물관 | 愛情(あいじょう) 애정 | 見当(けんとう)がつく 짐작이 가다 | コツ 비결 | ことわざ 속담 | くれぐれ 부디, 아무쪼록 | 腹(はら)持(も)ち 속이 든든함

문제 해석

문1 ① '라면 가게 안으로 들어가게 된다'의 이유로서 일치하지 않는 것을 고르시오.
1. 라면의 종류와 맛, 토핑 등의 선택지가 많아서 라면 맛을 즐길 수 있다.
2. **고칼로리를 저렴한 가격으로 더블 섭취할 수 있다.**
3. 라면 이외에도 라면 가게의 단골 메뉴를 먹을 수 있다.
4. 편식하는 것을 걱정하는 사람들에게 안심을 준다.

해설 2단락 마지막 부분 [飲酒後のラーメンは~変えるのが望ましいそうだ]를 보면 2번이 정답임을 알 수 있다. 2번은 라면 가게에 들어가는 이유가 아니라 고칼로리 음식인 라면을 음주 후에 먹는 것이 안 좋다는 내용이므로 밑줄과 상관이 없다.

문2 ② '일본인의 라면을 먹는 횟수를 줄여야 한다'의 이유로서 가장 적절한 것을 고르시오.
1. 일본의 주식은 쌀이고 라면은 배가 든든하지 않기 때문에
2. 술과 함께 라면을 먹으면 간에서 알코올을 분해할 수 없기 때문에
3. **탄수화물과 염분, 지방이 다량으로 함유되어 있어서 몸에 악영향을 끼치기 때문에**
4. 위장에 부담을 주는 라면보다 만두나 볶음밥 등의 사이드 메뉴가 영양 밸런스가 좋기 때문에

해설 밑줄 다음 문장 [ラーメンは炭水化物や塩分~成人病を引き起こす原因になるという]를 보면 3번이 정답임을 알 수 있다. 1번은 본문에 없는 내용이고 2번, 술을 마시면 간에서 알코올을 분해하기 위해 다량의 혈당이 쓰이고, 혈당을 보충하기 위해 뇌에서 탄수화물을 섭취하라는 지령을 내린다고 했으므로 틀린 내용이다. 4번, 위에 부담을 주는 라면보다 된장국이나 오차즈케 등의 가벼운 음식으로 대신하라고 했으므로 정답이 아니다.

문3 본문의 내용과 일치하는 것을 고르시오.
1. 일본인이 음주 후 라면을 먹는 이유는 평소의 칼로리 부족을 보충하기 위해서이다.
2. 라면을 자주 먹음으로써 균형 잡힌 건강한 식생활을 영위할 수 있다.
3. 라면 가게의 문턱이 낮은 것은 라면 맛을 비교하거나 먹으러 다니는 미식가들이 많기 때문이다.
4. **음주 후에는 고칼로리 음식보다 위에 부담을 주지 않는 가벼운 음식을 먹어야 한다.**

해설 2단락 마지막 부분 [飲酒後のラーメンは~変えるのが望ましいそうだ]를 보면 4번이 정답임을 알 수 있다. 1번, 칼로리 부족 때문이 아니라 알코올을 분해하는 과정에서 뇌에서 탄수화물을 보충하라는 지령을 내리기 때문이라고 했으므로 틀린 설명이다. 2번, 라면을 먹는 횟수를 줄이라고 했으므로 정답이 아니다. 3번, 라면 가게에 들어가기 쉬운 이유는 골라먹는 재미, 저렴한 가격, 풍부한 메뉴 때문이라고 했으므로 본문과 일치하지 않는다.

> 실전 문제 03 설명문

問題　次の文章を読んで、後の問いに対する答えとして、最もよいものを1・2・3・4から一つ選びなさい。

　現代の①科学技術に関して、多くの相反する意見が述べられている。科学技術は人間にとって、紛れもない恵みであると考える人もいる。つまり、科学技術はあらゆる進歩と繁栄の源であり、今日のあらゆる社会問題に解決策を提供するというのである。また、科学技術は否定的な影響しか持たない、つまり、人々から仕事と個性と私生活を奪い、環境を汚染し、さらには、精神的な価値観の衰退と、物質主義の広がりを招くと主張する人もいる。一方、科学技術が社会に与える影響は産業革命が社会に与えた影響ほど大きくなく、現代の科学技術は私たちが対処できないようなことは何も起こさない、という意見の人もいる。

　こうした意見はそれぞれある程度は正しいが、全く正しいというわけではない。科学技術の変化に関する最も明らかな事実は、科学技術は肯定的な影響と否定的な影響の両方を及ぼすということである。科学技術が人間と社会にとって新しい機会と利益を生み出すとき、同時に新しい問題を生み出しもするのである。新しい機会と新しい生産技術の導入によって、経営と雇用の既存の制度(事業と雇用の確立されたパターン)が崩れる一方、新しい産業が生まれ、あるいは古い産業が生まれ変わり、そして新しい雇用の機会が生まれる。

　②現代の通信技術は、教育と商業とジャーナリズムに大きな利益をもたらしてきた。と同時に、社会的・国際的不安定の原因ともなってきた。なぜなら現代の通信技術は、ある特定の社会には適合しない「よその国の(異質な)」価値観を持ち込み、そして人々の期待感、特にそれが容易に実現できない発展途上国の人々の期待感を高めたからである。

　どのような現代社会にも課された課題は、科学技術によって提供される機会と利益を十分に利用し、と同時に、科学技術の真の危険を抑制し、最小限にとどめることである。私的な利益と公共の利益の対立は、しばしばこうした課題の達成にとって最大の障害となる。科学技術がもたらす好ましくない結果の多く、たとえば③汚染や社会的混乱は、多くの国において、企業が過去において、そして現在もまだ、公害防止対策に費用をかけるのに積極的でないという事実に起因している。

問1 ①科学技術に関する意見として本文の内容と合うものを一つ選びなさい。

1　科学技術は人間にとって恵み以外の何ものでもない。
2　人々から仕事と個性と私生活を奪い、環境を汚染するだけのものである。
3　科学技術は、精神的な価値観の衰退と物質主義の広がりのみを招く。
4　科学技術は肯定的な影響と否定的な影響の両方を及ぼすものだ。

問2 ②現代の通信技術は何をもたらしたと筆者は述べているか。

1　よその国の価値観を持ち込み、発展途上国の人々に失望をもたらした。
2　既存の産業を生まれかわらせ、新しい雇用の機会をもたらした。
3　教育と商業とジャーナリズムに大きな利益をもたらした。
4　社会的・国際的安定をもたらした。

問3 筆者が言っている、③汚染や社会的混乱の原因として一番適当なものはどれか。

1　新しい生産技術の導入に費用がかかりすぎるから
2　次々と新しい産業が生まれてくるから
3　企業が公害防止対策に費用をかけるのに消極的だから
4　科学技術に精神的な価値観が欠如しているから

> **해석 및 해설** **03 설명문**

지문 해석

현대 ①과학 기술에 관해 많은 상반된 의견이 나오고 있다. 과학 기술은 인간에게 틀림없는 은혜라고 생각하는 사람도 있다. 결국 과학 기술은 모든 진보와 번영의 원천으로, 오늘날 모든 사회 문제의 해결책을 제공한다는 것이다. 또 과학 기술은 부정적인 영향밖에 없는, 즉, 인간들에게서 일과 개성과 사생활을 빼앗고, 환경을 오염시키며, 나아가서는 정신적인 가치관의 쇠퇴와 물질주의의 만연을 초래한다고 주장하는 사람도 있다. 한편, 과학 기술이 사회에 미치는 영향은 산업 혁명이 사회에 미치는 영향만큼 크지 않고, 현대의 과학 기술은 우리가 대처할 수 없는 것은 아무것도 일으키지 않는다는 의견을 가진 사람도 있다.

이러한 의견은 각각 어느 정도는 옳지만, 완전히 옳은 것은 아니다. 과학 기술의 변화에 관한 가장 명백한 사실은, 과학 기술은 긍정적인 영향과 부정적인 영향 둘 다 미친다는 것이다. 과학 기술이 인간과 사회에 있어 새로운 기회와 이익을 창출할 때, 동시에 새로운 문제도 만들어 낸다는 것이다. 새로운 기회와 새로운 생산 기술 도입에 의해 경영과 고용의 기존 제도(사업과 고용의 확립된 패턴)가 무너지는 한편, 새로운 산업이 생겨나고, 혹은 낡은 산업이 모습을 바꿔 재탄생되고, 그리고 새로운 고용의 기회가 생겨난다.

②현대의 통신 기술은 교육과 상업, 저널리즘에 커다란 이익을 가져왔다. 그와 동시에, 사회적·국제적 불안정의 요인이 되기도 했다. 왜냐하면 현대의 통신 기술은 어떤 특정 사회에는 적합하지 않은 '남의 나라의(이질적인)' 가치관을 들여와, 사람들의 기대감, 특히 그것이 쉽게 실현될 수 없는 개발도상국 사람들의 기대감을 높였기 때문이다.

모든 현대 사회에 부과된 과제는 과학 기술에 의해 제공되는 기회와 이익을 충분히 이용하는 것과 동시에, 과학 기술의 진정한 위험을 억제하여, 최소한에 그치게 하는 데 있다. 사적인 이익과 공공 이익의 대립은 종종 이런 과제 달성에 있어 최대의 장애가 된다. 과학 기술이 초래하는 바람직하지 않은 결과의 대부분, 예를 들어 ③오염이나 사회적 혼란은, 많은 나라에서, 기업이 과거에, 그리고 현재도 아직 공해 방지 대책에 비용을 들이는 것에 적극적이지 않다는 사실에 기인하고 있다.

단어

科学技術(かがくぎじゅつ) 과학 기술 | **相反**(そうはん) 상반 | **意見**(いけん) 의견 | **述**(の)**べる** 기술하다, 말하다 | **紛**(まぎ)**れもない** 명백하다, 틀림없다 | **恵**(めぐ)**み** 혜택 | **進歩**(しんぽ) 진보 | **繁栄**(はんえい) 번영 | **源**(みなもと) 근원, 원천 | **今日**(こんにち) 오늘날 | **解決策**(かいけつさく) 해결책 | **提供**(ていきょう) 제공 | **否定的**(ひていてき) 부정적 | **個性**(こせい) 개성 | **私生活**(しせいかつ) 사생활 | **奪**(うば)**う** 빼앗다 | **環境**(かんきょう) 환경 | **汚染**(おせん) 오염 | **精神的**(せいしんてき) 정신적 | **価値観**(かちかん) 가치관 | **衰退**(すいたい) 쇠퇴 | **物質主義**(ぶっしつしゅぎ) 물질주의 | **招**(まね)**く** 초대하다, 초래하다 | **主張**(しゅちょう) 주장 | **産業革命**(さんぎょうかくめい) 산업 혁명 | **対処**(たいしょ) 대처 | **肯定的**(こうていてき) 긍정적 | **及**(およ)**ぼす** 미치게 하다, 끼치다 | **利益**(りえき) 이익 | **生**(う)**み出**(だ)**す** 만들어 내다, 창출하다 | **生産**(せいさん) 생산 | **導入**(どうにゅう) 도입 | **経営**(けいえい) 경영 | **雇用**(こよう) 고용 | **既存**(きそん) 기존 | **制度**(せいど) 제도 | **事業**(じぎょう) 사업 | **確立**(かくりつ) 확립 | **パターン** 패턴 | **崩**(くず)**れる** 붕괴되다, 무너지다 | **生**(う)**まれ変**(か)**わる** 다시 태어나다 | **商業**(しょうぎょう) 상업 | **ジャーナリズム** 저널리즘 | **もたらす** 초래하다, 야기하다 | **適合**(てきごう) 적합 | **よそ** 남, 남의 집, 딴 곳 | **異質**(いしつ) 이질 | **実現**(じつげん) 실현 | **発展途上国**(はってんとじょうこく) 발전도상국 | **高**(たか)**める** 높이다 | **課**(か)**す** 과하다, 부과하다 | **真**(しん)**の** 진정한 | **抑制**(よくせい) 억제 | **最小限**(さいしょうげん) 최소한 | **とどめる** 멈추다, 억제하다 | **私的**(してき) 사적 | **公共**(こうきょう) 공공 | **対立**(たいりつ) 대립 | **達成**(たっせい) 달성 | **最大**(さいだい) 최대 | **障害**(しょうがい) 장해, 장애 | **好**(この)**ましい** 바람직하다 | **混乱**(こんらん) 혼란 | **企業**(きぎょう) 기업 | 公

害(こうがい) 공해 | 防止(ぼうし) 방지 | 費用(ひよう) 비용 | 積極的(せっきょくてき) 적극적 | 起因(きいん) 기인 | ～のみ ～만, ～뿐 | 失望(しつぼう) 실망 | 次々(つぎつぎ)と 잇달아 | 消極的(しょうきょくてき) 소극적 | 欠如(けつじょ) 결여

문제 해석

문1 ①과학 기술에 관한 의견으로 본문의 내용과 일치하는 것을 하나 고르시오.
1. 과학 기술은 인간에게 있어 혜택 이외 아무것도 아니다.
2. 사람들에게서 일과 개성, 사생활을 빼앗고, 환경을 오염시킬 뿐인 것이다.
3. 과학 기술은 정신적인 가치관의 쇠퇴와 물질주의의 만연만을 초래한다.
4. 과학 기술은 긍정적인 영향과 부정적인 영향 모두 미치는 것이다.

해설 2단락 두 번째 줄 [科学技術は肯定的な影響と否定的な影響の両方を及ぼすということである]에 근거하여 4번 내용이 본문과 일치함을 알 수 있다.

문2 ②현대의 통신 기술은 무엇을 가져왔다고 필자는 말하고 있는가?
1. 남의 나라의 가치관을 가져와 개발도상국의 사람들에게 실망을 초래했다.
2. 기존 산업을 재탄생시키고, 새로운 고용 기회를 초래했다.
3. 교육과 상업, 저널리즘에 큰 이익을 초래했다.
4. 사회적・국제적 안정을 초래했다.

해설 1번, 3단락 세 번째 줄 [「よその国の(異質な)」価値観を持ち込み、～発展途上国の人々の期待感を高めたからである]에 근거하여 선택지와 같이 실망을 초래한 것이 아니라 기대감을 높인 것임을 알 수 있다. 따라서 정답이 아니다. 2번, 선택지에 해당하는 내용은 새로운 기회와 새로운 생산 기술의 도입이 가져오는 일들이다. 근거는 2단락 다섯 번째 줄 [新しい機会と新しい生産技術の導入によって、～あるいは古い産業が生まれ変わり、そして新しい雇用の機会が生まれる]에서 찾을 수 있다. 3번, 3단락 첫 번째 줄 [教育と商業とジャーナリズムに大きな利益をもたらしてきた]에 근거하여 3번이 정답임을 알 수 있다. 4번, 3단락 두 번째 줄 [社会的・国際的不安定の原因ともなってきた]로부터 정답이 아님을 알 수 있다.

문3 필자가 말하고 있는 ③오염이나 사회적 혼란의 원인으로 가장 적당한 것은 무엇인가?
1. 새로운 생산 기술 도입에 비용이 너무 들기 때문에
2. 계속해서 새로운 산업이 생겨나기 때문에
3. 기업이 공해 방지 대책에 비용을 들이는 것에 소극적이기 때문에
4. 과학 기술에 정신적인 가치관이 결여되어 있기 때문에

해설 정답의 근거는 마지막 단락 다섯 번째 줄 [企業が過去において、そして現在もまだ、公害防止対策に費用をかけるのに積極的でないという事実に起因している]에서 찾을 수 있다. 따라서 정답은 3번임을 알 수 있다.

実戦問題 **04 설명문**

問題　次の文章を読んで、後の問いに対する答えとして、最もよいものを1・2・3・4から一つ選びなさい。

　記者をやっていてよかったなあ。今さらのようにそう思うのは、相手の言葉にうなずいて、どうしてもその一言を書いておきたいと思う時だ。
　先日、MBSラジオの情報番組で、国立がんセンター名誉総長で話題の書「妻を看取る日」(新潮社)の著者である垣添忠生氏とお話しする機会を得たが、その時の氏の体験談にもそんな思いを強くした。氏は同じ状況の人に役立つなら、とスタジオからの電話に一つ一つ丁寧に答えてくださった。最愛の伴侶をがんで亡くして以後の生活も、「しばらくは酒びたりの生活でむちゃくちゃでした」などと振り返り、自然で飾らない人柄が随所にうかがえた。
　そしてこんなやりとりがあった。奥さんの没後、強烈なうつ状態に陥り、自死すら考えた氏が、いかにして再起のきっかけをつかんだか。スタジオとの話がそんな流れになった時、やはり奥さんを亡くして1人暮らしを続けている作家の眉村卓氏が、本紙夕刊の「新幸福論」で「気力が体裁をつくるのではなく、体裁が気力をつくることもあると思う。生活に①ボロを出さないようにと思うと、どこか頑張るでしょ。底の抜けた靴を履いていることがないようにとか、新しいズボン買わないと、と思うと、気力が持ちますよね」と話していたのを思い出した。
　その話を紹介すると、垣添氏は「あ、なるほど、それはありますね」と次のように言葉を続けたのだった。
　「靴屋さんに磨いてもらった靴がきれいになると、気持ちもしゃんとします。身だしなみや外見はすごく大事ですね」
　聞いていて「靴」に反応されたのがよくわかった。考えてみれば靴は、「歩く」ということを通して日常性や社会性と深くかかわっている。靴を履かずして長い道のりは歩けない。その長い道のりを人生という言葉に置き換えると、靴は価値を一層増す。日常の営みとか、生きていく日々を支えているのは実にささやかなものなんだ。氏の言葉は、そんなことを思う②ぼくの胸にすとんと落ちた。
　1年半にわたる妻との闘病生活の間も、そして自宅で妻をみとって以後も、ふらっと靴屋さんに立ち寄って革靴のツヤを取り戻し、元気を取り戻してきたという話は、著書でもふれているが、その日の番組での話はとりわけ印象に

残った。地声というか、普段と変わらないそのままの声と一緒に耳に入ってくる言葉に、氏の日々が感じ取れたからだろう。

(近藤勝重「がんセンター名誉総長と靴」２０１０年４月２日付 毎日新聞『しあわせのトンボ』)

問1　①ボロを出さないようにと思うとはどのように思うことか。

1　うっかり他人の悪口を言ってしまわないように注意しようと思うこと
2　食事をしていないことを他の人に悟られないようにしようと思うこと
3　洋服の破れた部分を見られると恥ずかしいので隠そうと思うこと
4　自分のみっともない部分を他人に見られないようにしようと思うこと

問2　②ぼくの胸にすとんと落ちたが意味していることは何か。

1　素直に納得できるものだったということ
2　まっすぐに理解して差しつかえないということ
3　心に染みいるようで深く感動したということ
4　理解することが難しく、忘れてしまったということ

問3　筆者がこの文章で一番言いたいことはどんなことか。

1　身の回りのことをきちんとすることが自分の人生をよりよく生きる第一歩であるということ
2　日常のささいなことを飾らない言葉で表現された時、心を動かされるものだということ
3　人生を長い道のりという言葉に置き換えると、歩き続けるためにはそのための道具が必要だということ
4　人は大切な人を失った時、初めてその大切さに気付き、自分の人生を今後どう生きるかを考え始めるということ

해석 및 해설 04 설명문

지문 해석

　기자가 되길 잘했군. 새삼스레 그렇게 생각하는 것은 상대의 말에 수긍해서 꼭 그 한마디를 써 놓고 싶다고 느낄 때이다.
　요전에 MBS 라디오의 정보 프로그램에서 국립 암 센터 명예 총장이며, 화제의 책 '아내를 간호하는 날'(신조사)의 저자인 가키조에 다다오 씨와 이야기를 나눌 기회를 얻었는데, 그때 그분의 체험담에도 그런 느낌이 강하게 들었다. 그분은 같은 상황에 처한 사람에게 도움이 되었으면 하고 스튜디오에서 걸려 오는 전화에 일일이 정성껏 대답해 주셨다. 사랑하는 반려자를 암으로 잃고 난 후의 생활도 "한동안은 줄곧 술만 마시며 살아서 엉망진창이었습니다."라고 회고하며, 있는 그대로 꾸밈 없는 인간성을 여기저기서 엿볼 수 있었다.
　그리고 이런 대화가 있었다. 부인이 죽은 후 심한 우울증 상태에 빠져 자살까지 생각한 분이 어떻게 해서 재기할 계기를 잡았을까? 스튜디오와의 이야기가 그렇게 흘러갔을 때, 역시 부인을 잃고 혼자 사는 작가 마유무라 다쿠 씨가 본지 석간인 '신 행복론'에서 '기력이 겉모습을 만드는 것이 아니라, 겉모습이 기력을 만드는 경우도 있다고 생각한다. 생활이 ①흐트러지지 않도록 해야겠다고 생각한다면 어딘가에서 힘이 나겠죠. 밑창이 빠진 신발을 신는 일이 없도록 해야겠다거나, 새 바지를 사야 한다고 생각하면 기력이 생기죠.'라고 이야기한 것이 떠올랐다.
　그 이야기를 소개하자 가키조에 씨는 "아, 역시 그런 게 있지요."라고 다음과 같이 이야기를 이어갔다.
　"구둣방에서 닦은 구두가 깨끗해지면 마음도 정갈해집니다. 차림새나 외모는 굉장히 중요하지요."
　듣다 보니 '신발'에 반응한 것이 확 느껴졌다. 생각해 보면 신발은 '걷는다'는 행위를 통해서 일상성이나 사회성과 깊게 관계되어 있다. 신을 신지 않고 긴 여정의 길을 걸을 수는 없다. 그 긴 여정을 인생이란 말로 바꾸면 신발은 가치가 한층 더 높아진다. 평상시 하는 일이나 살아가는 나날을 지탱하고 있는 것은 실로 사소한 것이다. 그분의 말은 그런 생각을 하는 ②내 가슴에 쿵 하고 떨어졌다.
　1년 반에 걸친 아내와의 투병 생활 동안에도, 그리고 자택에서 아내를 보살피고 난 후에도, 그냥 가벼운 마음으로 구둣방에 들러서 구두의 광택을 되찾고 기력을 되찾았다는 이야기는 저서에도 언급이 되어 있지만, 그날 방송에서의 이야기는 특히 인상에 남았다. 타고난 목소리랄까 평소와 다름없는 그 목소리와 함께 귀에 들어오는 이야기에 그분의 일상이 느껴졌기 때문일 것이다.

단어

うなずく 수긍하다, 고개를 끄덕이다 | 名誉総長(めいよそうちょう) 명예 총장 | 書(しょ) 글, 책 | 看取(みと)る 간호하다 | 氏(し) 그, 이분, 그분 | 体験談(たいけんだん) 체험담 | 最愛(さいあい) 가장 사랑함 | 伴侶(はんりょ) 반려, 배우자 | 酒(さけ)びたり 술을 줄곧 마심 | むちゃくちゃ 엉망진창 | 振(ふ)り返(かえ)る 뒤돌아보다, 회고하다 | 人柄(ひとがら) 인품 | 随所(ずいしょ) 도처, 여기저기 | 没後(ぼつご) 죽은 후, 사후 | 強烈(きょうれつ) 강렬함 | うつ状態(じょうたい) 우울증 상태 | 自死(じし) 자살 | 再起(さいき) 재기 | 体裁(ていさい) 겉모습, 체면 | ボロを出(だ)す 결점이나 단점을 드러내다 | 底(そこ) 바닥 | 抜(ぬ)ける 빠지다 | しゃんと 단정하게, 흐트러짐 없이 | 身(み)だしなみ 몸가짐, 차림새 | ～ずして ~하지 않고 | 道(みち)のり 거리, 여정 | 置(お)き換(か)える 바꿔 놓다 | 営(いとな)み 영위 | ささやか 사소함 | すとん 쿵(물체가 떨어지거나 부딪치는 소리) | 闘病(とうびょう) 투병 | ツヤ 광택 | 取(と)り戻(もど)す 되찾다 | とりわけ 특히 | 地声(じごえ) 타고난 목소리 | 悟(さと)る 깨닫다 | 差(さ)しつかえない 지장 없다 | 染(し)みいる 스며들다 | 身(み)の回(まわ)り 신변 | ささい 사소함

문제 해석

문1 ①흐트러지지 않도록 해야겠다고 생각한다는 것은 어떻게 생각하는 것인가?

1. 무심코 타인의 욕을 하지 않도록 주의하려고 생각하는 것
2. 식사를 하지 않은 것을 다른 사람이 알아차리지 못하도록 하려고 생각하는 것
3. 양복이 찢어진 부분을 보이면 부끄러워서 숨기려고 생각하는 것
4. 자신의 꼴사나운 부분을 타인에게 보이지 않도록 하려고 생각하는 것

해설 ボロを出す의 사전적 의미는 '결점·단점 등을 드러내다'이다. 예로 든 문장 [底の抜けた靴を履いていることがないようにとか、新しいズボン買わないと、と思う]에서 유추할 수 있는 것은 부인 없이 혼자 생활한다고 해서 남에게 흐트러진 모습을 보이지 않겠다는 작가 마유무라 다쿠 씨의 의지이다. 따라서 답은 4번이 됨을 알 수 있다.

문2 ②내 가슴에 쿵하고 떨어졌다가 의미하는 것은 무엇인가?

1. 순순히 납득할 수 있는 것이었다는 것
2. 바로 이해해서 지장 없다는 것
3. 마음에 스며드는 듯해서 깊이 감동했다는 것
4. 이해하는 것이 어려워서 잊어버렸다는 것

해설 바로 앞 문단에서 가키조에 씨는 구두를 닦는 (사소한) 행위로 마음이 정갈해진다는 등 평상시의 차림이나 외모가 중요하다고 말하고 있는데, 필자 역시 평상시 하는 일이나 살아가는 나날을 지탱하고 있는 것은 실로 사소한 것이라고 생각하고 있다는 점에서 가키조에 씨의 생각에 동조하는 모습을 보이고 있다. 따라서 답은 1번이 됨을 유추할 수 있다.

문3 필자가 이 문장에서 가장 말하고 싶은 것은 어떤 것인가?

1. 주변을 깔끔하게 하는 것이 자기 인생을 보다 좋게 사는 첫걸음이라는 것
2. 일상의 사소한 것이 꾸미지 않은 말로 표현되었을 때, 마음이 움직인다는 것
3. 인생을 긴 여정이라는 말로 바꾸면 계속 걷기 위해서는 그것을 위한 도구가 필요하다는 것
4. 사람은 소중한 사람을 잃었을 때, 비로소 처음 그 소중함을 깨닫고 자기 인생을 앞으로 어떻게 살 것인가를 생각하기 시작한다는 것

해설 마지막 단락의 '1년 반에 걸쳐 아내의 투병 생활을 하는 동안, 그냥 가벼운 마음으로 구둣방에 들러 구두의 광택을 되찾고 기력 또한 되찾았다는 이야기를 평소와 다름 없는 꾸미지 않은 목소리로 들려준 그날 방송이 특히 인상에 남았다'에서 2번이 답이 됨을 유추할 수 있다.

실전 문제 05 기사문

問題　次の文章を読んで、後の問いに対する答えとして、最もよいものを1・2・3・4から一つ選びなさい。

　「引っ越しました。お近くにお越しの際はぜひ、お立ち寄りください」というハガキをもらった。でも、ハガキをもらった人間が次から次へと新居に現れたら……これは「住所録を訂正して」という程度のごあいさつ。①言葉通りに"お邪魔"したら、それこそ「常識外れ！」と思われてしまう。

　しかし、今回の「我々、夫婦、念願の田舎暮らしを実現しました。ぜひ、お寄りください」というケースは幾分違った。本気で「おうち訪問、大歓迎！」ではあるまいか？

　想像するに……自分でまいた種から芽が出た。双葉が出た。うれしくて、愛らしくて……双葉に顔を寄せ、夫婦で互いに記念写真でも撮っているのではあるまいか。

　常々「自給自足、ゴミを出さない生活が人間の本来の生き方」と主張していた知人。リタイアを機に、東京を離れ、北関東の、最寄りの駅から25キロ離れた、農園付きの農家に引っ越した。

　さて②「理想の田舎暮らし」とは、どんなモノなのか？

　でも、当方、悲しいことに「大都会のその日暮らし」。暇もなければ、カネもない。そのままにしておいたら……その知人、脳卒中で倒れてしまった。隣町の病院に入院したが、奥さんはまだ運転免許の練習中。地域との交流がままならないうちだから「動き」が取れない。パニックだ。

　彼が退院して「理想の農家」に戻って暮らすことはなかなか難しい。だからと言って、東京に戻る家はすでにない。農家を売りに出しても、そう簡単には売れない。

　「実は、奥さん、移住には反対だったんだ」というウワサも聞いた。「土を基礎に生きるべきだ！」と理想肌の夫に言われると、反対できなかった。隣の家まで300メートルも離れている。奥さんはストレスで押しつぶされ、親しい友人にケータイで「行きつけの美容院がないなんて……地獄よ」と嘆いたらしい。

　友愛主義の前首相が「この世界から足を洗ったら、農業をやりたい」とつぶやく。「南アフリカ大会が終わったら、農家になりたい」と言ったサッカーの監督もいる。今や、農業人が理想……？

でも、指導者の「突然の田舎暮らし」は一時逃避の手段ではあるまいか？
田舎には「自然」がある。都会には「便利」がある。
でも、どちらにも「圧倒的な理想」なんてないはずだから。

「田舎は良いけど」2010年6月22日付 毎日新聞『牧太郎の大きな声では言えないが…』
による

問1 ①言葉通りに"お邪魔"したらとあるが、ここではどういうことか。

1　大したことでもないのにすぐすみませんと謝ること
2　はがきを送った人が近くに引っ越してきて邪魔になること
3　遠くに住んでいる知人や友だちにはがきを送ったこと
4　引っ越しのあいさつの言葉に遠慮なく相手の家を訪ねること

問2 筆者の知人について正しいものはどれか。

1　脳卒中で倒れたのを契機に農家に引っ越した。
2　退院した後、農家を売り出して東京に戻った。
3　運転免許がまだなくて地域との交流がままならなかった。
4　田舎暮らしに憧れていて、退職後、農園付きの農家に引っ越した。

問3 ②「理想の田舎暮らし」に対する筆者の考えと合っているのはどれか。

1　人間の本来の生き方を実現できるからいいと思っている。
2　事前準備のない突然の田舎暮らしは一時逃避の手段にすぎないと思っている。
3　都会からも近い農家に引っ越して、理想の田舎暮らしをしようと思っている。
4　田舎には都会にはない自然があって、圧倒的な理想が存在すると思っている。

해석 및 해설 05 기사문

지문 해석

"이사했어요. 근처에 오실 때는 꼭 들러 주세요."라는 엽서를 받았다. 하지만, 엽서를 받은 사람이 잇달아 새집에 나타나면……. 이것은 '주소록을 정정해 줘'라고 할 정도의 인사. ①말 그대로 '방문'하면, 그것이야말로 '상식을 벗어났어!'라고 생각된다.

하지만, 이번 '저희 부부, 염원하던 시골 생활을 이루었습니다. 꼭 들러 주세요.'라는 경우는 약간 달랐다. 진심으로 '우리 집 방문, 대환영!'이 아닌가?

상상하기에…… 자신이 뿌린 씨앗에서 싹이 나왔다. 떡잎이 나왔다. 기쁘고 사랑스러워서…… 떡잎에 얼굴을 대고, 부부가 서로 기념사진이라도 찍고 있는 것은 아닐까?

항상 '자급자족, 쓰레기를 내지 않는 생활이 인간의 본래 사는 방식'이라고 주장했던 지인. 은퇴를 계기로, 도쿄를 벗어나 기타칸토의, 가장 가까운 역이 25km 떨어진 농원 딸린 농가로 이사했다.

자, ②'이상적인 시골 생활'이란 어떤 것인가?

하지만, 우리는 슬프게도 '대도시의 하루살이 같은 생활'. 여유도 없고 돈도 없다. 그대로 뒀더니…… 그 지인, 뇌졸중으로 쓰러졌다. 옆 동네 병원에 입원했는데 부인은 아직 운전면허 연습 중. 지역과의 교류가 뜻대로 되지 않는 동안이라 '이동'이 쉽지 않다. 패닉이다.

그가 퇴원해서 '이상적인 농가'로 돌아가 생활하는 것은 꽤나 어렵다. 그렇다고 해서 도쿄에 돌아올 집은 이미 없다. 농가를 팔려고 내놓아도, 그렇게 간단히 팔리지 않는다.

'실은, 아내가 이주에는 반대했었다.'라는 소문도 들었다. '땅을 기초로 살아야 한다!'고 이상가 기질이 있는 남편이 말하니 반대할 수 없었다. 옆집까지 300m나 떨어져 있다. 아내는 스트레스로 무너져 절친한 친구에게 휴대 전화로 '단골 미용실이 없다니…… 지옥이야.'라고 한탄했다고 한다.

우애주의의 전 수상이 '이 세계에서 손을 씻으면 농업을 하고 싶다.'라고 중얼거린다. '남아프리카 대회가 끝나면 농사를 짓고 싶다.'고 말한 축구 감독도 있다. 지금은 농업인이 이상……?

하지만, 지도자의 '갑작스러운 시골 생활'은 일시적인 도피 수단이 아닐까?

시골에는 '자연'이 있다. 도시에는 '편리함'이 있다.

하지만, 어느 쪽에도 '압도적인 이상'이라는 건 없을 테니까.

단어

お越(こ)し 오심, 가심 | 立(た)ち寄(よ)る 들르다 | 新居(しんきょ) 새집 | 現(あらわ)れる 나타나다 | 訂正(ていせい) 정정 | 常識外(じょうしきはず)れ 상식에서 벗어남 | 念願(ねんがん) 염원 | 実現(じつげん) 실현 | 幾分(いくぶん) 다소, 약간 | 訪問(ほうもん) 방문 | 大歓迎(だいかんげい) 대환영 | 想像(そうぞう) 상상 | まく 뿌리다 | 芽(め) 싹 | 双葉(ふたば) 떡잎 | 顔(かお)を寄(よ)せる 얼굴을 가까이 대다 | 常々(つねづね) 항상, 평소 | 自給自足(じきゅうじそく) 자급자족 | リタイア 퇴직, 은퇴 | ~を機(き)に ~을 계기로 | 農園(のうえん) 농원 | ~付(つ)き ~이 딸림 | 農家(のうか) 농가 | 理想(りそう) 이상 | 当方(とうほう) 우리 쪽, 이쪽 | その日暮(ひぐ)らし 하루살이 생활 | 脳卒中(のうそっちゅう) 뇌졸중 | 隣町(となりまち) 옆 동네 | ままならない 뜻대로 되지 않다 | パニック 패닉 | 売(う)りに出(だ)す 팔다 | 移住(いじゅう) 이주 | 基礎(きそ) 기초 | 理想肌(りそうはだ) 이상가적인 기질 | 押(お)しつぶす 무너뜨리다, 파괴하다 | 行(ゆ)きつけ 단골 | 地獄(じごく) 지옥 | 嘆(なげ)く 한탄하다, 슬퍼하다 | 友愛主義(ゆうあいしゅぎ) 우애주의 | 足(あし)を洗(あら)う 손을 씻다, 하던 일을 그만두다 | つぶやく 중얼거리다 | 指導者(しどうしゃ) 지도자 | 一時逃避(いちじとうひ) 일시적인 도피 | 手段(しゅだん) 수단 | 圧倒的(あっとうてき) 압도적

> 문제 해석

문1 ①말 그대로 '방문'하면이라고 되어 있는데, 여기에서는 어떤 것인가?

1. 대단한 것도 아닌데 바로 미안하다고 사과하는 것
2. 엽서를 보낸 사람이 근처에 이사 와서 방해가 되는 것
3. 먼 곳에 살고 있는 지인이나 친구에게 엽서를 보낸 것
4. 이사 인사말에 사양하지 않고 상대의 집을 방문하는 것

> 해설 邪魔라는 단어는 お邪魔する의 꼴로 '(남의 집을) 방문하다'라는 의미로 쓰인다. 문제 바로 앞부분의 [「住所録を訂正して」という程度のごあいさつ]에서도 알 수 있듯이 엽서의 내용은 집을 방문해 달라는 의미가 아닌, 단순히 이사를 했다는 소식을 전하는 것임을 알 수 있다. 따라서 답은 4번이 된다. 덧붙여 설명하자면 일본에서는 이사를 했을 경우, 진짜 초대의 의미 없이 관습상 위 엽서와 같은 내용의 글을 단순한 소식으로 전하는 일이 흔하다.

문2 필자의 지인에 대해 올바른 것은 어느 것인가?

1. 뇌졸중으로 쓰러진 것을 계기로 농가로 이사했다.
2. 퇴원한 후, 농가를 팔고 도쿄로 돌아왔다.
3. 운전면허가 아직 없어서 지역과의 교류가 뜻대로 되지 않았다.
4. 시골 생활을 동경하여 퇴직 후, 농원이 딸린 농가로 이사했다.

> 해설 4단락을 보면, 늘 인간 본연의 삶에 대해 생각해 오던 필자의 지인이 퇴직 후에 농가로 이사하게 된 경위가 자세히 서술되어 있으므로 답이 4번임을 추론해 낼 수 있다.

문3 ②'이상적인 시골 생활'에 대한 필자의 생각과 맞는 것은 어느 것인가?

1. 인간이 본래 살아가는 방식을 실현할 수 있으니까 좋다고 생각하고 있다.
2. 사전 준비가 없는 갑작스러운 시골 생활은 일시적인 도피 수단에 지나지 않는다고 생각하고 있다.
3. 도시에서도 가까운 농가로 이사해서 이상적인 시골 생활을 하려고 생각하고 있다.
4. 시골에는 도시에는 없는 자연이 있어 압도적인 이상이 존재한다고 생각하고 있다.

> 해설 마지막 세 줄에서 정답을 찾을 수 있다. 갑작스런 시골 생활은 일시적인 도피의 수단이며, 시골에는 자연이 있고 도시에는 편리함이 있으며, 어느 쪽에도 압도적인 이상 따위는 없으리라는 내용으로부터 2번이 답임을 추론할 수 있다.

실전 문제 06 기사문

問題　次の文章を読んで、後の問いに対する答えとして、最もよいものを1・2・3・4から一つ選びなさい。

　　ライターによる火災や事故が相次いでいる。子どもの火遊びが原因とみられるものが目立つ。

　　悲劇を繰り返さないために、ライターの安全性を高め、併せて、火遊びの怖さなどをていねいに教える必要がある。

　　最近も痛ましい火災が発生した。今月上旬に北海道厚沢部町で乳幼児4人が死亡した車両火災や、川崎市内のマンションで幼児らが死亡した火災は、ライターが原因になった可能性が浮上している。

　　消費者庁と総務省消防庁の調査によると、ライターによる火遊びが原因の火災は2004～08年の5年間に、全国18政令指定都市で1319件あった。このうち少なくとも約4割が12歳以下の子どもによるものという。

　　独立行政法人の製品評価技術基盤機構の調査では、04年度からの5年間にライターでやけどをしたり、衣服が燃えたりした事故が全国で132件あり、9人が①重傷を負った。京都府では、身体障害者の80代男性が亡くなっている。

　　福島県で走行中の乗用車が全焼した事故は、電動シートを移動させた際に落ちていたライターのレバーが押されて着火したとみられる。完全に消火していない状態でポケットやバッグに入れてしまい、発火したケースも多い。

　　経済産業省は、昨年12月に消費経済審議会にライターの安全対策を諮問。現在、製品安全部会の作業グループが、規制の対象とすべきライターの範囲や簡単に操作できない機能の技術基準などについて検討している。

　　国内に流通しているライターは08年時点で約6億4千万個で、いわゆる使い捨てライターは9割近いという。ライター全体のうち国産は12％、輸入は中国製など88％とみられる。

　　米国や欧州連合(EU)では、メーカーに対し、子どもが簡単に使えない仕組みにするよう義務付けているが、日本では自主的な取り組みに任せてきた。

　　欧米では簡単に火がつかないように二つ以上の操作をしないと点火しなかったり、点火ボタンを重くしたりする工夫がなされている。

　　安全対策を付加することでコスト高になる。消費者の側からすれば、価格の上昇や使いにくくなる側面もあるだろう。

しかし、②いのちにかかわる問題だ。国は安全基準を策定するなど、迅速に対策を実施する必要がある。
　　どんなに製品を改善しても、使用方法が適正でなければ、火災や事故は起きる。子どもは未知の物に興味を抱く。ライターを子どもの手が届く場所に置かないことが欠かせない。幼児のいる保護者への注意喚起も大切だ。

(「ライター事故」京都新聞『社説』2010年4月15日による)

問1　①重傷を負ったとはどのようなことか。

1　他人にけがをさせて、治療費などの責任を持つこと
2　病気の人が容態が悪化して危険な状態になること
3　簡単に治すことができないようなひどいけがをすること
4　重い荷物のせいで、腕が痛くなり背中に乗せること

問2　②いのちにかかわる問題が意味していることはなにか。

1　消費者の生命に関係する問題だということ
2　メーカー側が生産を続けられるかどうかの問題だということ
3　国内のライター生産者の生活に影響する問題だということ
4　国民全体の安全性への意識が問われる問題だということ

問3　筆者がこの文章で一番言いたいことはどんなことか。

1　ライターによる火災や事故は子どもによるものが4割を占めており、保護者の安全意識の有無が鍵となる。
2　ライターによる火災は主に老人や子どもによるもので、これを解決するには風の関与が不可欠である。
3　ライターによる事故をできるかぎり防ぐためには、コストが高くなっても安全性の高い商品を生産し、国がそれを安く売るべきである。
4　ライターによる事故を事前に防止するためには、国、メーカー、消費者がそれぞれの立場でなすべきことがある。

해석 및 해설 06 기사문

> **지문 해석**

라이터로 인한 화재나 사고가 잇따르고 있다. 어린이의 불장난이 원인으로 보이는 것이 눈에 띈다.

비극을 반복하지 않기 위해서는 라이터의 안전성을 높이고 더불어 불장난의 무서움 등을 세심하게 가르칠 필요가 있다.

최근에도 안타까운 화재가 발생했다. 이달 상순에 홋카이도 앗사부초(厚沢部町)에서 유아 4명이 사망한 차량 화재나, 가와사키시내의 아파트에서 유아들이 사망한 화재는 라이터가 원인이 됐을 가능성이 떠오르고 있다.

소비자청과 총무성 소방청의 조사에 따르면, 라이터로 인한 불장난이 원인인 화재는 2004~2008년 5년간 전국 18 정령지정도시에서 1,319건 발생했다. 이 중 적어도 약 40%가 12세 이하의 어린이에 의한 것이라고 한다.

독립행정법인인 제품평가기술기반기구의 조사에서는 2004년도부터 5년간 라이터로 화상을 입거나, 옷이 타거나 한 사고가 전국적으로 132건 발생했고, 9명이 ①중상을 입었다. 교토부에서는 신체 장애인인 80대 남성이 사망했다.

후쿠시마현에서 주행 중인 승용차가 전소한 사고는 전동시트를 옮길 때 떨어진 라이터의 레버가 눌려 불이 붙은 것으로 보인다. 완전히 불이 꺼지지 않은 상태로 주머니나 가방에 넣어 발화된 경우도 많다.

경제산업성은 작년 12월에 소비경제심의회에 라이터 안전 대책을 자문하여 현재, 제품안전부회의 작업 팀이 규제 대상이 되어야 할 라이터의 범위나 간단하게 조작할 수 없는 기능의 기술 기준 등에 대해 검토하고 있다.

국내에 유통되고 있는 라이터는 2008년 시점으로 약 6억 4천 만 개로, 흔히 말하는 일회용 라이터는 90%에 가깝다고 한다. 라이터 전체 중 국산은 12%, 수입은 중국제 등 88%로 보인다.

미국이나 유럽연합(EU)에서는 제조회사에 대해, 어린이가 간단하게 사용할 수 없는 구조로 만들도록 의무화하고 있지만, 일본에는 자주적인 조치에 맡겨 왔다.

유럽과 미국에서는 쉽게 불이 붙지 않도록 두 가지 이상의 조작을 하지 않으면 점화되지 않거나, 점화 버튼을 무겁게 하거나 하는 방법을 취하고 있다.

안전 대책을 부가함으로써 비용이 높아진다. 소비자 측에서 보면, 가격 상승이나 사용하기 어려운 측면도 있을 것이다. 그러나 ②목숨이 걸린 문제다. 정부는 안전 기준을 책정하는 등, 신속한 대책을 실시할 필요가 있다.

아무리 제품을 개선해도 사용 방법이 적정하지 않으면 화재나 사고는 일어난다.

어린이는 미지의 물건에 흥미를 가진다. 라이터를 어린이의 손이 닿는 곳에 두지 않는 것이 불가결하다. 유아가 있는 보호자에 대한 주의 환기도 중요하다.

> **단어**

火災(かさい) 화재 | **相次**(あいつ)**ぐ** 잇달다 | **火遊**(ひあそ)**び** 불장난 | **悲劇**(ひげき) 비극 | **繰**(く)**り返**(かえ)**す** 반복하다, 되풀이하다 | **併**(あわ)**せて** 아울러, 덧붙여 | **痛**(いた)**ましい** 가엾다, 측은하다 | **上旬**(じょうじゅん) 상순 | **乳幼児**(にゅうようじ) 유아, 학교에 들어가기 전의 어린아이 | **浮上**(ふじょう) 부상 | **消費者庁**(しょうひしゃちょう) 소비자청 | **総務省**(そうむしょう) 총무성 | **消防庁**(しょうぼうちょう) 소방청 | **政令指定都市**(せいれいしていとし) 정령지정도시 | **独立行政法人**(どくりつぎょうせいほうじん) 독립행정법인 | **基盤**(きばん) 기반 | **機構**(きこう) 기구 | **重傷**(じゅうしょう)**を負**(お)**う** 중상을 입다 | **身体障害者**(しんたいしょうがいしゃ) 신체 장애인 | **走行中**(そうこうちゅう) 주행 중 | **全焼**(ぜんしょう) 전소 | **電動**(でんどう)**シート** 전동시트 | **着火**(ちゃっか) 착화 | **消火**(しょうか) 소화 | **発火**(はっか) 발화 | **経済産業省**(けいざいさんぎょうしょう) 경제산업성 | **消費経済審議会**(しょうひけいざいしんぎかい) 소비경제심의회 | **諮問**(しもん) 자문 | **仕組**(しく)**み** 구조, 장치 | **義務付**(ぎむづ)**ける** 의무를 지우다 | **自主的**(じしゅてき) 자주적 | **点火**(てんか) 점화 | **工**

夫(くふう) 궁리, 고안 | 付加(ふか) 부가 | コスト高(だか) 고비용 | 上昇(じょうしょう) 상승 | 側面(そくめん) 측면 | 策定(さくてい) 책정 | 迅速(じんそく) 신속함 | 改善(かいぜん) 개선 | 適正(てきせい) 적정 | 未知(みち) 미지 | 保護者(ほごしゃ) 보호자 | 注意喚起(ちゅういかんき) 주의 환기 | 治療費(ちりょうひ) 치료비 | 容態(ようだい・ようたい) 병세 | 占(し)める 차지하다 | 有無(うむ) 유무 | 関与(かんよ) 관여 | 防(ふせ)ぐ 막다, 방지하다 | 防止(ぼうし) 방지 | なす 하다, 행하다

문제 해석

문1 ①중상을 입었다라는 것은 어떤 것인가?
1. 타인에게 부상을 입혀, 치료비 등의 책임을 지는 것
2. 환자가 병세가 악화되어 위험한 상태에 빠지는 것
3. 쉽게 나을 수 없을 정도로 심한 부상을 당하는 것
4. 무거운 짐 때문에 팔이 아파서 등에 이는 것

해설 '중상을 입었다'의 의미를 묻는 문제이다. 정답은 3번.

문2 ②목숨이 걸린 문제가 의미하고 있는 것은 무엇인가?
1. 소비자의 생명에 관계되는 문제라는 것
2. 제조회사 측이 생산을 계속할 수 있을지 없을지의 문제라는 것
3. 국내 라이터 생산자의 생활에 영향을 끼치는 문제라는 것
4. 국민 전체의 안전성에 대한 의식을 묻는 문제라는 것

해설 밑줄 친 ②의 앞 부분을 보면 유럽의 경우 소비자의 안전을 위해 라이터 사용시, 소비자가 두 번의 조작을 하거나 점화 버튼을 무겁게 하는 등의 안전 대책을 부가시키는 연구를 하고 있다고 서술하고 있다. 따라서 '목숨이 걸린 문제'라는 것은 1번, 소비자의 생명과 연관이 있음을 추측할 수 있다.

문3 필자가 이 문장에서 가장 말하고 싶은 것은 어떤 것인가?
1. 라이터로 인한 화재나 사고는 어린이에 의한 것이 40%를 차지하고 있어, 보호자의 안전 의식 유무가 열쇠가 된다.
2. 라이터로 인한 화재는 주로 노인이나 어린이에 의한 것으로, 이것을 해결하기 위해서는 바람의 관여가 불가결하다.
3. 라이터로 인한 사고를 가능한 한 방지하기 위해서는 비용이 높아져도 안전성이 높은 상품을 생산하고, 정부가 그것을 싸게 팔아야 한다.
4. 라이터로 인한 사고를 사전에 방지하기 위해서는 국가, 제조 회사, 소비자가 각각의 입장에서 해야 할 일이 있다.

해설 이 글은 라이터로 인한 사고의 위험성을 언급하며 사고 예방을 위한 대책이 필요하다고 이야기하고 있다. 구체적인 대책으로서 유럽의 예를 들어 제조 회사 측이 어떠한 안전 대책을 세우고 있는지를 언급했고, 그 후에 국가가 안전 기준을 책정해 신속히 실시할 것을 촉구했으며, 마지막으로 보호자 즉, 소비자의 주의 환기를 호소하고 있다. 따라서 4번이 정답임을 추론할 수 있다.

Memo

5 | 정보 검색 공략하기

문제 유형 분석

정보 검색 - 광고, 팸플릿, 정보지, 전단, 비즈니스 문서 등의 정보 소재글 700자 정도 안에서 자신에게 필요한 정보를 찾아낼 수 있는지 묻는 문제이다.
전체 또는 부분을 신속하게 읽는 능력이 있는지를 측정하며 모든 급수에서 출제된다.
한 지문에 2문항이 출제되며, 문제 풀이 시간은 10분 정도로 잡는다.

문제 풀이 비법

1. 일본에서 실제로 생활하면서 많이 접하게 되는 여러 가지 정보 소재를 토대로 출제되는 새로운 형식의 문제이다. 자신이 필요로 하는 정보를 얼마나 신속하고 정확하게 파악할 수 있는지가 관건이며, 스킬을 요하는 문제이다. 새로운 유형의 문제이기 때문에 얼핏 보면 어려워 보이지만 그 질문에 맞는 정보를 정확하게 파악하면 확실한 득점을 할 수 있다.
2. 질문을 보고 필요한 정보가 지문 전체 중 어느 부분에 제시되어 있는지 찾는다. 정보 소재 중에서 하나의 기본이 되는 조건을 정하고 나서 하나씩 체크해 가면서 파악하는 것이 중요하다.
3. 단 예외를 나타내는〈ただし、～別途、～のみ、～以外、別室、別館、除き〉등의 표현에 주의하여 함정에 빠지지 않도록 하자. 요모조모 구석구석 따져 보고 읽지 않으면, 쉽게 놓치고 지나가는 부분들이 상당히 많으므로 유의하자.

실전 문제 01 안내문

問題 次は、ある駐車場の利用案内である。下の問いに対する答えとして、最もよいものを1・2・3・4から一つ選びなさい。

問1 軽自動車で、水曜日にABCモールへ行った。滞在時間は19時から24時までであり、そこで2人で映画を見て2600円とカフェで890円を使った。駐車場利用料金はいくら払えば良いか。

1　1500円
2　1000円
3　500円
4　530円

問2 土曜日に自動車でABCモールに行った。滞在時間は12時から17時までであり、2000円分のギフト券と2000円の服を買った。回数券が2枚余っているのでこれも使用したい。駐車料金はいくらになるか。

1　1000円
2　1500円
3　2500円
4　0円

駐車サービスについて

＜お車でお越しの場合＞
ＡＢＣモールにて2000円以上お買い上げで1時間サービス、3000円以上で3時間サービス致します。当日レシートと駐車券をお持ちの上、1階案内所、駐車管理事務所までお越しください。サービス券を発行いたします。（サービスは当日使用限り）（商品券・ギフト券は除く）
尚、サービス時間を超えて駐車場をご利用頂いた場合は、追加料金をお支払いください。

【車駐車料金】

昼間	30分250円（7時〜22時）
	60分250円（22時〜翌7時）
昼間上限	月曜日〜土曜日（日曜日・祝日除く）1500円（6時〜24時）
夜間料金	1500円（21時〜翌9時）
回数券	11枚綴 2500円（30分駐車利用回数券）
プリペイドカード	2500円券（2750円相当）
	5000円券（5500円相当）
	10000円券（11000円相当）

【バイク駐車料金】

昼間	30分100円（7時〜22時）
昼間上限	（土曜日・日曜日・祝日除く）500円（午前6時〜24時）
夜間料金	500円（21時〜翌9時）

※会員様は自動精算機をご利用いただけます。

해석 및 해설 01 안내문

문제 해석

문1 경차로 수요일에 ABC몰에 갔다. 체류 시간은 19시부터 24시까지였고, 거기서 둘이 영화를 보고 2,600엔과 카페에서 890엔을 썼다. 주차장 이용 요금은 얼마 지불하면 되는가?

1 1500엔
2 1000엔
3 500엔
4 530엔

해설 두 사람은 ABC몰에서 총 3,490엔을 썼다. 3,000엔 구매 시 3시간 주차 서비스를 받을 수 있기 때문에 그것을 뺀 22시부터 24시까지의 주차 요금만 지불하면 된다. 22시부터 다음 날 7시까지의 주차 요금은 60분당 250엔이므로 3번이 정답이 된다.

문2 토요일에 차로 ABC몰에 갔다. 체류 시간은 12시부터 17시까지였고, 기프트 카드 2,000엔권과 2,000엔짜리 옷을 샀다. 회수권이 두 장 남아 있어서 이것도 사용하고자 한다. 주차 요금은 얼마가 되는가?

1 1000엔
2 1500엔
3 2500엔
4 0엔

해설 우선, ABC몰에서 2,000엔 이상 구매했으므로 1시간 주차 서비스를 받을 수 있다. (기프트 카드는 구매 금액에서 제외) 또한, 회수권 두 장으로 1시간 무료 주차할 수 있기 때문에 3시간에 대한 주차 요금만 지불하면 된다. 7시부터 22시까지의 주차 요금은 30분 당 250엔이므로 2번이 정답이 된다.

단어

駐車(ちゅうしゃ) 주차 | ~にて ~에서 | 買(か)い上(あ)げ 구매 | 致(いた)す 하다(する의 겸양표현) | レシート 영수증 | お越(こ)しください 오세요 | 発行(はっこう) 발행 | 商品券(しょうひんけん) 상품권 | ギフト券(けん) 기프트 카드 | 除(のぞ)く 제외하다 | 尚(なお) 또한 | 超(こ)える 초과하다 | 追加料金(ついかりょうきん) 추가 요금 | 支払(しはら)う 지불하다 | 昼間上限(ひるまじょうげん) 주간 상한 | 夜間料金(やかんりょうきん) 야간 요금 | 翌(よく) 다음 (날)의 | 祝日(しゅくじつ) 법정 공휴일 | 回数券(かいすうけん) 회수권 | ~綴(つづり) ~짜리 | プリペイドカード 선불 카드 | 相当(そうとう) 상당 | 自動精算機(じどうせいさんき) 자동 정산기

> 지문 해석

주차 서비스에 대해서

〈승용차로 오시는 경우〉

ABC몰에서 2,000엔 이상 구매하시면 1시간 서비스, 3,000엔 이상 구매 시 3시간 서비스해 드립니다. 당일 구매하신 영수증과 주차권을 가지고 1층 안내소, 주차 관리 사무소로 오세요. 서비스 주차권을 발행해 드립니다. (서비스는 당일만 사용) (상품권·기프트 카드는 제외)

또한, 서비스 시간을 초과해 주차장을 이용하신 경우는 추가 요금을 지불해 주시기 바랍니다.

승용차 주차 요금

주간	30분 250엔(7시~22시)
	60분 250분(22시~다음날 7시)
주간 상한	월요일~토요일 (일요일·법정 공휴일 제외) 1,500엔(6시~24시)
야간 요금	1,500엔(21시~다음 날 9시)
회수권	11장짜리 2,500엔(30분 주차 이용 회수권)
선불카드	2,500엔권(2,750엔 상당)
	5,000엔권(5,500엔 상당)
	10,000엔권(11,000엔 상당)

오토바이 주차 요금

주간	30분 100엔(7시~22시)
주간 상한	(토요일·일요일·법정 공휴일 제외) 500엔(오전6시~24시)
야간 요금	500엔(21시~다음 날 9시)

※회원이신 분은 자동 정산기를 이용하실 수 있습니다.

実戦問題 **02 안내문**

問題 次は、あるペットホテルの料金案内である。下の問いに対する答えとして、最もよいものを1・2・3・4から一つ選びなさい。

問1 本文の内容と一致しないものを選びなさい。

1 ペットホテルでの散歩は毎朝、行ってくれるので必ずリードを持参しなければならない。
2 ペットホテルによる散歩は気候によって散歩時間に変動がある。
3 ペットホテルでの食事にはペットが食べ慣れた餌を持ってこなければならない。
4 ペットホテルでペットが他人のおもちゃを壊してもホテルは補償しない。

問2 3日間の旅行に行くのでダックスフンドのラッキーちゃん(4kg)とトイプードルのハッピー君(3kg)をペットホテルに預けたい。宿泊料金はいくらになるか。

1 14400円
2 12600円
3 12000円
4 9450円

ペットホテル料金表

一般宿泊コース

	1日～5日	6日以降	1時間延長料金
～6kg未満	2100円／日	2000円／日	200円／時
6～10kg未満	2400円／日	2300円／日	250円／時
10～15kg未満	2700円／日	2600円／日	300円／時
15～20kg未満	3100円／日	3000円／日	350円／時
20～25kg未満	3400円／日	3300円／日	400円／時
25～30kg未満	3700円／日	3600円／日	450円／時
30～35kg未満	4100円／日	4000円／日	500円／時
35～40kg未満	4400円／日	4300円／日	550円／時
40～50kg未満	4700円／日	4600円／日	600円／時
50～60kg未満	5100円／日	5000円／日	650円／時

日帰りコース

	1時間～6時間まで	7時間以降（1時間ごと）
～6kg未満	1200円	210円
6～10kg未満	1400円	240円
10～15kg未満	1600円	270円
15～20kg未満	1800円	300円
20～25kg未満	2000円	330円
25～30kg未満	2200円	360円
30～35kg未満	2400円	390円
35～40kg未満	2600円	420円
40～50kg未満	2800円	450円
50～60kg未満	3000円	480円

☆注意事項☆
・料金は前払いとなっております。
・狂犬病予防接種、混合ワクチンを未接種の場合、ご利用をお断りしています。
・ホテル宿泊時にはいつも食べているフード・リード・ハーネスをご持参ください。
・飼い主様のご要望に合わせ、できる限り、いつものお世話、お散歩をいたします。
・当店で不可抗力により次の事態が発生した場合、当店は責任を負いかねます。（ペットが死亡、逃亡、負傷、業務中にペットが人の身体や財産に与えた損害）
・多数頭お預かりの場合２頭目の料金を半額にいたします。

☆ホテルでの1日の流れ☆

1 お昼寝
2 夕方の散歩
　※お散歩はリードと首輪を使用し、安全な状態で１頭ずつ行きます。また、ペットの健康状態や夏の暑い時期は熱中症などの危険もあるためお散歩の時間が遅くなったり、短縮されたりします。
3 夕飯・就寝
4 起床・朝食
5 朝の散歩
　※朝の散歩は追加料金有（お散歩のないペットは室内で待機）
6 トリミング
　※オプションとしてホテル利用ペットは50パーセント割引になります。

해석 및 해설 02 안내문

문제 해석

문1 본문의 내용과 일치하지 않는 것을 고르시오.
1. 펫 호텔에서의 산책은 매일 아침 해 주기 때문에 반드시 목줄을 지참해야 한다.
2. 펫 호텔에서의 산책은 기후에 따라 산책 시간에 변동이 있다.
3. 펫 호텔에서의 식사에는 펫이 평소에 먹었던 먹이를 가지고 와야 한다.
4. 펫 호텔에서 펫이 타인의 장난감을 망가뜨려도 호텔은 보상하지 않는다.

해설 산책 시 목줄을 지참해야 하는 내용은 일치하나, 아침 산책은 선택 사항이므로 1번이 정답이 된다.

문2 3일간 여행을 가기 때문에 닥스훈트종인 럭키(4kg)와 토이푸들종인 해피(3kg)를 펫 호텔에 맡기려고 한다. 숙박 요금은 얼마가 되는가?
1. 14,400엔
2. 12,600엔
3. 12,000엔
4. 9,450엔

해설 두 마리 모두 6kg 미만이므로 하루 숙박 요금 2,100엔X3일=6,300엔이 된다. 하지만 여러 마리를 맡길 경우, 두 마리째부터는 반액으로 할인해 주기 때문에 한 마리는 3,150엔으로 숙박할 수 있다.

단어

一般宿泊(いっぱんしゅくはく) 일반 숙박 | 未満(みまん) 미만 | 以降(いこう) 이후 | 延長(えんちょう) 연장 | 日帰(ひがえ)り 당일치기 | 1時間(いちじかん)ごと 한 시간마다 | 前払(まえばら)い 선불 | 狂犬病(きょうけんびょう) 광견병 | 予防接種(よぼうせっしゅ) 예방 접종 | 混合(こんごう)ワクチン 혼합 백신 | お断(ことわ)りする 거절하다, 사절하다 | リード 목줄 | ハーネス 가슴 줄 | 持参(じさん) 지참 | 飼(か)い主(ぬし) 펫 주인 | 要望(ようぼう) 요망 | できる限(かぎ)り 가능한 한 | 世話(せわ) 시중, 보살핌 | 当店(とうてん) 이 가게, 우리 가게 | 不可抗力(ふかこうりょく) 불가항력 | ~により ~로 인해 | 事態(じたい) 사태 | 発生(はっせい) 발생 | 責任(せきにん)を負(お)う 책임을 지다 | かねる ~할 수 없다 | 逃亡(とうぼう) 도망 | 負傷(ふしょう) 부상 | 業務中(ぎょうむちゅう) 업무 중 | 損害(そんがい) 손해 | 多数(たすう) 다수 | 預(あず)かる 맡다 | ~頭(とう) ~마리 | 半額(はんがく) 반액 | 昼寝(ひるね) 낮잠 | 首輪(くびわ) 개 목걸이 | 状態(じょうたい) 상태 | 熱中症(ねっちゅうしょう) 열사병 | 危険(きけん) 위험 | 短縮(たんしゅく) 단축 | 就寝(しゅうしん) 취침 | 起床(きしょう) 기상 | 追加料金(ついかりょうきん) 추가 요금 | 室内(しつない) 실내 | 待機(たいき) 대기 | トリミング 트리밍, 애견 미용 | 割引(わりびき) 할인

> 지문 해석

펫 호텔 요금표

일반 숙박 코스

종류	1일~5일	6일 이상	1시간 연장 요금
~6kg 미만	2,100엔/일	2,000엔/일	200엔/시간
6~10kg 미만	2,400엔/일	2,300엔/일	250엔/시간
10~15kg 미만	2,700엔/일	2,600엔/일	300엔/시간
15~20kg 미만	3,100엔/일	3,000엔/일	350엔/시간
20~25kg 미만	3,400엔/일	3,300엔/일	400엔/시간
25~30kg 미만	3,700엔/일	3,600엔/일	450엔/시간
30~35kg 미만	4,100엔/일	4,000엔/일	500엔/시간
35~40kg 미만	4,400엔/일	4,300엔/일	550엔/시간
40~50kg 미만	4,700엔/일	4,600엔/일	600엔/시간
50~60kg 미만	5,100엔/일	5,000엔/일	650엔/시간

당일치기 코스

종류	1시간~6시간까지	7시간 이상(한 시간마다)
~6kg 미만	1,200엔	210엔
6~10kg 미만	1,400엔	240엔
10~15kg 미만	1,600엔	270엔
15~20kg 미만	1,800엔	300엔
20~25kg 미만	2,000엔	330엔
25~30kg 미만	2,200엔	360엔
30~35kg 미만	2,400엔	390엔
35~40kg 미만	2,600엔	420엔
40~50kg 미만	2,800엔	450엔
50~60kg 미만	3,000엔	480엔

☆ 주의 사항 ☆

- 요금은 선불제입니다.
- 광견병 예방 접종, 혼합 백신을 접종하지 않았을 경우 이용하실 수 없습니다.
- 호텔 숙박 시에는 평소에 주는 먹이, 목줄, 하네스(가슴 줄)를 지참해 주세요.
- 펫 주인의 요망에 맞춰서 가능한 한 평소 하던 대로 돌보고, 산책시키겠습니다.
- 호텔에서 불가항력으로 인해 다음과 같은 사태가 발생했을 경우, 저희 호텔은 책임을 질 수 없습니다.
  (펫의 죽음, 도망, 부상, 업무 중 펫이 사람의 신체나 재산에 끼친 손해)
- 여러 마리를 맡기실 경우, 두 마리째부터는 반액으로 해 드립니다.

☆ 호텔에서의 하루 일정 ☆

1 낮잠
2 저녁 산책
  ※ 산책은 목줄과 개 목걸이를 사용해 안전한 상태에서 한 마리씩 갑니다. 또한 펫의 건강 상태나 더운 여름 시기는 열사병 등의 위험이 있으므로 산책 시간이 늦춰지거나 단축되기도 합니다.
3 저녁 식사·취침
4 기상·아침 식사
5 아침 산책
  ※ 아침 산책은 추가 요금이 있습니다. (산책하지 않는 펫은 실내에서 대기)
6 미용
  ※ 옵션으로 호텔을 이용하는 펫은 50% 할인해 드립니다.

실전 문제 03 안내문

問題　次は、麻婆豆腐の作り方である。下の問いに対する答えとして、最もよいものを1・2・3・4から一つ選びなさい。

問1　豆腐の形を崩さないようにする方法は何か。

1　豆腐を強火で一気に炒め上げる。
2　全ての材料を炒めてから最後に豆腐を入れる。
3　片栗粉を使ってとろみをつける。
4　豆腐を炒める前に熱湯で茹でて水気を取っておく。

問2　麻婆豆腐のレシピの説明として正しくないものはどれか。

1　豆腐は2丁用意し、お肉は豚肉のひき肉を準備しておく。
2　にんにく、しょうが、長ねぎ、お肉を一緒に入れて強火で一気に炒める。
3　肉の色が変わるまで火を十分に通してから、調味料を加える。
4　片栗粉は粉のままではなく、水に溶かしてから入れる。

<麻婆豆腐の作り方>

食欲をそそる四川料理の代表的なおそうざい。ピリッと辛味がきいたコクのある味がご飯とよく合います。あつあつご飯と一緒に食べると心と体が満たされます。

☀ **材料(4人分)**
豆腐 2丁／豚ひき肉 150ｇ／しょうが 10ｇ／にんにく 10ｇ／長ねぎ 半分
サラダ油 大さじ２／しょうゆ 大さじ２／酒 大さじ１／砂糖 大さじ１／
オイスターソース 大さじ１
豆板醤 小さじ0.5／中華スープの素 小さじ0.5／水 50cc／(注1)片栗粉 少々

☀ **Point**
炒め物は強火で一気に炒め上げるのがコツ。そのためには、材料はすべて下ごしらえしておきましょう。また、豆腐を下茹ですると、豆腐の中の水気が出て、くずれにくくなります。豆腐を炒めるときは底から大きく混ぜ、くずさないように気をつけましょう。

☀ **作り方**
① 豆腐は一口サイズに切り、にんにく、しょうが、ねぎはみじん切りにしておく。
② 豆腐２丁を約1分間熱湯に入れて軽く(注2)茹で、水気を切る。
③ フライパンをよく熱してサラダ油を入れ、にんにくとしょうが、長ねぎを炒めてから豆板醤を加える。
④ にんにくとしょうがの香りが出たらひき肉を加え、肉の中まで火が通るようによく炒める。
⑤ 肉の色が変わるまでしっかり炒めた後、しょうゆ、酒、砂糖、オイスターソースを入れてからめる。
⑥ 豆腐と中華スープの素、お水を入れて、中火で２分ほど煮詰める。
⑦ 片栗粉を水溶きして加え、とろみをつけるとでき上がり。

(注1) 片栗粉：料理にとろみをつけるために使うもの
(注2) 茹でる：熱湯に入れて煮ること

해석 및 해설 03 안내문

문제 해석

문1 두부의 모양이 으깨지지 않도록 하기 위한 방법은 무엇인가?
1. 두부를 센 불로 한번에 볶는다.
2. 모든 재료를 볶은 후에 마지막에 두부를 넣는다.
3. 전분을 사용해서 걸쭉하게 만든다.
4. **두부를 볶기 전에 끓는 물에 데치고 물기를 빼 놓는다.**

해설 [Point] 부분을 보면 알 수 있다. 두 번째 줄에 [豆腐を下茹でますると、豆腐の中の水気が出て、くずれにくくなります]라고 쓰여 있으므로 4번이 정답임을 알 수 있다.

문2 마파두부 레시피의 설명으로 옳지 않은 것은 무엇인가?
1. 두부는 두 모를 준비하고 고기는 간 돼지고기를 준비해 놓는다.
2. **마늘, 생강, 대파, 고기를 같이 넣고 센 불로 한 번에 볶는다.**
3. 고기 색깔이 변할 때까지 충분히 익힌 후에 조미료를 넣는다.
4. 전분은 가루 그대로가 아니라 물에 갠 후에 넣는다.

해설 만드는 방법 ④번 [にんにくとしょうがの香りが出たらひき肉を加え~]로 보아, 같이 넣는 것이 아니라 마늘과 생강 향이 나면 넣으라고 했으므로 2번이 틀린 설명이 된다. 그러므로 정답은 2번이다.

단어

麻婆豆腐(マーボーとうふ) 마파두부 | 食欲(しょくよく)をそそる 식욕을 돋우다 | 四川料理(しせんりょうり) 사천 요리 | 代表的(だいひょうてき)な 대표적인 | おそうざい 반찬 | ピリッと 얼얼한 | 辛味(からみ) 매운맛 | コク 감칠맛 | あつあつ 매우 뜨거움 | 満(み)たされる 충족되다 | 材料(ざいりょう) 재료 | 豆腐(とうふ) 두부 | ２丁(にちょう) 두 모 | 豚(ぶた)ひき肉(にく) 간 돼지고기 | しょうが 생강 | にんにく 마늘 | 長(なが)ねぎ 대파 | サラダ油(ゆ) 식용유 | 大(おお)さじ 큰 술 | しょうゆ 간장 | 砂糖(さとう) 설탕 | オイスターソース 굴소스 | 豆板醤(とうばんじゃん) 두반장 | 小(こ)さじ 작은 술 | 中華(ちゅうか)スープの素(もと) 중화스프 조미료 | 片栗粉(かたくりこ) 전분 | 少々(しょうしょう) 조금 | 強火(つよび) 센 불 | 一気(いっき)に炒(いた)め上(あ)げる 한 번에 볶아 내다 | コツ 비법 | 下(した)ごしらえ 미리 준비함 | 下茹(したゆ)で 미리 데쳐 놓음 | 水気(みずけ)が出(で)る 수분이 나오다 | くずれにくい 잘 부서지지 않는다 | 底(そこ) 밑바닥 | 混(ま)ぜる 섞다 | みじん切(ぎ)り 얇게 썸 | 熱湯(ねっとう) 끓는 물 | 熱(ねっ)する 달구다 | 香(かお)り 향기 | 加(くわ)える 보태다, 넣다 | からめる 묻히다 | 煮詰める(につめる) 졸이다 | 水溶(みずと)きする 물에 녹이다 | とろみをつける 걸쭉하게 하다 | でき上(あ)がり 완성

> 지문 해석

<마파두부 만드는 방법>

식욕을 돋우는 사천 요리의 대표적인 반찬. 얼얼한 매운맛을 내는 감칠맛이 밥과 잘 어울립니다. 따끈따끈한 밥과 같이 먹으면 몸도 마음도 충족됩니다.

☀ 재료(4인분)

두부 두 모／간 돼지고기 150g／생강 10g／마늘 10g／대파 반쪽
식용유 두 큰 술／간장 두 큰 술／요리술 한 큰 술／설탕 한 큰 술／굴소스 한 큰 술
두반장 반 작은 술／중화스프 조미료 반 작은 술／물 50cc／(주1)전분 조금

☀ Point

볶는 재료는 센 불로 한 번에 볶아 내는 것이 중요. 그렇게 하기 위해서 재료는 모두 손질해 둡시다. 또 두부를 데쳐 놓으면 두부 안에서 수분이 나와 잘 부서지지 않습니다. 두부를 부칠 때에는 밑에서부터 크게 저어서 모양이 으깨지지 않도록 주의합시다.

☀ 만드는 방법

① 두부는 한입 크기로 썰고 마늘, 생강, 파는 얇게 썰어 둔다.
② 두부 두 모를 약 1분간 끓는 물에 넣어서 가볍게 (주2)데친 후 수분을 뺀다.
③ 프라이팬을 잘 달군 후 식용유를 넣고 마늘과 생강, 대파를 볶다가 두반장을 넣는다.
④ 마늘과 생강의 향이 나면 간 고기를 넣고 고기가 잘 익도록 볶는다.
⑤ 고기의 색깔이 변할 때까지 잘 볶은 후, 간장, 요리술, 설탕, 굴소스를 넣고 고루 섞는다.
⑥ 두부와 중화스프 조미료, 물을 넣고 중불로 2분 정도 조린다.
⑦ 물에 갠 전분을 넣어 걸쭉해지면 완성

(주1) 片栗粉(かたくりこ) : 요리를 걸쭉하게 만들기 위해 쓰는 재료
(주2) 茹(ゆ)でる : 끓는 물에 넣어서 삶는 것

실전 문제 04 정보문

問題　次は、ある食品の包装紙の裏面の表記である。下の問いに対する答えとして、最もよいものを１・２・３・４から一つ選びなさい。

問1　この食品を食べても支障のないものを、次のうちから一つ選びなさい。

1　２００９年１２月１日に包装紙を開けて２００９年１２月５日に食べる。
2　２００９年１２月３０日に包装紙を開けて２０１０年１月１０日に食べる。
3　２０１０年１０月１７日に包装紙を開けて２０１０年１１月１７日に食べる。
4　２０１１年１２月１日に包装紙を開けて２０１１年１２月５日に食べる。

問2　この食品の保存方法として正しいものを、次のうちから一つ選びなさい。

1　太陽の光のよく当たるところで保存。包装紙を開けてからは冷蔵庫で保存。
2　太陽の光のよく当たるところで保存。包装紙を開けてからは屋内で保存。
3　太陽の光の当たらないところで保存。包装紙を開けてからは屋内で保存。
4　太陽の光の当たらないところで保存。包装紙を開けてからは冷蔵庫で保存。

原材料	砂糖、水飴、ゼラチン、酸味料、メロン果汁、イチゴ果汁、香料、植物性油脂、着色料
内容量	180g
製造年月日	2009年11月17日
賞味期限	製造日より２年
保存方法	直射日光をさけ、常温で保存してください。ただし、開封後は冷蔵し、一週間以内にお召し上がりください。

해석 및 해설 04 정보문

문제 해석

문1 이 식품을 먹어도 지장이 없는 것을 다음 중에서 하나 고르시오.
1. 2009년 12월 1일에 포장지를 개봉해 2009년 12월 5일에 먹는다.
2. 2009년 12월 30일에 포장지를 개봉해 2010년 1월 10일에 먹는다.
3. 2010년 10월 17일에 포장지를 개봉해 2010년 11월 17일에 먹는다.
4. 2011년 12월 1일에 포장지를 개봉해 2011년 12월 5일에 먹는다.

해설 유통 기한은 [製造日(２００９年１１月１７日)より２年]과 [開封後は一週間以内]에서 확인할 수 있다. 따라서 정답은 1번이 된다.

문2 이 식품의 보존 방법으로 옳은 것을 다음 중에서 하나 고르시오.
1. 햇볕이 잘 드는 곳에 보존. 포장지를 개봉한 후에는 냉장고에 보존.
2. 햇볕이 잘 드는 곳에 보존. 포장지를 개봉한 후에는 실내에 보존.
3. 햇볕이 잘 들지 않는 곳에 보존. 포장지를 개봉한 후에는 실내에 보존.
4. 햇볕이 잘 들지 않는 곳에 보존. 포장지를 개봉한 후에는 냉장고에 보존.

해설 [直射日光をさけ、常温で保存してください]와 [開封後は冷蔵]에 근거하여 햇볕이 잘 들지 않는 곳에 보존하고 개봉한 후 냉장고에 보존하므로 정답은 4번이다.

단어

支障(ししょう) 지장 | **包装紙**(ほうそうし) 포장지 | **開封**(かいふう) 개봉 | **保存方法**(ほぞんほうほう) 보존 방법 | **屋内**(おくない) 실내 | **原材料**(げんざいりょう) 원재료 | **水飴**(みずあめ) 물엿 | **ゼラチン** 젤라틴 | **酸味料**(さんみりょう) 산미료, 신맛을 내는 조미료 | **果汁**(かじゅう) 과즙 | **香料**(こうりょう) 향료 | **植物性油脂**(しょくぶつせいゆし) 식물성 유지 | **着色料**(ちゃくしょくりょう) 착색료 | **製造年月日**(せいぞうねんがっぴ) 제조년월일 | **賞味期限**(しょうみきげん) 유통 기한 | **直射日光**(ちょくしゃにっこう) 직사광선 | **さける** 피하다 | **常温**(じょうおん) 상온

지문 해석

다음은 어느 식품 포장지의 뒷면 표기이다.

원재료	설탕, 물엿, 젤라틴, 산미료, 멜론 과즙, 딸기 과즙, 향료, 식물성 유지, 착색료
내용량	180g
제조년월일	2009년 11월 17일
유통 기한	제조일로부터 2년
보존 방법	직사광선을 피하고, 상온에서 보존하십시오. 단, 개봉 후에는 냉장 보관하고 일주일 이내에 드십시오.

실전 문제 05 안내문

問題　右は、新型インフルエンザ接種の案内である。下の問いに対する答えとして、最もよいものを1・2・3・4から一つ選びなさい。

問1　現在妊娠7ヶ月の花子さんが、幼稚園に通っている娘と一緒に接種を受ける場合、接種費用は全部でいくらになるか。

1　9000円
2　5500円
3　8500円
4　6000円

問2　現在神川区に住んでいる71歳の一郎さんが接種を受ける際、持参しなければならないものと接種日、接種費用の正しい組み合わせはどれか。

1　運転免許証・12月7日・200円
2　母子健康手帳・12月15日・3000円
3　住民票・12月2日・2500円
4　医療保険証・12月15日・900円

新型インフルエンザ接種のご案内

下記のように、新型インフルエンザワクチンの優先接種対象をご案内いたします。

接種対象者	接種開始時期	必要な書類	接種回数
妊娠している方	11月21日 (月曜日)	母子健康手帳	1回
1歳から未就学児	11月21日 (月曜日)	母子健康手帳または保険証など 年齢を確認できる書類	2回
小学校1年生から 3年生まで	11月23日 (水曜日)	母子健康手帳または保険証など 年齢を確認できる書類	1回
小学生4年生から 6年生まで	11月29日 (火曜日)	母子健康手帳または保険証など 年齢を確認できる書類	2回
中学生から高校生に 相当する年齢の方	12月2日 (金曜日)	保険証、学生証、運転免許証、住民票 などの年齢が確認できる書類	1回
20歳以上の方	12月7日 (水曜日)	保険証、学生証、運転免許証、住民票 などの年齢が確認できる書類	1回
65歳以上の方	12月15日 (木曜日)	保険証、運転免許証、住民票などの 年齢が確認できる書類	1回

※2回接種対象の方は、1回目接種の後、医療機関から次の接種日をご案内いたします。

◎ 接種場所：区内の受託医療機関(受託機関リスト：別紙をご参照ください)

◎ 接種費用：1回目3000円、2回目2500円。なお、2回接種の場合、初接種の時に2回分の金額をお支払いいただきます。ご了承ください。

◎ 接種費用の減免：現在神川区にお住まいで、生活保護受給の方は接種費が半額となります。なお、65歳以上の方は、通常の3割になります。

【お問い合わせ】
神川区健康保険センター　☎012－512－0001(内線031)
神川駅から徒歩3分、上田学院前駅から徒歩10分・バス3分

해석 및 해설 | 05 안내문

문제 해석

문1 현재 임신 7개월인 하나코 씨가 유치원에 다니고 있는 딸과 함께 접종할 경우, 접종 비용은 전부 얼마가 되는가?

1 9,000엔
2 5,500엔
3 8,500엔
4 6,000엔

해설 임신 중인 하나코 씨의 경우, 표에서 제일 윗부분에 [妊娠している方]를 보면 접종을 1회 받으면 된다는 것을 알 수 있다. 그리고 유치원에 다니는 딸의 경우, 표의 두 번째 해당 항목인 1세부터 미취학 아동 부분을 보면 접종 횟수가 2회인 것을 알 수 있다. 표 아랫부분의 접종 비용을 보면 [1回目 3000円, 2回目 2500円。なお、2回接種の場合、初接種の時に2回分の金額をお支払いいただきます]라고 제시되어 있다. 따라서 접종 비용을 합산해 보면 '하나코 3,000엔＋딸 첫 번째 3,000엔＋딸 두 번째 2,500엔＝8,500엔'이 되어 3번이 정답임을 알 수 있다.

문2 현재 가나가와구에 살고 있는 71세인 이치로 씨가 접종을 받을 때, 지참해야 하는 것과 접종일, 접종 비용의 올바른 조합은 무엇인가?

1 운전면허증·12월 7일·2,100엔
2 모자건강수첩·12월 15일·3,000엔
3 주민표·12월 2일·2,500엔
4 의료보험증·12월 15일·900엔

해설 접종 비용의 감면 부분에서 [65歳以上の方は、通常の3割になります]와 표의 마지막 항목의 65세 이상인 분이 필요한 서류 [保険証、運転免許証、住民票などの年齢が確認できる書類], 그리고 1회 접종을 하므로 4번이 정답임을 알 수 있다.

단어

新型(しんがた)インフルエンザ 신종 인플루엔자 | 接種(せっしゅ) 접종 | 現在(げんざい) 현재 | 妊娠(にんしん) 임신 | 費用(ひよう) 비용 | 持参(じさん) 지참 | 組(く)み合(あ)わせ 조합 | 運転免許証(うんてんめんきょしょう) 운전면허증 | 母子健康手帳(ぼしけんこうてちょう) 모자건강수첩 | 住民票(じゅうみんひょう) 주민표 | 医療保険証(いりょうほけんしょう) 의료보험증 | 優先(ゆうせん) 우선 | 書類(しょるい) 서류 | 回数(かいすう) 횟수 | 未就学児(みしゅうがくじ) 미취학 아동 | 医療機関(いりょうきかん) 의료 기관 | 受託(じゅたく) 수탁, 위탁 | 別紙(べっし) 별지 | 参照(さんしょう) 참조 | 減免(げんめん) 감면 | 生活保護受給(せいかつほごじゅきゅう) 생활 보호 수급 | 半額(はんがく) 반액 | 通常(つうじょう) 통상 | お問(と)い合(あ)わせ 문의 | 内線(ないせん) 내선 | 徒歩(とほ) 도보

> **지문 해석**

오른쪽은 신종 인플루엔자 접종 안내이다.

신종 인플루엔자 접종 안내

아래와 같이 신종 인플루엔자 우선 접종 대상을 안내해 드립니다.

접종 대상자	접종 개시 시기	필요한 서류	접종 횟수
임신부	11월 21일 (월요일)	모자건강수첩	1회
1세~미취학 아동	11월 21일 (월요일)	모자건강수첩 또는 보험증 등 연령 확인 가능한 서류	2회
초등학교1~3학년까지	11월 23일 (수요일)	모자건강수첩 또는 보험증 등 연령 확인 가능한 서류	1회
초등학교4~6학년까지	11월 29일 (화요일)	모자건강수첩 또는 보험증 등 연령 확인 가능한 서류	2회
중학생~고등학생 상당의 연령자	12월 2일 (금요일)	보험증, 학생증, 운전면허증, 주민표 등 연령 확인 가능한 서류	1회
20세 이상인 분	12월 7일 (수요일)	보험증, 학생증, 운전면허증, 주민표 등 연령 확인 가능한 서류	1회
65세 이상인 분	12월 15일 (목요일)	보험증, 운전면허증, 주민표 등 연령 확인 가능한 서류	1회

※ 2회 접종 대상이신 분은 1회 접종 후 의료 기관에서 다음 접종일을 안내해 드립니다.

◎ 접종 장소 : 구내 위탁 의료 기관(위탁 기관 리스트 : 별지를 참고하십시오)

◎ 접종 비용 : 1회 3,000엔, 2회째 2,500엔. 단, 2회 접종의 경우, 1회 접종 시에 2회분의 금액을 받습니다. 양해해 주십시오.

◎ 접종 비용 감면 : 현재 가나가와구에 거주하고 있는 생활 보호 수급자는 접종비가 반액이 됩니다. 단, 65세 이상이신 분은 일반 비용의 30%입니다.

【문의】

가나가와구 건강 보험 센터 ☎ 012-512-0001(내선 031)

가나가와역에서 도보 3분, 우에다가쿠인마에역에서 도보 10분·버스 3분

실전 문제 06 안내문

問題　右は、ある大学の定期健康診断の予定表である。下の問いに対する答えとして、最もよいものを1・2・3・4から一つ選びなさい。

問1　中国出身の男性で、今年度卒業を控えている法学部の王さんに指定されている日時はどれか。

1　4月5日　08：00〜10：00
2　4月9日　10：45〜12：30
3　4月8日　12：45〜16：30
4　受診可能な日時が設定されていない。

問2　理工学部3年生の久美子さんは、学外セミナーの予定があって、指定の日時に受診することができない。久美子さんは、どうすればいいか。

1　検尿キットをもらいに保健課へ行く。
2　学生支援センターで事情を言い、延期してもらう。
3　総合体育センターのトイレは混んでいるため、別の場所を利用する。
4　保健課へ行って、担当の人に申し出る。

2010年度学生健康診断計画

月日	時間	性別	対象
4月2日(火)	09:00~11:30	女	経済学部(2年)
	13:30~15:00		外国語学部(2年)
4月3日(水)	10:00~12:00	男	文学部(4年)・理工学部(3・4年)
	14:00~17:00		社会学部(2・3・4年)
4月4日(木)	08:30~10:00	女	外国語学部(3・4年)
	10:00~12:30		理工学部(2・3・4年)
	13:30~15:00	男	文学部(2・3年)
	15:20~17:30		経済学部(4年)
4月5日(金)	08:00~10:00	男	法学部(2年)
	10:15~11:50		理工学部(2年)
	13:00~14:20		外国語学部(3・4年)
	15:00~17:50	女	経済学部(3・4年)
4月8日(月)	09:00~11:00	女	法学部(2年)・文学部(4年)
	12:45~16:30		法学部(3・4年)・社会学部(2年)
4月9日(火)	08:00~10:30	男	外国語学部(2年)・経済学部(2・3年)
	10:45~12:30		法学部(3・4年)
	13:00~15:00	女	文学部(2・3年)
	15:30~17:20		社会学部(3・4年)

※ 在校生対象の案内です。新入生の健康診断はオリエンテーションの際に別途お知らせします。

【場所】総合体育センター1階

【受診時持参するもの】学生証、検尿キット、無地のTシャツ

【注意事項】

1．必ず指定された日時に受診してください。やむを得ない事情によりどうしても指定の日時に受診ができない場合、あらかじめ保健課の係員に申し出てください。保健課は、中央事務棟1階の学生支援センターの向かい側にあります。
2．検尿キットは、新学期履修要覧と一緒に配布します。受け取れなかった場合、受診前に保健課で受け取ってください。
3．会場のトイレが非常に混雑するため、入場の前、採尿を済ませてください。

二橋大学　保健課

해석 및 해설 　06 안내문

문제 해석

문1 중국 출신인 남성으로 금년도 졸업을 앞두고 있는 법학부 왕 씨에게 지정되어 있는 일시는 어느 것인가?
1. 4월 5일 08:00~10::00
2. 4월 9일 10:45~12:30
3. 4월 8일 12:45~16:30
4. 진찰 가능한 일시가 설정되어 있지 않다.

해설 금년도 졸업을 앞두고 있으므로 법학부 4학년생인 남성에 해당하는 부분을 찾으면 된다. 표의 4월 9일 항목에 [法学部 (3・4年)]을 보면 정답이 2번임을 알 수 있다. 중국인인 것은 관계가 없다.

문2 이공학부 3학년 구미코 씨는 학외 세미나 예정이 있어서 지정된 일시에 진찰을 받을 수 없다. 구미코 씨는 어떻게 하면 되는가?
1. 소변 검사통을 받으러 보건과에 간다.
2. 학생 지원 센터에 사정을 말하고 연기한다.
3. 종합 체육 센터 화장실은 붐비기 때문에 다른 장소를 이용한다.
4. 보건과에 가서 담당자에게 말한다.

해설 주의 사항의 1번 [やむを得ない事情によりどうしても指定の日時に受診ができない場合、あらかじめ保健課の係員に申し出てください]에 근거하여, 정답은 4번이 된다.

단어

控(ひか)える (앞쪽에) 가로놓이다, 보류하다 | **法学部(ほうがくぶ)** 법학부 | **指定(してい)** 지정 | **日時(にちじ)** 일시 | **受診(じゅしん)** 진찰을 받음 | **設定(せってい)** 설정 | **理工学部(りこうがくぶ)** 이공학부 | **学外(がくがい)セミナー** 학외 세미나 | **検尿(けんにょう)キット** 소변 검사통 | **保健課(ほけんか)** 보건과 | **事情(じじょう)** 사정 | **延期(えんき)** 연기 | **混(こ)む** 붐비다 | **担当(たんとう)** 담당 | **申(もう)し出(で)る** 신청하다, 신고하다 | **性別(せいべつ)** 성별 | **経済学部(けいざいがくぶ)** 경제학부 | **在校生(ざいこうせい)** 재학생 | **オリエンテーション** 오리엔테이션 | **別途(べっと)** 별도 | **無地(むじ)** 무늬 없음 | **注意事項(ちゅういじこう)** 주의 사항 | **やむを得(え)ない** 어쩔 수 없다 | **あらかじめ** 미리 | **係員(かかりいん)** 담당자 | **向(む)かい側(がわ)** 맞은편 | **履修要覧(りしゅうようらん)** 이수 요람 | **配布(はいふ)** 배포 | **受(う)け取(と)る** 받다, 이해하다 | **混雑(こんざつ)** 혼잡 | **採尿(さいにょう)** 채뇨 | **済(す)ませる** 끝내다, 마치다

> 지문 해석

오른쪽은 어느 대학교의 정기 건강 진단 예정표이다.

2010년도 학생 건강 진단 계획

월일	시간	성별	대상
4월 2일 (화)	09:00~11:30	여	경제학부(2학년)
	13:30~15:00		외국어학부(2학년)
4월 3일 (수)	10:00~12:00	남	문학부(4학년)·이공학부(3·4학년)
	14:00~17:00		사회학부(2·3·4학년)
4월 4일 (목)	08:30~10:00	여	외국어학부(3·4학년)
	10:00~12:30		이공학부(2·3·4학년)
	13:30~15:00	남	문학부(2·3학년)
	15:20~17:30		경제학부(4학년)
4월 5일 (금)	08:00~10:00	남	법학부(2학년)
	10:15~11:50		이공학부(2학년)
	13:00~14:20		외국어학부(3·4학년)
	15:00~17:50	여	경제학부(3·4학년)
4월 8일 (월)	09:00~11:00	여	법학부(2학년)·문학부(4학년)
	12:45~16:30		법학부(3·4학년)·사회학부(2학년)
4월 9일 (화)	08:00~10:30	남	외국어학부(2학년)·경제학부(2·3학년)
	10:45~12:30		법학부(3·4학년)
	13:00~15:00	여	문학부(2·3학년)
	15:30~17:20		사회학부(3·4학년)

※ 재학생 대상 안내입니다. 신입생 건강 진단은 오리엔테이션 때 별도로 공지합니다.

【장소】 종합 체육 센터 1층

【진찰시 지참물】 학생증, 소변 검사통, 무늬 없는 티

【주의사항】

1. 반드시 지정된 일시에 진찰을 받으세요. 어쩔 수 없는 사정으로 아무리 해도 지정된 일시에 진찰을 받을 수 없을 경우, 미리 보건과 담당자에게 신고해 주세요. 보건과는 중앙 사무소 1층 학생 지원 센터 맞은 편에 있습니다.

2. 소변 검사통은 신학기 이수 요람과 같이 배부합니다. 못 받은 경우에는 진찰 받기 전에 보건과에서 받으십시오.

3. 회장 화장실은 매우 붐비기 때문에 입장 전에 미리 소변을 받아 오십시오.

니하시 대학 보건과

Memo

Part 2

파이널 테스트

1. 파이널 테스트 1~2회
2. 파이널 테스트 정답 및 해설

JLPT(일본어 능력시험) N2 파이널 테스트 ①

제한시간 : 60분

問題10 次の文章を読んで、後の問いに対する答えとして、最もよいものを、1・2・3・4から一つ選びなさい。

(1)

> 喪中につき年末年始のご挨拶を
> ご遠慮申し上げます。
>
> かねてから療養中でありました弊社　代表取締役　社長　松竹梅男（九十歳）が永眠いたしました。
> 平素のご厚情に深く感謝申し上げます。
> なお、誠に勝手ながらお心遣いは辞退させていただきますので何卒ご了承のほどよろしくお願いいたします。
> 今後とも変わらぬご指導ご鞭撻のほどよろしくお願いいたします。
> 向寒の折から皆様にはご自愛のほどお祈り申し上げます。

[1] このハガキの送り主が一番言いたかったことは何か。

1. 最近寒くなってきたので自分の体をいたわってほしいということ
2. 代表取締役社長が亡くなったので会社をさらに応援してほしいということ
3. 代表取締役社長が亡くなったので年賀状は送らないでほしいということ
4. 代表取締役社長が亡くなったので新社長を厳しく指導してほしいということ

(2)
　コンビニチェーンで知られるフランチャイズシステムは今までは居酒屋、ラーメン店、立ち食いそば屋、回転ずしなどさまざまな業種に広がり、独立開業の強い味方となっている。本部が屋号を名乗らせてくれるので、広告の必要がないうえに、仕入れから販売まで面倒を見てくれるし、店の場所選びから運営管理に至るまでのノウハウを指導してくれるから、経験はなくても安心感は大きい。そのかわり、経営する側はフランチャイズ加盟料や売り上げからのマージンなどのロイヤリティーを払うというシステムである。フランチャイズ本部にしてみると、遊休地を有効利用したいというオーナーを見かけて開店をもちかけて新規開店ができ、ロイヤリティ収入が増えるというメリットがある。だが、本部にとってのメリットは加盟店にとってはデメリットになることも考えられる。毎月のロイヤリティーの割合によっては、利益が出ないなんてことも考えられるからだ。

(『世の中の秘密がズバリわかる本』素朴な疑問探究会による)

2　本文の内容と間違っているものを選びなさい。

1　フランチャイズは経営初心者でも本部から経営指導などを受けられるため手軽に店を持つことができる。
2　フランチャイズ本部が最初から最後まで援助してくれるので加盟店にはリスクがない。
3　加盟店はチェーン店本部とフランチャイズ契約をすると、加盟料、ロイヤリティーを支払わなければならない。
4　加盟店はフランチャイズ契約をすると、チェーン店本部から商品などのノウハウを提供される。

(3)
　夏休みも、あと一週間ほどで終わるという頃です。私は部屋のちゃぶ台で、溜め込んでしまった宿題相手にうんうん唸っておりました。毎年、七月のうちにすべて終わらせようという目標を立てるくせに、目先の楽しみに弱い私は、それが実行できた例は一度もありませんでした。最初の一週間ほどは真面目にやるのですが、ちょっと余裕ができるとすぐに油断して、遊びの方を優先させてしまうのです。その性癖は中学校に入ってもまったく治らず、例年通りに苦しめられていたというわけです。隣の部屋ではいつものように母さまがラジオを聴きながら針仕事をしていました。窓辺に下げた風鈴はリンとも鳴らず、平尾昌章の『星は何でも知っている』が流れてきたので、私は思わず鉛筆の手を止めました。今も女の子たちはアイドルに夢中ですが、それが当時も同じようなものでした。むしろ熱中の程度で言えば、昔の方が激しいかもしれません。

朱川湊人『わくらば日記』

3　その性癖とあるが、どういうことか。

　1　遊ぶのが優先で、溜め込んでしまった宿題を夏休みの終わりにいっぺんにすること
　2　目先の楽しみに弱いあまり、宿題は諦めて思いっきり遊ぶこと
　3　窓辺の風鈴が見えるところで、ラジオを聴きながら、夏休みの宿題をすること
　4　アイドルに熱中する程度が激しくて、他のことは手に付かなくなること

(4)
　日本人が桜の花をこよなく愛する理由は何だろうか。三月中旬から四月初旬にかけて、日本全国の桜名所は花見を楽しむ人々で賑わう。家族や友達、会社の同僚と三々五々集まって、お弁当を食べながら、談笑を交わす光景もよく見られるだろう。はっきりした四季がある日本で、桜の開花は春が来たことを知らせ、新しい生活に対する希望を与えてくれる。また、日本人が桜に対して特別な愛情を持っている理由は、仏教の思想である「無常観」とも関わりがあると思われる。「無常観」とは、世の中に変わらないものはなく、すべて移り変わっていくという思想である。短期間に咲いて美しく散ってしまう桜と、人々の人生は重なるところがあり、みんなそれに心をひかれるのではないだろうか。

4 本文の内容と一致するものは何か。

1　日本人が桜を愛する理由は、日本には桜名所が多くあるからである。
2　人生の節目にあたる時期に桜を見ることによって、日本人の心に残像が刻まれる。
3　「無常観」と桜の木は、お互い重なるところがあり、その様子が見る人を引き付ける。
4　桜は、短期間に咲いてあっという間に散ってしまうからこそ、見る価値が高くなる。

(5)

　子どもの頃から映画が好きだった。戦後まもない頃のアメリカ映画は、ちょっと特別な意味を持っていた。物語の面白さや、女優の美しさや、出演のうまさなどのほかに、写っているものが珍しくて素敵なので、夢の世界をかいま見る気分だったのである。何が夢のように素敵かと言えば、電気冷蔵庫であり、電気掃除機であり、トースターであったのだ。ぼくたちはそういうものを知らなかったから、庶民の家庭を描いた映画でも宮殿を見るような気分。ずいぶん誤解をしながら映画を観ていたものだと思う。そういう夢の象徴が、映画の最初に出てくるマークだった。MGM映画はライオンがほえる。パラマウント映画は山の上に星が輝いている。ユニヴァーサル映画は地球が回っている。二十世紀フォックス映画はサーチライトが空を照らしている。マークが出てくると、もうワクワクドキドキしたものである。

和田誠『東京走馬燈』による

5 ずいぶん誤解をしながら映画を観ていたものだと思うとあるが、それはなぜか。

1　戦後まもない頃のアメリカの映画は、出演の仕方が日本と非常に違っていたから
2　映画の中に出てくる、今まで見たことのない世界や光景を自分流で解釈したから
3　夢の象徴であるマークを映画の内容と結びつけて勝手に想像したから
4　アメリカの女優はとても美しく、アメリカ人の女性はみんな美しいと思ったから

問題11 次の文章を読んで、後の問いに対する答えとして、最もよいものを
1・2・3・4から一つ選びなさい。

(1)
　月末の金曜日は仕事を午後3時に終えて買い物や旅行を楽しもうという「プレミアムフライデー」が始まる。政府や経団連が呼びかけたもので、消費を喚起し、働き方改革にもつなげる狙いがある。実際は仕事を早めに終えるのが難しい人も多いだろう。消費拡大効果も限定的との見方が出ている。これを契機に政府や企業はもっと休みを取りやすい環境を整えてほしい。
　モデルになったのは、米国の年末商戦「ブラックフライデー(黒字の金曜日)」だ。イベントを通じて消費を盛り上げてきた実績がある。プレミアムフライデーに合わせて商品やサービスを提供する企業・団体は3000を超す。飲食店は開店を早め、旅行会社は金曜夜遅めにチェックインできるプランを用意するなど商機をうかがう。
　だが、所得が伸び悩む現状には、時間に余裕ができても消費の底上げには結びつきにくい。金曜にお金を使うと土曜日は出費を抑えるなど需要の先食いに終わりかねない。消費拡大を目指すなら、非正規社員の待遇改善も含めた賃金引上げに本腰を入れるのが筋だ。一方、社員が早く帰れるようにした企業は広がりを欠く。
　経団連は会員企業に早帰りを呼びかけ、有給休暇の取得やフレックスタイムの活用による始業時間繰り上げを認めた大企業もある。だが、取引先との関係や顧客サービスを優先し、通常勤務の企業も多い。仕事を早く切り上げても、別の日の残業や休日出勤が増えるだけとの声もある。それなら本末転倒だ。企業の7割を占める中小企業で働く人はもっと帰りにくいとみられる。人手不足で休みを取れる体制が整っていないからだ。

毎日新聞　社説　2017年2月24日

6 プレミアムフライデーの説明として正しくないのはどれか。

1 月末の金曜日は仕事を早めに終わらせて、買い物や旅行などをしながら休める。
2 消費を促し、働き方を変えるために、政府や経団連が主導し、始まるようになった。
3 飲食店や旅行会社などは、これを契機に様々なサービスやプランを用意している。
4 欧州の労働時間や環境を見て影響を受けた日本の大手企業が先駆けて導入した。

7 プレミアムフライデーの問題点は何か。

1 大手企業は容認しているが、中小企業はこの制度を受け入れようとしない。
2 消費の水準を引き上げることが難しく、実際早く退社できる企業は少ない。
3 この制度を実行しようとしても、取引先が好まないことが多い。
4 非正規社員はこの制度の対象にならないため、社員同士の格差や不満の声が高まっている。

8 それなら本末転倒だとあるが、それは何か。

1 仕事の時間が短くなるため、給料もその分削られてしまうこと
2 中小企業は人手不足で困っているのに、労働時間を短縮してしまうこと
3 月末の金曜日に早く終わらせてできなかった仕事を、他の日に補わなければならないこと
4 プレミアムフライデーを使った日にちによって、使える有給休暇が減ってしまうこと

(2)
　商品の内容と価格の両方に自信を持って輸出したのに、どうも売れ行きがよくない。現地の調査員を派遣して、それと競合すると思われる他社の製品と混ぜて、目隠しテストを行ってみると、むしろ評判は自社のものがよい。それなのに、さっぱり売れないのである。

　調査員がマーケットに入って、他社製品を選んで買っている土地の人に、さりげなく、どうしてこちら、つまり自社製品を買わないのかと尋ねてみた。驚くなかれ、太陽の印がついているからさ、というのが答えだった。

　日本では、朝日や旭、太陽や日の丸は商品名に好んで使われるし、マーク、デザインにも多用される。しかし一年中、砂漠の中で灼熱の太陽に苦しめられて生活するという文化を持つ人々にとって、太陽は日本人が考えるような、恵を与える生命の源ではなく、まかり間違えば死を意味する呪わしき存在なのだ。

　日本人の持つ「初日の出」「御来光」「お天道さま」といった、信仰ともいえる肯定的な感情はアラブの人々にはまったく理解できない。彼らにとってこのように忌まわしき存在である太陽は、食品のブランドとしては最も不愉快な、マイナスのイメージ以外の何物でもなかったのである。

　さて、このようにアラブの人々が太陽を嫌うとすると、彼らの好む天体は何だろうか。それは月である。世界を熱砂の海に変え、万物を干上がらせた恐ろしい太陽が沈むと、砂漠は突如として涼しくなる。人々は生気を取り戻し、ようやく人心地に返る。月こそ美であり、救いであり希望だという月の美学は、まさにこのような状況で生まれたのである。だからこそ、アラブ文化に基盤を持つイスラム文明の中では、月が、それも特に三日月が賞揚されることになる。そしてそのことが、今九つの、イスラム教を国教あるいは重要な宗教とする国々で、三日月が国旗の仲に取り入れられている理由である。

『太陽と月』

[9] どうも売れ行きがよくないとあるが、その理由は何か。

1 商品の内容と価格の割合が合わなかったから
2 ライバル企業の製品がもっと優れていたから
3 現地の人に好まれない印が付いていたから
4 派遣された調査員が現地の人と対立していたから

[10] アラブの人々にとって月はどのような意味を持っているか。

1 恵を与える生命の源
2 死を意味する呪わしき存在
3 信仰と結び付く肯定的なもの
4 希望や救いの象徴

[11] 本文の内容からわかる筆者の考えは何か。

1 アラブの人々の好みをちゃんと把握せず、日本の製品を輸出したから売れ行きががよくなかった。
2 我々が当たり前だと思っていることと、正反対の価値も存在するから、相互理解が必要だ。
3 民族、文化、宗教の違いは対立反目といった様々な問題を引き起こす。
4 「郷に入っては郷に従え」というように、相手文化に入った時は、それを全面的に受け入れなければならない。

(3)
　世界的グローバル化の進行とともに、異文化、異民族との接触の機会が急速に増え、文化間の移動、接触、相互作用の過程において発生する諸問題について考察する研究が多く報告されている。

　ベリー(Berry)は、自国の文化と異なる文化環境にある個人の異文化ストレスや文化受容に焦点を置き、「異文化戦略」という異文化接触の理論を導き出した。「異文化戦略」とは、自国と他国の文化にある個人が取り得る態度や行動、対処法のことで、自文化と受け入れ文化への帰属感の度合いを示したものである。

　ベリーは「ホスト文化を重視し、それと新たな関係を築くべきか」と「固有の自文化を維持するべきか」という二つの観点から「統合」「同化」「分離」「周辺化」の4つの類型を提示した。

> 統合：異文化への態度が最も好意的、双方の文化を重視し、受容していく文化併存型である
> 同化：自文化には否定的で、相手文化に適応していく
> 分離：自文化のみを重視し、相手文化を拒否する
> 周辺化：どちらの文化にも溶け込まない

　ベリーの分析は、個人が異文化に順応していくプロセスだけでなく、自文化のアイデンティティを保持し、発展させていく点にも着目したところが新しい。また、各類型の特徴を明確に捉え、記述した点が従来のものと異なる。しかし、上の4つの類型では自文化や異文化に対するある程度の傾向を見ることはできるものの、いずれにも当てはまらないタイプについては言及されていないところに限界がある。

12 ベリーの「異文化戦略」の内容として正しいものはどれか。

1 異文化に対するストレスの度合いに着目して、個人が取りうる行動や帰属感を表している。
2 西洋文化に対する心理的姿勢を「統合」「同化」「分離」「周辺化」の４つの類型に分けて説明している。
3 自文化を保持しながら他文化に順応していく個人の異文化適応を分析している。
4 文化受容をしているコミュニティの特質や諸問題について考察している。

13 ベリーが「統合」「同化」「分離」「周辺化」の４つの類型に分けた基準は何か。

1 自国の文化への帰属感の度合い
2 受け入れ文化に対するストレス尺度
3 外の文化と内の文化における行動様式
4 異文化に対する偏見やステレオタイプの程度

14 ベリー分析の問題点は何か。

1 個人の心理的気持ちを図式化することに限界がある。
2 各類型の特徴は明確に捉えたものの、グローバル化に相反する理論である。
3 「文化」と呼ばれる領域が拡大されつつあり、その境界が不明確である。
4 どのタイプにも属さない類型については説明できない。

問題12 安楽死に対するＡ、Ｂ、Ｃそれぞれの意見を読んで、後の問いに対する答えとして最もよいものを１・２・３・４から一つ選びなさい。

A

現在の日本は家族世帯よりも独身世帯の比率の方が高くなってきている。つまり「お一人様」が増加しているということである。趣味やプライベートを一人で楽しんだり、住居や老後の準備を行うなど自立した一人の人間として生きる「お一人様」の人もいれば、やむを得ず「お一人様」の人もいるだろう。そんな人の中には、周りの友人たちがどんどん結婚していくことに焦りだし「婚活」を始める人も多い。「婚活」とは結婚活動のことで、幸せな結婚のために自分の条件に見合った相手を探すことである。婚活は単にお見合いをするということだけでなく、エステに行ったり、料理教室やジムに通ったり、ダイエットをするなど、幅広い。最近では婚活もビジネスになり、婚活パーティーなど出会いの場を作る企業もある。

B

厚生省は現在30歳以上の男性の３人に１人、女性の５人に１人が未婚のまま老後に突入すると推測している。このような背景には、結婚は必ずするべきものという概念がなくなってきているという指摘もある。結婚とはしなくても本人の自由であるという考えが広がっているのだ。また、男性が結婚しない理由としては、出会いが全然ない、低収入、一人でいる方が楽だからなどが挙げられる。一方、女性が結婚しない理由としては他人と暮らすのは煩わしいから、良い出会いがないから、１人でいる自由が大切だなどという意見が多かった。こんな日本社会を反映し、「お一人様」という言葉も生まれている。旅行、食事、映画など現在では「お一人様」を対象にしたサービスも各社、積極的に展開している。社会が「お一人様」を受け入れているのだ。今後「お一人様」の需要はますます増えていくことだろう。

15 本文中の「お一人様」の意味として正しいものを選びなさい。

1 精神的に自立していて、どんなことでも一人で判断し行動できる人
2 観光地やテーマパークなどグループ利用の多い施設を一人で利用して楽しむ人
3 配偶者の単身赴任により、一人で暮らしている人
4 友達や恋人のいない、対人関係が苦手な人

16 本文の内容として間違っているものを選びなさい。

1 Aでは婚活スタイルの多様化について述べているが、Bでは述べていない。
2 Aでは婚活がビジネスとして発展してきていることを述べているが、Bでは述べていない。
3 AもBも結婚観について述べている。
4 AもBも結婚しない理由を述べている。

問題13 次の文章を読んで、後の問いに対する答えとして、最もよいものを
1・2・3・4から一つ選びなさい。

　人を襲うこともあるという気性の荒い魚、カマス。企業や組織を語る上でたびたび登場するのがこの魚の習性をとらえた①「カマス理論」だ。
　水槽にカマスを入れ、その中にエサとなる小魚を放り込むと、鋭い歯で襲いかかる。次にその水槽に透明の間仕切りを設け、一方にカマス、一方に小魚を入れる。するとカマスは、エサを食べようとして何度も何度も間仕切りに体当たりを繰り返すが食べることができず、終いには諦めて、間仕切りをはずしても小魚を襲わなくなるというのだ。
　心理学者のセリグマンが試みたのは、犬に電気ショックを与える実験だ。犬は最初、電気ショックから逃れようと動き回るが、その動きとは関係なく電気ショックは一定の間隔で繰り返される。しばらくすると犬は、動き回ることをやめ、不快なその刺激が収まるのをじっと耐えるようになる。サーカス象が、細いロープ一本で繋がれていただけなのに逃げ出さないのも、理屈は同じだ。子象のころに太くて頑丈な鎖に繋がれていたために、大人になって力がつき、その気になれば杭を引き抜き、ロープを引きちぎって逃げられるのに、そうはしない。犬も象も、諦めることを学習したのだ。
　これは人間社会でも同じだ。再三にわたる働きかけが一向に環境に影響を与えないとき、その働きかけを中止し諦めてしまうことを、心理学で②「学習性無力感」という。浜銀総合研究所・主席コンサルタントの寺本明輝氏は、「無気力は感染する。恐ろしいのは、個人で学習した体験が個人の中で伝染するだけでなく、それを体験したことがない人間まで疑似体験として伝染し、企業風土に影響を与えてしまうことだ」と指摘する。
　需要が減退し、市場が縮小すると、諦めムードが漂い、せっかく提案された新しい商品企画や販売手法に対しても、初めから無理な理由やできない言い訳を探してしまいがちだ。「何をしてもむだ」という無気力が蔓延してしまったら、その企業に未来はない。
　さて、「カマス理論」には続きがある。間仕切りをはずした状態で新たに別のカマスを水槽に入れる。当然新しいカマスは、小魚に襲いかかる。すると、それを見た最初のカマスは、まるで目が覚めたように猛然と小魚に襲いかかるそうだ。
　組織が停滞すると、思い込みや諦めを招く「仕切り」ができやすい。それを取り除き、活性化させるためには、新しいカマスを放り込むことも1つの方法だろう。人事の春は、小魚を襲わなくなったカマスを目覚めさせる絶好の機会である。

　　　　　　　　　　　　　　　　　　　　　　　　　信用交換所の「コラムNo311」より

17 本文の①「カマス理論」と一つ性格が違うものは次のどれか。

1 細いロープ一本で繋がれている象
2 一定の間隔で繰り返される電気ショックを受けた犬
3 他人の体験を疑似体験する人間
4 間仕切りをはずした状態で新しく入れたカマス

18 ②「学習性無力感」についての説明と関係ないものは何か。

1 数回にわたる試みが何の影響も与えない時、これまでの働きかけを中止する。
2 人に移りやすく企業の雰囲気に悪影響を及ぼす。
3 無力感を体験した個人は、組織から離れようとする傾向が強い。
4 「カマス理論」と「学習性無力感」は一脈相通ずる。

19 筆者が「カマス理論」を通じて最も言いたいことは何か。

1 良い影響より悪い影響の方が波及力が強く、人に伝染されやすい。
2 「できない」という思い込みを「自分にもできる」ような新たな可能性に変えられる刺激が必要だ。
3 社会問題として台頭された「学習性無力感」は人間社会に限った問題ではない。
4 諦めムードを解決するためには、企業や組織の支援や教育が必要である。

問題14　次は、ゴミの出し方に関する案内である。下の問いに対する答えとして、最もよいものを1・2・3・4から一つ選びなさい。

20　ゴミの分別がちゃんとなされたものは次のどれか。

1　プラスチック容器のお弁当を半透明の袋に入れて月曜日に捨てた。
2　使っていたソファーを他の人が使えるようにゴミ集積所に置いておいた。
3　ワインの空き瓶はふたやラベルを取って、水曜日に回収かごに捨てた。
4　パソコンを捨てるために、区役所に電話で受付をし、コンビニで処理券を買って貼り付けた。

21　本文の「お知らせ」の内容と合っていないものはどれか。

1　受付が必要なゴミは「粗大ゴミ」だけであり、処理券の値段は様々である。
2　生ゴミは水気を取って指定された袋に入れて出さなければならない。
3　火曜日と木曜日に出せるゴミは、金属類やガラス類などのゴミである。
4　危険性・有害性があるゴミは袋の上に印をつけて出さなければならない。

お知らせ

正しい分別・出し方がなされていないゴミは回収できませんのでご注意ください。

―ゴミの正しい分別と出し方について
- 燃えるゴミ：毎週3回（月、水、金）の回収日を設けています。
- 燃えないゴミ：毎週2回（火、木）の回収日を設けています。
- 資源ゴミ：毎週1回（水）の回収日を設けています。
- 粗大ゴミ：毎週1回の回収日を設けていますが、受付が必要です。

	燃えるゴミ	燃えないゴミ	資源ゴミ	粗大ゴミ
ゴミの出し方	・必ず各市指定のゴミ袋をご使用ください。 ・朝9時までに出してください。	・透明か半透明の色のゴミ袋をご使用ください。 ・中身がゴミ袋から飛び出ないようにしてください。	・袋を使わずに回収かごに直接入れてください。 ・容器のラベルやふたは取り外してください。	・粗大ゴミは回収日の前日までに区役所の電話受付が必要です。 ・受付の際に案内されたゴミ処理券を貼り付けてください。
ゴミの例	紙類、衣類、プラスチック類、ゴム類、革製品、生ゴミ	金属類、ガラス類	びん類、缶類、古紙、ペットボトル、草木	家具、電化製品、その他（自転車、加工木材）
注意が必要なもの	・生ゴミは水気をしっかり切ってから出してください。	・電池や刃物は回収できませんので、別の回収ボックスをご利用ください。	・スプレー缶はガスなどの中身を使い切ってから出してください。	・パソコンや消火器は回収できませんので、リサイクルショップにご相談ください。

―その他のご注意点
- 有害性・危険性があるものは回収できませんので、ご了承ください。
- 粗大ゴミは全て有料であり、大きさ、重さ、高さによって処理券の値段が異なります。
  （処理券の購入は近くのスーパーやコンビニをご利用ください）
- ゴミは回収日や回収時間をしっかり守り、指定された集積所に出してください。

JLPT(일본어 능력시험) N2 파이널 테스트 ❷

제한시간 : 60分

問題10 次の文章を読んで、後の問いに対する答えとして、最もよいものを、1・2・3・4から一つ選びなさい。

(1)
　スイカは野菜だと主張する人がいる。スイカは一年草の実で地面になるから野菜だというのである。植物学の分野ではそうなのかもしれないが、では、ある食物が野菜か果物かを決めるのは植物学の、あるいは他のナントカ学の専売特許なのか。庶民の実態を見れば、スイカはほとんどが果物として食されているのは紛れもない事実ではないか。スイカだけではない。例えばメロンはどうなのだ？イチゴは？スイカを野菜だと言い張る人は多いが、メロンやイチゴまで野菜だと言い張る人は未だお目にかかったことがない。

[1] 筆者の主張と合っているものを一つ選びなさい。

1 スイカが野菜なのか果物なのかを決めることは、特定の学問分野だけの特権ではない。
2 庶民の大多数は、スイカを果物として食べているわけではない。
3 メロンやスイカを野菜だと主張する人には会ったことがない。
4 スイカは果物だが、メロンやイチゴは野菜である。

(2)
　最近国際電話がよくかかってくるなと思ってはいたのですが、そのような電話がくるはずがない、いたずらだと思って出ませんでした。すみません。ご結婚なさるとのこと、おめでとうございます。６月13日なら大丈夫だと思いますので、参加させていただきます。でも、海外には一度も行ったことないので、パスポートをとっておきます。詳しい案内をおくっていただけますか。私はと言えば、いまだ独身です。高校の教員をしております。

2　これはあるＥメールの内容である。このメールについての正しい説明を一つ選びなさい。

1　これは、結婚式への出席を友人に打診するメールである。
2　これは、結婚式への出席の意思を、結婚する本人に伝えるメールである。
3　これは、海外へ新婚旅行に行くことを友人に知らせるメールである。
4　これは、海外で結婚式をすることを友人に知らせるメールである。

(3)

　まったく、うちの親父と来たら、親戚にだまされて親から受け継いだ土地をすべて失って以来、自分の不幸を嘆いては酒におぼれる日々。仕事もろくにせず、それをとがめる母を、逆にどなりつけることもしばしば。おまけに酒の飲みすぎで肝臓を悪くし、長期にわたる闘病生活を送らざるを得なかった。人並みに仕事さえしていれば、極々平凡な家庭が築けたはずなのに。きっかけには同情するものの、その後の貧乏や不幸はすべて本人が招いたものだと私は断言する。

3　本文の内容と合うものをひとつ選びなさい。

　1　私の父は、親戚にだまされたために不幸になった。
　2　私の父は、土地を失ったことを母にとがめられていた。
　3　父が土地を失ったことについては気の毒だと私は思う。
　4　父が土地を失ってさえいなければ、私は幸福になれたと思う。

(4)
　美人を投票で選ぶときに、選ばれた美人はもちろん、その美人に投票した人にも賞品が与えられる場合、多くの人は自分が美人と思う人ではなく、皆が美人だと思う人に投票する、というのが、経済学者のケインズ【1883‐1946】の説く「美人投票の原理」です。
　「株式投資もこれと同じで、株でもうけようと思うなら、自分が買いたい株ではなく、皆が買うと予想される株を買っておく必要がある」と彼は語って、株式投資を説明したそうです。

4　これは何を指しているか。
　　1　自分が買いたい株を買っておくこと
　　2　皆が買うと予想される株を買っておくこと
　　3　賞品欲しさに皆が美人だと思う人に投票すること
　　4　賞品欲しさに自分が美人だと思う人に投票すること

(5)

　女性であれ男性であれ、体を触られても訴えないケースというのがいくつか存在します。相手が恋人である場合とか、商売である場合などです。恋人同士には触れ合うことについての「熱い合意」があり、商売の場合は「クールな契約」があります。
　たとえば電車の中の見知らぬ女性は、自分の恋人でもなければ、プロの商売人でもありません。体を触ることに合意は成立しておらず、痴漢をすればいつ訴えられても不思議ではない状況です。

(「痴漢」は増えているのか？ 2007年6月10日『心理コラム』による)

5　体を触ることに合意は成立しておらず、とあるが、この場合の合意とはどういう合意か、いちばん適当なものを選びなさい。

　　1　商売人同士のクールな契約関係。
　　2　商売人同士が触れ合うことのできる「熱い合意」。
　　3　恋人同士のクールな契約関係。
　　4　恋人同士が触れ合うことのできる「熱い合意」。

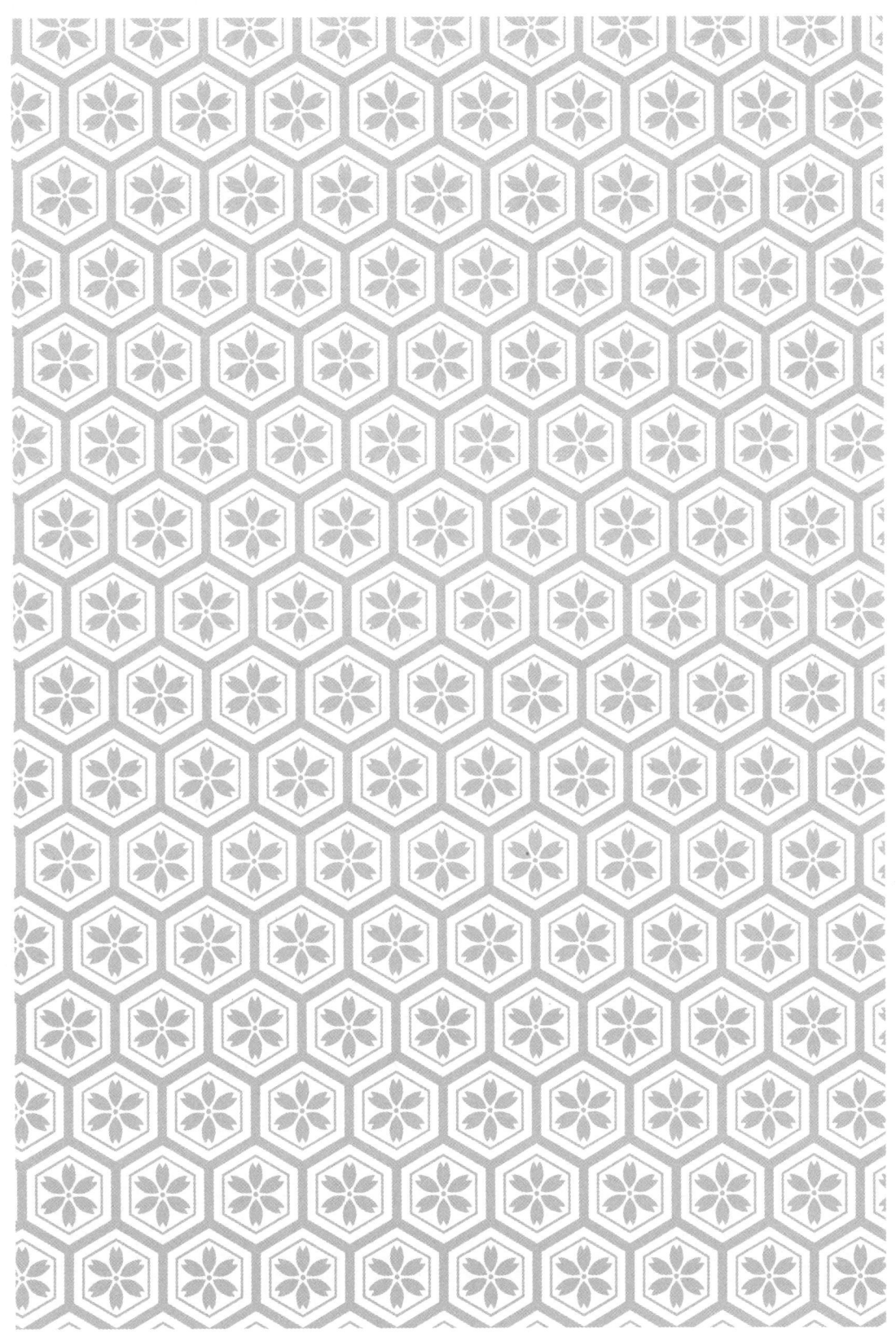

問題11 次の文章を読んで、後の問いに対する答えとして、最もよいものを
　　　　1・2・3・4から一つ選びなさい。

(1)
　さび付いた自転車と部品が並ぶ福岡市内の自転車店。ここで先日、リサイクル自転車を買った。さびは落としてあり、走り具合も快調だ。
　福岡の街に①放置自転車があふれている。市によると、05年度に5万台以上が撤去された。年々増えている。所有者が分かって返還されたのは4割弱。半数以上が廃棄、残り1割が業者に売却されるか、福祉施設で再利用されている。私が手に入れたのも撤去後によみがえった1台だ。
　放置禁止区域に置きっぱなしにすると、短時間で撤去される。「鍵を掛けて管理していた。放置ではない。かってに持っていくのは泥棒だ」。こんな具合に区役所の担当者へ抗議する人もいるという。
　駐輪場の整備が進んだのに利用しない自転車乗りも多い。一方で歩道を急ぐ自転車に歩行者が脅威を感じることも。このため、②負の面が強調されがちだ。
　だが、欧州では自転車を環境に優しい交通手段として推奨し、専用レーンを設ける国も多い。市民の理解を得るために、まずは利用者がモラルの向上を。ペダルをこぎながらそう考えた。

(松田幸三「自転車の立場」2007年8月25日付け 毎日新聞『憂楽帳』による)

6　①放置自転車についての説明として本文の内容と一番近いものはどれか。

　1　所有者に返還されたのは40%を超えている。
　2　業者に売却されるか、福祉施設でリサイクルされているものもある。
　3　50%近くが廃棄されている。
　4　05年度には福岡市で5万台近くが撤去された。

7　②負の面とあるが、たとえばどんなものが挙げられるか。

　1　日本では専用レーンを設けてもまったく利用されていないこと
　2　決められている自転車置き場があっても利用しない人が少なくないこと
　3　ほとんどの自転車乗りが歩行者を無視して、歩道を走っていること
　4　放置禁止区域にちょっとでも自転車を置いたら、すぐ撤去されること

8　この文章で筆者が言いたいことは何か。最も適当なものを一つ選びなさい。

　1　歩行者の安全のため、日本もヨーロッパのように自転車専用道路を設けるべきだ。
　2　区役所は鍵をかけて管理している自転車を勝手に撤去してはいけない。
　3　環境のため新しい自転車を買うより、街に放置されている自転車をリサイクルして使うほうがいい。
　4　自転車専用レーンや駐輪場の設置は自転車利用者のモラルの向上が先行条件だ。

(2)
　知人の女性が嘆いた。「あーあ、また傘をなくした。たぶんとられたのよ」。深夜にタクシーで帰宅した際、車内に置き忘れ、翌朝、タクシー会社に問い合わせたが、結局見つからなかったという。

　聞けば、彼女はここ数年、タクシーで今回を含め2本、列車で1本、病院で1本、傘を失った。勤め先の傘立てからも1本が消えた。「5本とも気に入って買ったのに。しばらくは500円のビニール傘を使うわ」と憤る。

　①こんなデータがある。警視庁遺失物センターによると、昨年1年間に東京都内で拾得物として届けられた傘は42万7655本。一方、遺失物としての傘の届け出はわずか2791本。②傘は使い捨ての時代になった。だから、タクシーや列車に傘が忘れられていても、軽い気持ちで「拝借」となるのかもしれない。

　我が身を顧みても、自宅にはビニール傘が4本。少々雨が心配でも傘は持たず、降ったら買えばいいと思ってしまっている。以前は名前を書いて何年も大切に使っていた。たかが傘、なのかもしれないが、時には振り返って考えてみたい。【後藤浩明】

(後藤浩明「傘」2007年7月14日付け 毎日新聞『憂楽帳』による)

9　①こんなデータは何を指しているか。

1　去年1年間、一人の女性がタクシーの車内に置き忘れた傘の数
2　去年1年間、東京都内で拾得物として届けられた傘と、遺失物として届け出ている傘の数
3　ここ数年、一人の女性がタクシーの車内に置き忘れた傘の数
4　ここ数年、東京都内で拾得物として届けられた傘と、遺失物として届け出ている傘の数

10　②傘は使い捨ての時代になったとあるが、筆者がそう考える理由として本文の内容と合っていないものはどれか。

1　遺失物として届け出た傘の数より、拾得物として届けられた傘の数がずっと多いから
2　雨が降りそうな時でも降ったら買えばいいと思って傘を持たないで出かけてしまうから
3　タクシーや列車で傘を拾っても軽い気持ちで使ってしまうようになったから
4　知人の女性も筆者も最近はビニール傘ばかりを使っているから

11　傘に対する筆者の考えとして、本文の内容に最も近いものはどれか。

1　ビニール傘はどこでも500円で買えるから心配しなくていい。
2　ビニール傘は500円しかしないから、気軽に会社のものを使えばいい。
3　今はありふれている傘だが、以前のように大切に使いたい。
4　傘を大切に使わない自分を反省しているが、今は使い捨ての時代だから仕方がない。

(3)

　体験は自分で直接見たり聞いたり触れたりやってみること。だからたとえば海外旅行に行けば誰でも海外旅行経験者になれる。しかし、それだけでは海外旅行経験者だと胸は張れない。海外旅行に行ったことはあっても、それが至れり尽くせりのパック旅行だったりすると、チケットの買い方や出入国の仕方、ホテルのチェックインの仕方も知らなくて済んだりする。しかし個人旅行やカップルで移動する新婚旅行ではそうはいかない。何もできなければ花嫁に愛想をつかされるかもしれない。

　①経験と言う場合は、ただ自分でやってみたり感じるだけでは不十分で、そこから知的な何かをつかみ取ることが必要になる。現場に放り込まれたら、嫌でもそこでやっていくためにノウハウを身につける必要が出てくる。そうなれば、体験＝経験となる。しかしもちろん、そうならないこともある。結婚して子供が出来れば親にはなれる。いや結婚しなくても親にはなれる。

　しかし、この段階では②親を体験しているに過ぎない。よく考えてみると、体験の段階にあるのは「親としての自分」だけでなく「子供としての自分」もそうなんだと思う。子供を育てていると、子供の頃の親の気持ちがよく分かる、という人がいる。

　そこで、自分が子供の頃に、親にどんな気持ちで育てられていたのかが、理解できるようになる。これは、時を経てから、「子供としての自分」を経験していることになる。子供を体験して大人になり、親を体験しながら「子供を経験」する。それならば、親を経験する時はどんなときなのだろうか？それは子供の気持ちを理解できた時なのかもしれない。しかし多くの場合、親としての体験を積み、子育てのノウハウを身につける頃には、子育ては終わっている。

(心理コラム２００６年１１月２２日「体験と経験の違い」より)

12 筆者の主張する、①経験の説明として合わないものを一つ選びなさい。

1 ただ自分でやってみたり感じるだけは不十分である。
2 体験の中から知的な何かをつかみとること
3 自分で直接見たり聞いたり触れたりやってみること
4 体験の中からノウハウを身につけること

13 筆者の考える、②親を体験していることの意味として、合わないものを一つ選びなさい。

1 結婚して子供が出来、親になること
2 自分が子供の頃に、親にどんな気持ちで育てられているのかが、理解できるようになる段階
3 「子供としての自分」を経験している段階
4 子供の気持ちを理解できた時

14 次のうち、本文の内容に合わないものを一つ選びなさい。
1 経験をするということと体験をするということは、結局同じ意味だといえる。
2 ただやってみたり感じたりするだけでなく、そこから知的な何かをつかみ取ることで「経験した」と言うことができる。
3 ノウハウを身につける必要もなく、ただ見たり感じたりすることを「体験」と言うことができる。
4 子供を経験するのは、親を体験している時だと言うことができる。

問題12 次の文章は、「相談者」からの相談と、それに対するＡとＢからの回答である。三つの文章を読んで、後の問いに対する答えとして、最もよいものを1・2・3・4から一つ選びなさい。

相談者

　ペット不可のマンションに住んでいます。猫を飼っていた家でトラブルが起き不可になり、今まで飼っていた犬猫は捨てるわけにもいかないのでOKとし、新しく飼うことは禁止されました。しかし寿命から考えても顔ぶれから考えても明らかに新しく飼っている人がいると考えられます。①そういった人は「○○さん家も飼ってる、いまさら捨てろというのか？」と逆にどなってきます。とうとう娘も我慢できず飼いたいと言い出してしまいました。なにかいい説得手段はないでしょうか？

回答者　Ａ

　私は猫アレルギーです。動物が大好きで、もちろん猫も大好きなのですが、一緒に居るとせき、くしゃみ、鼻水から始まり、数時間で熱を出して倒れます。アレルギーで亡くなる人もいらっしゃるようです。猫アレルギーと言ってはいかがでしょうか？　世の中には仕方のないこともあることを教えてあげるのもまた、親の教育の一つではないでしょうか。

回答者　Ｂ

　私も動物が大好きなので、娘さんの気持ちは痛いほどよくわかります。本来、ルールというのは守るためにあるのですが、現状から考えるとどうしても無理な部分もあると思います。大人が堂々とルールを守らずにいるのですから仕方ありません。どうか娘さんの願いをかなえてあげてください。

15 ①そういった人とはどういう人か。

1 ペットを新しく飼うことを禁止した人
2 猫を飼っていてトラブルを起こした人
3 以前からここでペットを飼っていた人
4 禁止されてから後にペットを飼った人

16 「相談者」の相談に対するA、Bの回答について、正しいのはどれか。

1 A、Bともに相談者の娘に対して理解を示した上で娘の気持ちを最優先にして考えるべきだと述べている。
2 A、Bともに娘さんの気持ちを第一に考えた上で、周囲の人たちに対する考えの点で違いがある。
3 Aが社会のルールを第一に考えた回答であるのに対して、Bは娘の気持ちを第一に考えた回答である。
4 Aがアレルギーのある人たちを大切にしようとする回答であるのに対して、Bはルールを守らない大人を大切にしようとする回答である。

問題13 次の文章を読んで、後の問いに対する答えとして、最もよいものを
1・2・3・4から一つ選びなさい。

　大学内の温室効果ガスを削減するため、三重大(津市)は、学内で排出する二酸化炭素(CO_2)と、学生や教職員らの家庭でのCO_2削減量を①相殺する「カーボン・オフセット」の取り組みを始める。

　家庭のCO_2削減量に対してエコポイントを与える替わりに学内の削減量とする。環境省によると、CO_2削減量の取引は企業間が一般的で、家庭の削減量を取引するのは珍しい試みという。同大では今秋から試験的に始め、来年4月から導入するプリペイド(前払い)方式の電子マネー対応の学生証、教職員証のIC化に合わせて本格的に取り組む。

　同大では、省エネルギー法に基づき、毎年、CO_2削減に取り組み、さらなる削減に向けて昨年11月、教授やガス会社、スーパーの関係者らでつくる省エネルギー計画検討委員会を発足。2020年度までの中長期計画を策定した。

　計画では、学内の節電や最新の省エネ設備の導入などで、2020年度には、1990年度に比べて30%削減する方針で、その一環として「カーボン・オフセット」の導入を盛り込んだ。卒業生や地域住民にも協力を求めることにしており、エコポイントは学内の生協やコンビニエンスストアに加え、学外のスーパーで利用できないか検討中だ。

　エコポイントの換算額などの詳細はこれから具体的に決めるが、例えば、学生らが自宅で節電などに取り組み、電気やガス、水道料金の明細書を基に、前年より減少したことが確認されれば、削減量に応じてエコポイントを付与する。

　学生や卒業生らの半数にあたる約6000人が協力すると想定した場合、削減目標(30%)の1割にあたる3.2%の削減が見込まれる。$CO_2$1キロ・グラムあたり、学生2円、卒業生1円と換算すると、エコポイント費用は年間約400万円で、大学が全額負担する。

　一方、IC化する学生証には、エコポイント機能も加えて利便性を高める。また、電子マネーはイオンの「WAON(ワオン)」の学生証では初の対応が検討されている。

　世界一の環境先進大学を目指す内田淳正学長は「学生に対して②環境教育を実践できる。さらに、三重大を拠点にCO_2削減の取り組みが地域に浸透すれば、環境問題に対する学生や住民の意識改革にもつながる」としている。

　　(青山丈彦「カーボン・オフセット　三重大が導入へ学生、教職員の家庭と取引CO_2の削減3.2%見込み」
　　2010年4月30日付　読売新聞による)

17　①相殺するとはどのようにすることか。

1　学内排出CO_2と家庭内削減CO_2の両方を2乗して計算すること
2　学内排出CO_2と家庭内削減CO_2を双方割り算すること
3　学内排出CO_2と家庭内CO_2削減量を両方掛け算して平均を出すこと
4　学内排出CO_2と家庭内CO_2削減量を差し引きして計算すること

18　②環境教育を実践できるが意味しているものは何か。

1　環境とはどのようにあるべきかを実際に学長自身が行動することが可能になるということ
2　環境のために何をすべきかを具体的行動として示すことができるということ
3　環境保全とはどのようにすべきかということを書物で示すことができるということ
4　環境保全のために学生たちに授業をし、その中で説明することができるようになること

19　筆者がこの文章で一番言いたいことはどんなことか。

1　環境問題においては、学生を中心に問題解決を図ろうとすることが最も優先すべきことだということ
2　環境問題において、基本的な生活習慣を大学生に教えていくことから始めるべきだということ
3　各種のサービスを通じて、環境問題に関心を持たせなければ、問題は解決できないということ
4　環境問題において、具体的な行動を重ねていくことが真の意味での問題解決につながるということ

問題14 右は、外国人登録に関する案内である。下の問いに対する答えとして、最もよいものを1・2・3・4から一つ選びなさい。

20 大学に留学するAさんが外国人登録をする際、必要なものの組み合わせはどれか。

1 パスポート・航空券・在学証明書
2 証明写真・旅券
3 賃貸契約書・学生証
4 パスポートのみ

21 外国人登録原票記載事項証明書の交付についての正しい説明はどれか。

1 本人が直接行く場合は手数料は要らない。
2 一緒に住んでいるお兄さんが代理に行く場合、委任状を作成しなければならない。
3 代理人が外国人登録証をなくした場合は、委任状と代理人の運転免許証でいい。
4 電話で申し込んだ上、郵便で受け取ることもできる。

新規登録

【申請場所】

・区役所区民課外国人登録係

【手続きできる方】

・本人

・16歳未満の場合は代理人(本人と同居同一世帯の親族)

【窓口にお持ちいただくもの】

・パスポート

・顔写真2枚 [縦4.5センチ　横3.5センチ　6ヵ月以内に撮影されたもの(16歳未満は写真不要)]

外国人登録証(カード)の紛失及び切替

【申請場所】

・区役所区民課外国人登録係

【手続きできる方】

・本人

・16歳未満の場合は代理人(本人と同居同一世帯の親族)

【窓口にお持ちいただくもの】

・外国人登録証(カード)　※紛失の場合は不要

・パスポート(所持している場合)

・顔写真 [縦4.5センチ　横3.5センチ　6ヵ月以内に撮影されたもの(16歳未満は写真不要)]

外国人登録原票記載事項証明書

【交付申請場所】

・区役所区民課外国人登録係又は各事務所の戸籍住民係

　(郵送による交付申請は受け付けておりません)

【手数料】

・1通300円

申請人	お持ちいただくもの
本人	外国人登録証
同居同一世帯の親族	身分証明書(外国人登録証・運転免許証など)
代理人	委任状・身分証明書(外国人登録証・運転免許証など)

JLPT(일본어 능력시험) N2 파이널 테스트 정답 및 해설

파이널 테스트 1회

1. ③	2. ②	3. ①	4. ③	5. ②	6. ④	7. ②	8. ③	9. ③	10. ④
11. ②	12. ①	13. ③	14. ④	15. ①	16. ④	17. ④	18. ③	19. ②	20. ③
21. ④									

문제10 내용 이해-단문

지문 해석

상중이기에 연말연시 인사를 정중히 사양하겠습니다.

전부터 요양 중이셨던 폐사 대표 이사 사장 마쓰타케 우메오(90세)가 영면하셨습니다. 평소의 깊은 애정에 깊이 감사 드립니다. 또한, 정말 죄송하지만 인사는 사양하고자 하오니 아무쪼록 양해 부탁드립니다. 앞으로도 변함없는 지도 편달 부탁드립니다. 추위로 접어드는 계절이니 모두 건강에 유의하시길 바랍니다.

단어

喪中(もちゅう) 상중 | ~につき ~이므로, ~인지라 | 挨拶(あいさつ) 인사 | 遠慮(えんりょ) 사양, 삼가, 거절 | かねて 전, 미리 | 療養中(りょうようちゅう) 요양 중 | 弊社(へいしゃ) 폐사(자신의 회사를 낮춰 부르는 말) | 代表取締役(だいひょうとりしまりやく) 대표 이사 | 永眠(えいみん)する 영면하다, 잠들다 | 平素(へいそ) 평소 | 厚情(こうじょう) 깊은 애정 | なお 또한 | 誠(まこと)に 진심으로 | 勝手(かって)ながら 제멋대로지만, 죄송하지만 | 心遣(こころづか)い 배려, 마음을 씀 | 辞退(じたい) 사퇴, 사양 | ~させていただく ~하다(する의 겸양 표현) | 何卒(なにとぞ) 아무쪼록 | 了承(りょうしょう) 양해, 승낙 | 変(か)わらぬ 변함없는 | 指導(しどう) 지도 | 鞭撻(べんたつ) 편달 | 向寒(こうかん) 이제부터 추워짐 | 折(おり) 즈음, 때 | 自愛(じあい) 몸 조심 | お祈(いの)り申(もう)し上(あ)げる 기원하다

문제 해설

1	이 엽서를 보낸 사람이 가장 말하고 싶은 것은 무엇인가?
1	최근 추워졌으니 자신의 몸을 돌보기 바란다는 것
2	대표 이사 사장이 돌아가셨으니 회사를 더욱더 응원해 주길 바란다는 것
3	대표 이사 사장이 돌아가셨으니 연하장은 보내지 않길 바란다는 것
4	대표 이사 사장이 돌아가셨으니 새로운 사장을 엄하게 지도해 주길 바란다는 것

해설 첫 문장인 [喪中につき年末年始のご挨拶をご遠慮申し上げます]를 보면 이 편지의 목적을 바로 알 수 있으므로 3번이 정답이 된다.

2

지문 해석

편의점 체인으로 알려진 프랜차이즈 시스템은 현재까지 이자카야, 라면 가게, 서서 먹는 소바 가게, 회전 초밥 등 다양한 업종으로 확산되어 독립 개업을 하고자 하는 사람들의 든든한 지원군이 되어 주고 있다. 본부가 가게 이름을 홍보해 주기 때문에 광고할 필요가 없는 데다가, 매입부터 판매까지 맡아서 해 주고 가게의 위치 선정부터 운영 관리에 이르기까지의 노하우를 지도해 주기 때문에 경험이 없어도 안심할 수 있다. 그 대신, 경영하는 쪽은 프랜차이즈 가맹비나 매출로부터의 마진 등의 로열티를 지불하는 시스템이다. 프랜차이즈 본부 쪽에서 보면 유휴지를 유효하게 이용하려는 오너를 찾아 개점에 대한 얘기를 꺼내고, 신규 개점이 생겨나면 그로 인한 로열티 수입이 증가하는 이점이 있다. 하지만 본부에 있어서의 이점은 가맹점에게 불이익으로 작용될 수 있다. 매달 지불하는 로열티 비율에 따라서는 이익이 안 나오는 경우도 생각해 볼 수 있기 때문이다.

단어

立(た)ち食(ぐ)いそば屋(や) 서서 먹는 국수 가게 | 回転(かいてん)ずし 회전 초밥 | 業種(ぎょうしゅ) 업종 | 独立開業(どくりつかいぎょう) 독립 개업 | 味方(みかた) 내 편, 아군 | 屋号(やごう) 가게 이름 | 名乗(なの)る 이름을 대다 | 広告(こうこく) 광고 | ~うえに ~하는 데다가 | 仕入(しい)れ 매입 | 販売(はんばい) 판매 | 面倒(めんどう)を見(み)る 보살피다, 돌보다 | 運営管理(うんえいかんり) 운영 관리 | 至(いた)る 이르다 | ノウハウ 노하우 | 指導(しどう) 지도 | そのかわり 그 대신 | 経営(けいえい) 경영 | 側(かわ) 쪽, 측 | 加盟料(かめいりょう) 가맹비 | 売(う)り上(あ)げ 매출 | マージン 마진 | 遊休地(ゆうきゅうち) 유휴지 | 有効(ゆうこう) 유효 | もちかける 말을 꺼내다 | 新規開店(しんきかいてん) 신규 개점 | 収入(しゅうにゅう) 수입 | ~にとっては ~에 있어서는 | 割合(わりあい) 비율 | ~によって ~에 따라서 | 利益(りえき) 이익

문제 해설

2 본문의 내용과 일치하지 않는 것을 고르시오.
1 프랜차이즈는 경영 초보자라도 본부로부터 경영 지도 등을 받을 수 있기 때문에 손쉽게 가게를 차릴 수 있다.
2 프랜차이즈 본부가 처음부터 끝까지 원조해 주기 때문에 가맹점에는 위험 요소가 없다.
3 가맹점은 체인점 본부와 프랜차이즈 계약을 하면, 가맹비와 로열티를 지불해야 한다.
4 가맹점은 프랜차이즈 계약을 하면, 체인점 본부로부터 상품 등 노하우를 제공받는다.

해설 아홉 번째 줄 [だが、本部にとってメリットは加盟店に~利益が出ないなんてことも考えられるからだ]를 보면 매달 프랜차이즈 본부에 지불하는 로열티 비율에 따라서는 이익이 안 나올 수 있는 위험 요소가 있으므로 2번이 정답이 된다.

3

지문 해석

여름 방학도 앞으로 일주일 정도면 끝나가는 시기였습니다. 저는 방에서 상 위에 쌓아 놓은 숙제를 하느라 끙끙 앓고 있었습니다. 매년 7월 안에 다 끝내자는 목표를 세워 놓지만 눈앞의 즐거움에 약한 저는 그것을 실행한 적이 한 번도 없었습니다. 처음 일주일 정도는 성실히 하지만 조금 여유가 생기만 금방 방심해서 노는 것을 우선시해 버립니다. 그 버릇은 중학교에 들어가서도 전혀 고쳐지지 않아 매년 똑같이 괴로워하고 있는 것입니다. 옆 방에서는 여느

때처럼 어머니가 라디오를 들으시면서 바느질을 하고 계셨습니다. 창문가에 매단 풍경은 울리지 않았고 히라오 마사아키의 '별은 무엇이든 알고 있다'가 흘러 나왔기 때문에 저도 모르게 연필 잡은 손을 멈추었습니다. 지금도 여자 아이들은 아이돌에 빠져 있지만 그것은 당시도 마찬가지였습니다. 오히려 열중한 정도로 말하자면 옛날이 더 심했는지도 모릅니다.

단어

夏休(なつやす)み 여름 방학 | 一週間(いっしゅうかん)ほど 일주일 정도 | 頃(ころ) 시기 | 部屋(へや) 방 | ちゃぶ台(だい) 다리를 접을 수 있는 낮은 밥상 | 溜(た)め込(こ)む 모으다 | うんうん唸(うな)る 끙끙 신음하다 | 目標(もくひょう)を立(た)てる 목표를 세우다 | 目先(めさき) 눈앞 | 実行(じっこう)する 실행하다 | 真面目(まじめ)にやる 성실하게 하다 | 余裕(よゆう)ができる 여유가 생기다 | 油断(ゆだん)する 방심하다 | 優先(ゆうせん)させる 우선시하다 | 性癖(せいへき) 버릇 | 治(なお)る 고쳐지다 | 例年通(れいねんどお)りに 예년과 같이 | 苦(くる)しめられる 괴로워하다 | 針仕事(はりしごと) 바느질 | 窓辺(まどべ) 창가 | 下(さ)げる 매달다 | 風鈴(ふうりん) 풍경, 풍령 | リンとも鳴(な)らず 딸랑 하고 울리지 않고 | 鉛筆(えんぴつ) 연필 | 止(と)める 멈추다 | 夢中(むちゅう) 몰두 | むしろ 오히려 | 熱中(ねっちゅう) 열중 | 程度(ていど) 정도 | 昔(むかし) 옛날 | 激(はげ)しい 심하다

문제 해설

3 그 버릇이라고 되어 있는데 그것은 무엇인가?
1 노는 것이 우선이라 쌓아 놓은 숙제를 여름 방학 끝 무렵에 한꺼번에 하는 것
2 눈앞의 즐거움에 약한 나머지 숙제는 포기하고 마음껏 노는 것
3 창가의 풍경이 보이는 곳에서 라디오를 들으며 여름 방학 숙제를 하는 것
4 아이돌에게 너무 심하게 빠져서 다른 것은 손에 잡히지 않게 되는 것

해설 밑줄 앞 부분을 읽어 보면 답을 얻을 수 있다. 처음에만 숙제를 성실히 하다가 결국에는 노는 것이 우선이 돼 버려서 쌓아 놓은 숙제를 한꺼번에 하고 그 버릇은 중학교에 들어가서도 고쳐지지 않았다고 했다. 그러므로 정답은 1번이 된다.

4

지문 해석

일본인이 벚꽃을 그토록 사랑하는 이유는 무엇일까? 3월 중순부터 4월 초순에 걸쳐 일본 전국의 벚꽃 명소는 벚꽃을 즐기려는 사람들로 북적거린다. 가족과 친구, 회사 동료들과 삼삼오오 모여서 도시락을 먹으며 담소를 나누는 광경도 흔히 볼 수 있을 것이다. 사계절이 뚜렷한 일본에서 벚꽃 개화는 봄이 왔다는 것을 알려 주고 새로운 생활에 대한 희망을 가져다 준다. 또한 일본인이 벚꽃에 대해 특별한 애정을 가지고 있는 이유는 불교의 사상이기도 한 '무상관'과도 연관이 있는 듯하다. '무상관'은 이 세상에 변치 않는 것은 없고 모두 변해 간다는 사상이다. 단기간에 피고 아름답게 지는 벚꽃과 사람들의 인생은 겹쳐지는 부분이 있고 모두 그런 점에 마음이 끌리는 것은 아닐까?

단어

桜(さくら) 벚꽃 | こよなく愛(あい)する 그토록 사랑하다, 각별히 사랑하다 | 中旬(ちゅうじゅん) 중순 | 初旬(しょじゅん) 초순 | 名所(めいしょ) 명소 | 花見(はなみ)を楽(たの)しむ 벚꽃놀이를 즐기다 | 賑(にぎ)わう 북적거리다 | 同僚(どうりょう) 동료 | 三々五々(さんさんごご)集(あつ)まる 삼삼오오 모이다 | お弁当(べんとう) 도시락 | 談笑(だんしょう)を交(か)わす 담

소를 나누다 | 光景(こうけい) 광경 | はっきりした 뚜렷한 | 四季(しき) 사계절 | 開花(かいか) 개화 | 希望(きぼう)を与(あた)える 희망을 주다 | 特別(とくべつ)な愛情(あいじょう) 특별한 애정 | 仏教(ぶっきょう)の思想(しそう) 불교의 사상 | 無常観(むじょうかん) 무상관 | 移(うつ)り変(か)わっていく 변해 가다 | 思想(しそう) 사상 | 短期間(たんきかん) 단기간 | 咲(さ)く 피다 | 散(ち)る 지다 | 重(かさ)なる 겹치다 | 心(こころ)をひかれる 마음이 끌리다

문제 해석

4 본문의 내용과 일치하는 것은 무엇인가?
1 일본인이 벚꽃을 사랑하는 이유는 일본에 벚꽃 명소가 많기 때문이다.
2 인생의 전환점이 되는 시기에 벚꽃을 봄으로써 일본인의 마음에 잔상이 새겨진다.
3 '무상관'과 벚나무는 서로 겹쳐지는 부분이 있는데 그 모습이 보는 사람의 마음을 끈다.
4 벚꽃은 단기간에 피고 순식간에 지기 때문에 볼 가치가 높아진다.

해설 여섯 번째 줄부터 마지막까지의 내용을 보면 알 수 있다. [無常観とは、世の中に変わらないものはなく~みんなそれに心をひかれるのではないだろうか]라고 언급하며 벚꽃과 사람의 인생은 겹치는 부분이 있고 그런 점이 사람들의 마음을 끄는 것 같다고 말하고 있다. 그러므로 정답은 3번이 된다.

5

지문 해석

어렸을 때부터 영화를 좋아했다. 일본 패전 후 무렵의 미국 영화는 조금 특별한 의미를 가지고 있었다. 재미있는 스토리, 아름다운 여배우, 훌륭한 연출 이외에도 화면에 나오는 것이 신기하고 멋져서 꿈의 세계를 살짝 들여다보는 기분이었다. 무엇이 꿈처럼 근사하게 보였냐 하면 전기 냉장고나 전기 청소기, 토스트기였다. 우리들은 그런 것들을 몰랐기 때문에 서민의 가정을 그린 영화라도 궁전을 보는 듯한 기분. 꽤 오해를 하면서 영화를 봤던 것 같다. 그러한 꿈의 상징이 영화 제일 처음에 나오는 마크였다. MGM영화는 사자가 짖는다. 파라마운트 영화는 산 위에 별이 빛난다. 유니버설 영화는 지구가 돈다. 20세기 폭스 영화는 서치라이트가 하늘을 비춘다. 마크가 나오면 이미 가슴이 콩닥콩닥 두근두근했었다.

단어

映画(えいが) 영화 | 戦後(せんご) 제2차 세계대전 후, 일본 패전 후 | まもない (시간적으로) 얼마 안 되다 | 特別(とくべつ)な 특별한 | 意味(いみ) 의미 | 物語(ものがたり) 이야기 | 面白(おもしろ)さ 재미 | 女優(じょゆう) 여배우 | 美(うつく)しさ 아름다움 | 出演(しゅつえん) 출연 | うまさ 훌륭함 | 写(うつ)る 찍히다 | 珍(めずら)しい 드물다, 신기하다 | 素敵(すてき) 멋짐 | 夢(ゆめ)の世界(せかい) 꿈의 세계 | かいま見(み)る 살짝 들여다보다 | 電気冷蔵庫(でんきれいぞうこ) 전기냉장고 | 電気掃除機(でんきそうじき) 전기청소기 | トースター 토스트기 | 庶民(しょみん)の家庭(かてい) 서민 가정 | 描(えが)く 그리다 | 宮殿(きゅうでん) 궁전 | ずいぶん 꽤, 매우 | 誤解(ごかい) 오해 | 象徴(しょうちょう) 상징 | マーク 마크 | ほえる 짖다 | 星(ほし)が輝(かがや)く 별이 빛나다 | 地球(ちきゅう)が回(まわ)る 지구가 돌다 | 空(そら)を照(て)らす 하늘을 비추다 | ワクワク 콩닥콩닥, 두근두근(기쁨, 기대 등으로 설렐 때) | ドキドキ 두근두근

> **문제 해설**

> 5 꽤 오해를 하면서 영화를 봤던 것 같다. 라고 되어 있는데 그 이유는 무엇인가?
> 1 일본 패전 후 무렵의 미국 영화는 연출 방식이 일본과 매우 달랐기 때문에
> **2 지금껏 본 적이 없는 영화 속에 나오는 세계와 광경을 자기식으로 해석했기 때문에**
> 3 꿈의 상징인 마크를 영화의 내용과 결부시켜서 마음대로 상상했기 때문에
> 4 미국의 여배우는 너무 아름다워서 미국 여성은 모두 아름답다고 생각했기 때문에

[해설] 밑줄 앞 부분을 보면 알 수 있다. [ぼくたちはそういうものを知らなかったから、庶民の家庭を描いた映画でも宮殿を見るような気分]이라고 말하며 당시 필자가 살던 일본 패전 후 무렵의 생활 환경과 미국 영화에서 보는 환경이 너무 달라 영화 속에 비치는 모습들을 마음대로 상상한 것이다. 그러므로 정답은 2번이 된다.

문제11 내용 이해-중문

6 ~ 8

> **지문 해석**

월말의 금요일은 일을 오후 3시에 끝내고 쇼핑이나 여행을 즐기자라는 '프리미엄 프라이데이'가 시작된다. 정부와 경단련(경제단체연합회)이 제창한 것으로 소비를 환기하고 근무 방식의 개혁으로 연결시킨다는 목표가 있다. 실제로 일을 일찍 끝내는 것이 어려운 사람도 많을 것이다. 소비 확대 효과도 한정적이라고 보는 견해도 있다. 이것을 계기로 정부와 기업은 좀 더 휴가를 내기 쉬운 환경을 갖추었으면 한다.

모델이 된 것은 미국의 연말 상업 경쟁 '블랙 프라이데이(흑자 금요일)'이다. 이벤트를 통해 소비를 촉진시킨 실적이 있다. 프리미엄 프라이데이에 맞춰 상품과 서비스를 제공하는 기업·단체는 3000곳을 넘는다. 음식점은 개점을 서두르고 여행사는 금요일 밤늦게 체크인할 수 있는 플랜을 준비하는 등 상업 기회를 엿본다.

하지만 소득이 늘지 않는 현실에서는 시간적으로 여유가 생겨도 최저 소비를 끌어올리는 것으로 연결하기는 어렵다. 금요일에 돈을 쓰면 토요일은 지출을 줄이는 등 수요를 당기는 것으로 끝날지 모른다. 소비 확대를 겨냥한 것이라면 비정규직 사원의 처우 개선을 포함한 임금 인상에 주력하는 것이 요점이다. 한편, 사원이 일찍 귀가할 수 있는 회사는 많지 않다.

경단련이 회원 기업에 조기 퇴근을 권고하여 유급 휴가 취득과 플렉스타임 활용에 따라 근무 시간을 당기는 것을 인정한 대기업도 있다. 하지만 거래처와의 관계와 고객 서비스 등을 우선시하여 통상 근무를 하는 기업도 많다. 일을 일찍 마무리해도 다른 날에 잔업을 하거나 휴일 출근이 늘어날 뿐이라는 등의 의견도 있다. <u>그렇다면 본말전도이다.</u> 기업의 70퍼센트를 차지하는 중소기업에서 일하는 사람은 더 귀가하기 어려울 것으로 보인다. 일손 부족 때문에 휴가를 낼 수 있는 체제가 정비되어 있지 않기 때문이다.

단어

プレミアムフライデー 프리미엄 프라이데이 | 政府(せいふ) 정부 | 経団連(けいだんれん) 경단련(경제단체연합회) | 呼(よ)びかける 호소하다 | 消費(しょうひ)を喚起(かんき)する 소비를 환기하다 | 働(はたら)き方(かた)改革(かいかく) 근무 방식 개혁 | 狙(ねら)い 목표, 목적 | 実際(じっさい)に 실제로 | 消費拡大(しょうひかくだい) 소비 확대 | 効果(こうか) 효과 | 限定的(げんていてき) 한정적 | 見方(みかた) 견해 | 契機(けいき)に 계기로 | 環境(かんきょう)を整(ととの)える 환경을 정비하다 | 商戦(しょうせん) 상업 경쟁 | ブラックフライデー 블랙 프라이데이 | 黒字(くろじ) 흑자 | 盛(も)り上(あ)げる 고조시키다 | 実績(じっせき) 실적 | 超(こ)す 넘다 | 商機(しょうき)をうかがう 상업 기회를 엿보다 | 所得(しょとく)が伸(の)び悩(なや)む 소득이 늘지 않다 | 余裕(よゆう) 여유 | 底(そこ)上(あ)げ 최저의 수준을 끌어올림 | 出費(しゅっぴ)を抑(おさ)える 지출을 줄이다 | 需要(じゅよう) 수요 | 先食(さきぐ)い 앞당겨 씀 | 終(お)わりかねない 끝날지도 모른다 | 目指(めざ)す 목표로 하다, 겨냥하다 | 非正規社員(ひせいきしゃいん) 비정규직 사원 | 待遇改善(たいぐうかいぜん) 대우 개선, 처우 개선 | 賃金(ちんぎん)引上(ひきあ)げ 임금 인상 | 本腰(ほんごし)を入れる 진지한 마음으로 일을 시작하다 | 筋(すじ) 요점 | 欠(か)く 빠지다 | 有給休暇(ゆうきゅうきゅうか)の取得(しゅとく) 유급 휴가 취득 | フレックスタイム 플렉스타임 | 活用(かつよう) 활용 | 繰(く)り上(あ)げ (예정보다) 앞당김 | 取引先(とりひきさき) 거래처 | 顧客(こきゃく) 고객 | 通常勤務(つうじょうきんむ) 통상 근무 | 切(き)り上(あ)げる 일단 끝내다 | 本末転倒(ほんまつてんとう) 본말전도 | 占(し)める 차지하다 | 人手不足(ひとでぶそく) 일손 부족 | 体制(たいせい)が整(ととの)う 체제가 정비되다

문제 해석

6 프리미엄 프라이데이의 설명으로 옳지 않은 것은 무엇인가?

1 월말의 금요일은 일을 일찍 끝내고 쇼핑이나 여행을 하며 쉴 수 있다.
2 소비를 촉진하고 근무 방식을 바꾸기 위해서 정부와 경단련 주도 하에 시작되었다.
3 음식점과 여행사 등은 이것을 계기로 다양한 서비스와 플랜을 준비하고 있다.
4 **유럽의 노동 시간과 환경을 보고 영향을 받은 일본의 대기업이 앞장서서 도입했다.**

해설 1번, 첫 번째 줄 [月末の金曜日は~が始まる]라고 언급하고 있다. 2번, 두 번째 줄 [政府や経団連が呼びかけたもので]라고 언급하고 있다. 3번, 2단락 마지막 부분 [飲食店は~商機をうかがう]라고 언급하고 있다. 4번, 정부와 경단련이 주도한 것이지 일본의 대기업이 도입한 것은 아니다. 그러므로 정답은 4번이 된다.

7 프리미엄 프라이데이의 문제점은 무엇인가?

1 대기업은 용인하고 있지만 중소기업은 이 제도를 수용하려고 하지 않는다.
2 **소비 수준을 끌어올리는 것이 어렵고 실제로 일찍 퇴근할 수 있는 회사는 적다.**
3 이 제도를 실행하려고 해도 거래처가 탐탁하게 생각하지 않는 경우가 많다.
4 비정규직 사원은 이 제도의 대상이 되지 않기 때문에 사원 간의 격차와 불만의 소리가 커지고 있다.

해설 3단락을 보면 알 수 있다. [だが、所得が伸び悩む現状には~結びつきにくい]와, 같은 단락 마지막 부분을 보면 [社員が早く帰れるようにした企業は広がりを欠く]라고 설명하고 있으므로 정답은 2번이 된다.

8	그렇다면 본말전도이다 라고 되어 있는데 그것은 무엇인가?
1	일하는 시간이 짧아지기 때문에 월급도 그만큼 깎인다는 것.
2	중소기업은 일손 부족으로 곤란한데 노동 시간을 단축시켜 버린다는 것.
3	**월말의 금요일에 일찍 끝내서 하지 못한 일을 다른 날에 보충해야 하는 것.**
4	프리미엄 프라이데이를 사용한 날짜에 따라 사용할 수 있는 유급 휴가가 줄어드는 것.

[해설] 밑줄 앞 문장을 보면 쉽게 답을 찾을 수 있다. [仕事を早く切り上げても~増えるだけとの声もある]라고 언급하였으므로 3번이 정답임을 알 수 있다.

9 ~ 11

지문 해석

상품의 내용과 가격면 양쪽 모두 자신을 가지고 수출했는데 어쩐지 판매 상황이 좋지 않다. 현지의 조사원을 파견해서 그것과 경합할 만할 타사 제품을 섞어서 블라인드 테스트를 해 보니 오히려 평가는 우리 회사 물건이 좋다. 그런데도 도무지 팔리지가 않는 것이다.

조사원이 마켓에 들어가서 타사 제품을 선택해서 팔고 있는 현지인에게 넌지시 어째서 이쪽, 다시 말해 우리 회사의 제품을 사지 않는 것이냐고 물어 봤다. "놀라지 말고 들으세요. 태양 표시가 있기 때문이에요."라고 대답했다.

일본에서는 아침 해, 태양, 히노마루는 상품명으로 자주 사용되고 마크나 디자인에도 애용된다. 하지만 일년 내내 사막 한가운데서 작열하는 태양 때문에 힘들어하며 사는 문화를 가진 사람들에게 태양은 일본인이 생각하는 것처럼 은혜를 베푸는 생명의 원천이 아니라 자칫 잘못하면 죽음을 의미하는 저주스러운 존재였던 것이다.

일본인이 가진 '새해 첫 일출' '해돋이' '해님'과 같은 것에 대한 신앙이라고도 말할 수 있는 긍정적인 감정을 아랍 사람들은 전혀 이해할 수 없다. 그들에게 이처럼 불길한 존재인 태양은 식품 브랜드로서는 가장 불쾌한 마이너스 이미지 이외에 그 무엇도 아니다.

그럼 이토록 아랍 사람들이 태양을 싫어한다면 그들이 좋아하는 천체는 무엇일까? 그것은 달이다. 세상을 뜨거운 모래 바다로 바꾸고 만물을 말려 버리는 무서운 태양이 지면 사막은 돌연 시원해진다. 사람들은 생기를 되찾고 겨우 제정신이 든다. 달이야말로 아름다움이자 구원이며 희망이라는 달의 미학은 바로 이러한 상황에서 생겨난 것이다. 그러므로 아랍 문화에 기반을 둔 이슬람 문명 안에서는 달이, 그것도 특히 초승달이 찬양받게 되는 것이다. 그리고 그것이 지금 아홉 개의 이슬람교를 국교, 또는 중요한 종교로 삼는 나라들이며 초승달이 국기에 새겨져 있는 이유인 것이다.

단어

商品(しょうひん) 상품 | **価格**(かかく) 가격 | **輸出**(ゆしゅつ)**する** 수출하다 | **売**(う)**れ行**(ゆ)**き** 팔리는 상태 | **現地**(げんち) 현지 | **調査員**(ちょうさいん) 조사원 | **派遣**(はけん)**する** 파견하다 | **競合**(きょうごう)**する** 경합하다 | **製品**(せいひん) 제품 | **混**(ま)**ぜる** 섞다 | **目隠**(めかく)**しテストを行**(おこな)**う** 블라인드 테스트를 하다 | **評判**(ひょうばん) 평판 | **さっぱり** 도무지 | **さりげなく** 아무 일도 없는 듯이 | **尋**(たず)**ねる** 묻다 | **驚**(おどろ)**くなかれ** 놀라지 말거라 | **太陽**(たいよう)**の印**(しるし) 태양 표시 | **朝日**(あさひ) 아침 해 | **旭**(あさひ) 아침 해 | **日**(ひ)**の丸**(まる) 해를 상징하는 붉은 원, 일장기 | **好**(この)**む** 좋아하다 | **多用**(たよう)**される** 다용되다 | **砂漠**(さばく) 사막 | **灼熱**(しゃくねつ) 작열 | **苦**(くる)**しめられる** 괴로워하다 | **恵**(めぐみ)**を与**(あた)**える** 은혜를 베풀다 | **生命**(せいめい)**の源**(みなもと) 생명의 원천 | **まかり間違**(まちが)**えば** 자칫 잘못하면 | **呪**(のろ)**わしき存在**(そんざい) 저주스러운 존재 | **初日**(はつひ)**の出**(で) 새해 첫 일출 | **御来光**(ごらいこう) 해돋이 | **お天**

道(てんどう)さま 해님 | 信仰(しんこう) 신앙 | 肯定的(こうていてき)な 感情(かんじょう) 긍정적인 감정 | 忌(い)まわしい 불길하다 | 不愉快(ふゆかい)な 불쾌한 | 天体(てんたい) 천체 | 熱砂(ねっさ)の 海(うみ) 뜨거운 모래 바다 | 万物(ばんぶつ)を 干上(ほしあ)がらせる 만물을 말려 버리다 | 恐(おそ)ろしい 무섭다 | 沈(しず)む 지다 | 突如(とつじょ) 돌연 | 生気(せいき)を 取(と)り戻(もど)す 생기를 되찾다 | ようやく 겨우 | 人心地(ひとごこち)に 返(かえ)る 제정신이 들다 | 救(すく)い 구원 | 希望(きぼう) 희망 | 美学(びがく) 미학 | まさに 바로 | 基盤(きばん)を 持(も)つ 기반을 가지다 | イスラム文明(ぶんめい) 이슬람 문명 | 三日月(みかづき) 초승달 | 賞揚(しょうよう)される 찬양받다 | 国教(こっきょう) 국교 | 宗教(しゅうきょう) 종교 | 国旗(こっき) 국기 | 取(と)り入(い)れる 받아들이다, 도입하다

문제 해설

9 어쩐지 판매 상황이 좋지 않다 라고 되어 있는데 그 이유는 무엇인가?
1. 상품의 내용과 가격의 비율이 맞지 않았기 때문에
2. 라이벌 기업의 제품이 더 우수했기 때문에
3. **현지 사람들이 좋아하지 않는 표시가 붙어 있었기 때문에**
4. 파견된 조사원이 현지 사람들과 대립하고 있었기 때문에

해설 2단락 마지막 부분을 보면 알 수 있다. 현지 사람한테 넌지시 그 이유를 물었더니 [驚くなかれ、太陽の印がついているからさ]라고 대답했다는 내용으로 보아 3번이 정답임을 알 수 있다. 그리고 그 다음 단락에 왜 태양 표시를 싫어하는지에 대한 부가 설명이 나와 있다.

10 아랍 사람들에게 달은 어떤 의미를 지니는가?
1. 은혜를 베푸는 생명의 원천
2. 죽음을 의미하는 저주스러운 존재
3. 신앙과 결합된 긍정적인 것
4. **희망과 구원의 상징**

해설 마지막 단락 중간 부분에서 답을 얻을 수 있다. [月こそ美であり、救いであり、希望だという月の美学]로 보아 4번이 정답임을 알 수 있다.

11 본문의 내용으로 알 수 있는 필자의 생각은 무엇인가?
1. 아랍 사람들의 취향을 제대로 파악하지 않은 채 일본 제품을 수출했기 때문에 판매 상황이 좋지 않았다.
2. **우리가 당연하다고 여기고 있는 것과 정반대의 가치도 존재하므로 상호 이해가 필요하다.**
3. 민족, 문화, 종교의 차이는 대립 반목이라는 여러 가지 문제를 야기한다.
4. '로마에 가면 로마법을 따르라'라고 하듯이 상대 문화를 접했을 때는 그것을 전면적으로 받아들여야 한다.

해설 문장 전체를 읽어 보면 필자의 생각을 알 수 있다. 일본 사람들이 생각하는 태양의 이미지와 아랍 사람들이 바라보는 태양의 이미지는 전혀 반대되는 것으로 우리가 당연하다고 여기는 것이 때로는 다르게 해석될 수도 있으므로 상대 문화를 이해할 필요가 있다고 말하고 있다. 그러므로 정답은 2번이 된다.

12 ~ 14

지문 해석

　세계적인 글로벌화의 진행과 더불어 다른 문화, 이민족과 접할 기회가 급속히 증가하여 문화 간의 이동, 접촉, 상호 작용의 과정에 있어서 발생하는 여러 문제에 대해 고찰한 연구가 많이 보고되고 있다.

　베리(Berry)는 자국의 문화와 다른 문화 환경에 있는 개인의 이문화 스트레스와 문화 수용에 초점을 두고 '이문화 전략'이라는 이문화 접촉에 관한 이론을 도출해 냈다. '이문화 전략'이란 자국과 타국의 문화에 어떤 개인이 취할 수 있는 태도와 행동, 대처법을 말하는 것으로 자문화와 수용 문화에 대한 귀속감의 정도를 나타낸 것이다.

　베리는 '호스트 문화를 중시하고 그것과 새로운 관계를 맺어야 하는가'와 '고유의 자문화를 유지해야 하는가'라는 두 가지 관점에서 '통합' '동화' '분리' '주변화'라는 4개의 유형을 제시했다.

통합 : 이문화에 대한 태도가 가장 호의적, 쌍방의 문화를 중시하고 수용해가는 문화 병존형이다.
동화 : 자문화에 대해서는 부정적이라서 상대 문화에 적응해 간다.
분리 : 자문화만을 중시하고 상대 문화는 거부한다.
주변화 : 어느 쪽 문화에도 동화되지 못한다.

　베리의 분석은 개인이 다른 문화에 적응해 가는 프로세스뿐만 아니라 자문화의 아이덴티티를 유지하고 발전시켜 간다는 점에 착안한 것이 새롭다. 또 각 유형의 특징을 명확하게 파악해서 기술한 점도 지금까지의 연구와는 다르다. 하지만 위의 네 가지 유형으로는 자문화와 이문화에 대한 어느 정도의 경향을 읽을 수는 있어도 어느 쪽에도 해당하지 않는 타입에 대해서는 언급되지 않은 점에 한계가 있다.

단어

世界的(せかいてき) 세계적 | グローバル化(か)の進行(しんこう) 글로벌화의 진행 | 異文化(いぶんか) 다른 문화 | 異民族(いみんぞく) 이민족 | 接触(せっしょく) 접촉 | 急速(きゅうそく)に増(ふ)える 급속히 증가하다 | 相互作用(そうごさよう) 상호작용 | 過程(かてい) 과정 | ～において ~에 있어서 | 諸問題(しょもんだい) 여러 문제 | 考察(こうさつ)する 고찰하다 | 研究(けんきゅう)が報告(ほうこく)される 연구가 보고되다 | 異(こと)なる 다르다 | 環境(かんきょう) 환경 | 受容(じゅよう) 수용 | 焦点(しょうてん)を置(お)く 초점을 두다 | 戦略(せんりゃく) 전략 | 理論(りろん) 이론 | 導(みちび)き出(だ)す 도출해 내다 | 取(と)り得(う)る 취할 수 있다 | 態度(たいど) 태도 | 対処法(たいしょほう) 대처법 | 受(う)け入(い)れる 받아들이다 | 帰属感(きぞくかん)の度合(どあ)い 귀속감 정도 | 示(しめ)す 나타내다 | 重視(じゅうし)する 중시하다 | 築(きず)く 쌓다 | 固有(こゆう) 고유 | 維持(いじ)する 유지하다 | 観点(かんてん) 관점 | 統合(とうごう) 통합 | 同化(どうか) 동화 | 分離(ぶんり) 분리 | 周辺化(しゅうへんか) 주변화 | 類型(るいけい) 유형 | 提示(ていじ)する 제시하다 | 好意的(こういてき) 호의적 | 双方(そうほう) 쌍방 | 受容(じゅよう)する 수용하다 | 併存型(へいぞんがた) 병존형 | 否定的(ひていてき) 부정적 | 適応(てきおう)する 적응하다 | 拒否(きょひ)する 거부하다 | 溶(と)け込(こ)む 동화되다 | 分析(ぶんせき) 분석 | 順応(じゅんのう)する 순응하다 | プロセス 프로세스 | アイデンティティを保持(ほじ)する 아이덴티티를 지키다 | 発展(はってん)させていく 발전시켜 가다 | 着目(ちゃくもく)する 착안하다 | 特徴(とくちょう) 특징 | 明確(めいかく)に捉(とら)える 명확하게 파악하다 | 記述(きじゅつ)する 기술하다 | 従来(じゅうらい) 종래 | 傾向(けいこう) 경향 | いずれにも 어느 쪽에도 | 当(あ)てはまる 해당되다 | 言及(げんきゅう)する 언급하다 | 限界(げんかい) 한계

> **문제 해설**

12 베리의 '이문화 전략'의 내용으로서 옳은 것은 무엇인가?
1. 이문화에 대한 스트레스의 정도에 착안하여 개인이 취할 수 있는 행동과 귀속감을 나타내고 있다.
2. 서양 문화에 대한 심리적 자세를 '통합' '동화' '분리' '주변화'라는 4개의 유형으로 나눠 설명하고 있다.
3. 자문화를 유지하면서 타문화에 순응해 가는 개인의 이문화 적응을 분석하고 있다.
4. 문화 수용을 하고 있는 커뮤니티의 특질과 여러 문제에 대해서 고찰하고 있다.

해설 1번, 넷째 줄부터 일곱째 줄[自国の文化と異なる文化環境にある個人の~帰属感の度合いを示したものである]를 보면 1번이 정답임을 알 수 있다. 2번, 서양 문화가 아니라 이문화이므로 오답이다. 3번, 자문화를 유지하는 것만이 아니라 자문화와 수용 문화의 귀속감의 정도를 나타내므로 오답이다. 4번, 커뮤니티가 아니라 개인의 행동과 귀속감에 주목하고 있으므로 오답이다.

13 베리가 '통합' '동화' '분리' '주변화'라는 4개의 유형으로 나눈 기준은 무엇인가?
1. 자국의 문화에 대한 귀속감의 정도
2. 수용 문화에 대한 스트레스 척도
3. 외부의 문화와 내부의 문화에 대한 행동 양식
4. 이문화에 대한 편견과 스테레오타입의 정도

해설 밑줄 앞 부분을 보면 알 수 있다. [ホスト文化を重視し~自文化を維持するべきか]라고 설명하고 있으므로 상대 문화와 자문화를 어떻게 수용하느냐가 기준이 된다. 그러므로 정답은 3번이다.

14 베리 분석의 문제점은 무엇인가?
1. 개인의 심리적 기분을 도식화한 것에 한계가 있다.
2. 각 유형의 특징은 명확하게 파악했지만 글로벌화에 상반되는 이론이다.
3. '문화'라고 불리는 영역이 확대되고 있어서 그 경계가 불명확하다.
4. 어떤 타입에도 속하지 않는 유형에 대해서는 설명할 수 없다.

해설 마지막 단락을 보면 베리 분석의 한계점을 알 수 있다. 끝에서 세 번째 줄을 보면 [上の4つの類型では~言及されていないところに限界がある]라고 설명하고 있으므로 4번이 정답이 된다.

문제12 종합 이해

지문 해석

A

현재 일본은 가족 세대보다 독신 세대의 비율이 높아지고 있다. 즉 '싱글족'이 증가하고 있는 것이다. 취미나 사적인 시간을 혼자 즐기고, 주거나 노후 준비를 하는 등 자립된 한 인간으로서 살아가는 '싱글족'이 있는 한편, 어쩔 수 없이 '싱글족'인 사람도 있을 것이다. 그러한 사람들 중에는 주위의 친구들이 하나 둘 결혼하는 것에 초조함을 느껴 '구혼 활동'을 시작하는 사람도 있다. '구혼 활동'이란 결혼하기 위한 활동을 일컫는 말로, 행복한 결혼을 위해 자신의 조건에 맞는 상대를 찾는 일이다. 구혼 활동은 단순히 맞선을 보는 것뿐만 아니라 에스테틱을 다닌다거나 요리 학원이나 헬스장을 다니고 다이어트를 하는 등의 폭넓은 활동이다. 최근에는 구혼 활동도 비즈니스가 되어서, 파티 등을 열어 만남의 장을 만들어 주는 기업도 있다.

B

후생성은 현재 30세 이상의 남성 3명 중 한 명, 여성 5명 중 한 명이 미혼인 채 노후를 맞이할 것이라고 추측하고 있다. 이러한 배경에는, 결혼은 반드시 해야 한다는 개념이 없어졌기 때문이라는 지적도 있다. 결혼이란 하지 않더라도 본인의 자유라는 사고방식이 확산되고 있는 것이다. 또한 남성이 결혼을 안 하는 이유로서는 만남의 기회가 전혀 없다, 수입이 낮다, 혼자가 편하기 때문에 등을 들 수 있다. 한편, 여성이 결혼을 안 하는 이유로서는 다른 사람과 생활하는 것이 번거롭다, 좋은 만남의 기회가 없다, 혼자만의 자유가 중요하기 때문이라는 의견이 많았다. 이러한 일본 사회를 반영해 '싱글족'이라는 단어도 생겨났다. 여행, 식사, 영화 등 현재 '싱글족'을 대상으로 한 서비스도 각 회사가 적극적으로 전개하고 있다. 사회가 '싱글족'을 받아들이고 있는 것이다. 향후 '싱글족'의 수요는 점점 늘어 갈 것이다.

단어

家族世帯(かぞくせたい) 가족 세대 | 独身世帯(どくしんせたい) 독신 세대 | 比率(ひりつ) 비율 | お一人様(ひとりさま) 싱글족 | 増加(ぞうか) 증가 | 住居(じゅうきょ) 주거 | 老後(ろうご) 노후 | 準備(じゅんび) 준비 | やむを得(え)ず 어쩔 수 없이 | 焦(あせ)りだす 초조하기 시작하다 | 婚活(こんかつ) 구혼 활동의 줄임말 | 条件(じょうけん) 조건 | 見合(みあ)う 걸맞다 | エステ 에스테틱 | 幅広(はばひろ)い 폭넓다 | 出会(であ)いの場(ば) 만남의 장 | 企業(きぎょう) 기업 | 厚生省(こうせいしょう) 후생성 | 未婚(みこん) 미혼 | 突入(とつにゅう) 돌입 | 推測(すいそく) 추측 | 背景(はいけい) 배경 | 概念(がいねん) 개념 | 指摘(してき) 지적 | 低収入(ていしゅうにゅう) 수입이 낮음 | 挙(あ)げる(예로) 들다 | 煩(わずら)わしい 번거롭다, 성가시다 | 反映(はんえい) 반영 | 対象(たいしょう) 대상 | 積極的(せっきょくてき) 적극적 | 需要(じゅよう) 수요 | ますます 점점

문제 해설

15 본문에 나와 있는 싱글족의 의미로 옳은 것을 고르시오.
1 정신적으로 자립되어 있고, 어떠한 일이든 혼자서 판단하고 행동할 수 있는 사람
2 관광지나 테마파크 등 단체 이용이 많은 시설을 혼자 이용하고 즐기는 사람
3 배우자의 단신 부임으로 혼자 사는 사람
4 친구나 애인이 없고, 대인 관계에 어려움을 겪는 사람

해설 본문에서 나온 싱글족의 특성은 본문 A의 두 번째 줄 [趣味やプライベートを一人で楽しんだり、住居や老後の準備を行うなど～やむを得ずお一人様の人もいるだろう] 부분을 보면 알 수 있다. 2번, 그런 내용은 본문에서 언급하지 않았고, 3번, 배우자가 있는 것은 싱글족이 아니며, 4번, 친구, 애인 없이 홀로 사는 사람이라는 설명은 없으므로 오답이 된다.

16 본문의 내용으로 옳지 않은 것을 고르시오.
1. A에서는 구혼 활동 스타일의 다양화에 대해 말하고 있지만, B에서는 언급하고 있지 않다.
2. A에서는 구혼 활동이 비즈니스로 발전되고 있음을 말하고 있지만, B에서는 언급하고 있지 않다.
3. A, B 모두 결혼관에 대해서 말하고 있다.
4. A, B 모두 결혼을 안 하는 이유에 대해서 말하고 있다.

해설 결혼을 안 하는 이유는 본문 B에만 나와 있으므로 4번이 정답이 된다.

문제13 주장이해-장문

지문 해석

사람을 공격하기도 한다는 성미가 난폭한 물고기 꼬치고기. 기업이나 조직을 이야기할 때 자주 등장하는 것이 이 물고기의 습성을 포착한 ①'꼬치고기 이론'이다.

수조에 꼬치고기를 넣고 그 안에 사료가 되는 작은 물고기를 풀어 놓으면 날카로운 이빨로 공격한다. 그 다음 수조에 투명한 칸막이를 설치하고 한 쪽에는 꼬치고기, 한 쪽에는 작은 물고기를 넣는다. 그러면 꼬치고기는 사료를 먹으려고 몇 번이나 반복해서 칸막이에 몸을 부딪혀 보지만 먹을 수가 없어서 끝내는 단념하고 칸막이를 빼도 작은 물고기를 공격하지 않게 된다는 이론이다.

심리학자인 셀리그만이 시도한 것은 개에게 전기 충격을 주는 실험이다. 처음에 개는 전기 충격으로부터 달아나려고 이리저리 움직이지만 그 움직임과는 상관없이 전기 충격은 일정한 간격으로 반복된다. 얼마 지나지 않아 개는 움직임을 멈추고 불쾌한 자극이 사그라들기를 꾹 참게 된다. 서커스 코끼리가 얇은 로프 한 줄로 묶여 있는데도 불구하고 도망치지 않는 것도 같은 맥락이다. 새끼 코끼리였을 때 두껍고 튼튼한 쇠사슬에 묶여 있었기 때문에 어른이 되어 힘이 세져서 마음만 먹으면 말뚝을 빼고 로프를 풀어서 도망칠 수 있는데 그렇게 하지 않는다. 개도 코끼리도 단념하는 것을 학습한 것이다.

이것은 인간 사회에서도 같다. 여러 번에 걸친 시도가 전혀 환경에 영향을 끼치지 못할 때 그 시도를 멈추고 체념해 버리는 것을 심리학에서는 ②'학습성 무력감'이라고 한다. 하마긴 종합연구소·수석 컨설턴트인 데라모토 아키테루 씨는 '무기력은 전염된다. 무서운 것은 개인이 학습한 체험이 개인 안으로만 전염되는 것이 아니라 그것을 경험한 적이 없는 사람에게까지 유사 체험으로 전염되어 기업 풍토에 영향을 주게 되는 것이다'라고 지적한다.

수요가 감퇴하고 시장이 축소하면 체념 무드가 형성되고 모처럼 제안된 새로운 상품 기획이나 판매 방법에 대해서도 처음부터 안 되는 이유나 할 수 없는 변명을 찾기 쉽다. '무엇을 하든 소용이 없다'라는 무기력이 만연해 버리면 그 기업에 미래는 없다.

그런데 '꼬치고기 이론'에는 다음 이야기가 있다. 칸막이를 뺀 상태에서 새롭게 다른 꼬치고기를 수조에 넣는다. 당연히 새로운 꼬치고기는 작은 물고기들을 공격한다. 그러자 그것을 본 기존의 꼬치고기는 마치 정신이 번쩍 든 것처럼 맹렬히 작은 물고기를 공격한다고 한다.

조직이 정체되면 고정 관념과 체념을 초래하는 '칸막이'가 생기기 쉽다. 그것을 제거하고 활성화시키기 위해서 새로운 꼬치고기를 풀어 넣는 것도 하나의 방법일 것이다. 인사철인 봄은 작은 물고기를 공격하지 않게 된 꼬치고기를 각성시키는 절호의 기회이기도 하다.

단어

襲(おそ)う 습격하다 | 気性(きしょう)の荒(あら)い 성질이 난폭하다 | カマス 꼬치고기 | 企業組織(きぎょうそしき) 기업 조직 | 語(かた)る 이야기하다 | たびたび 자주 | 登場(とうじょう)する 등장하다 | 習性(しゅうせい) 습성 | とらえる 포착하다 | 理論(りろん) 이론 | 水槽(すいそう) 수조 | エサ 사료 | 小魚(こざかな) 잔 물고기 | 放(ほう)り込(こ)む 풀어 넣다 | 鋭(するど)い歯(は) 날카로운 이빨 | 透明(とうめい) 투명 | 間仕切(まじき)り 칸막이 | 設(もう)ける 설치하다 | 体当(たいあ)たり 자기 몸을 부딪힘 | 繰(く)り返(かえ)す 반복하다 | 終(しま)いには 끝내는 | 諦(あきら)める 포기하다 | はずす 빼다 | 心理学者(しんりがくしゃ) 심리학자 | 試(こころ)みる 시도해 보다 | 実験(じっけん) 실험 | 逃(のが)れる 달아나다 | 動(うご)き回(まわ)る 이리저리 돌아다니다 | 間隔(かんかく) 간격 | 不快(ふかい)な 불쾌한 | 刺激(しげき)が収(おさ)まる 자극이 가라앉다 | じっと 꼼짝 않고 | 耐(た)える 참다, 견디다 | 繋(つな)がる 이어지다, 연결되다 | 逃(に)げ出(だ)す 도망치다 | 理屈(りくつ) 이치 | 頑丈(がんじょう)な 튼튼한 | 鎖(くさり) 쇠사슬 | 杭(くい) 말뚝 | 引(ひ)き抜(ぬ)く 뽑다 | 引(ひ)きちぎる 마구 찢다 | 再三(さいさん) 재삼, 여러 번 | 働(はたら)きかけ 작용 | 一向(いっこう)に 조금도, 전혀 | 環境(かんきょう)に影響(えいきょう)を与(あた)える 환경에 영향을 끼치다 | 中止(ちゅうし)する 중지하다 | 学習性無力感(がくしゅうせいむりょくかん) 학습성 무력감 | 主席(しゅせき) 수석 | 無気力(むきりょく) 무기력 | 感染(かんせん)する 감염되다 | 恐(おそ)ろしい 무섭다 | 体験(たいけん) 체험 | 伝染(でんせん)する 전염되다 | 疑似(ぎじ) 유사 | 企業風土(きぎょうふうど) 기업풍토 | 指摘(してき)する 지적하다 | 需要(じゅよう)が減退(げんたい)する 수요가 감퇴하다 | 市場(しじょう)が縮小(しゅくしょう)する 시장이 축소하다 | 諦(あきら)めムードが漂(ただよ)う 체념 무드가 형성되다 | せっかく 모처럼 | 提案(ていあん)する 제안하다 | 商品企画(しょうひんきかく) 상품 기획 | 販売手法(はんばいしゅほう) 판매 방법 | 言(い)い訳(わけ)を探(さが)す 변명을 찾다 | 蔓延(まんえん)する 만연하다 | 目(め)が覚(さ)める 정신이 번쩍 들다 | 猛然(もうぜん) 맹렬 | 停滞(ていたい)する 정체하다 | 思(おも)い込(こ)み 굳게 믿는 것 | 取(と)り除(のぞ)く 없애다, 제거하다 | 活性化(かっせいか)させる 활성화시키다 | 人事(じんじ) 인사 | 絶好(ぜっこう)の機会(きかい) 절호의 찬스

문제 해설

17 본문의 ①'꼬치고기 이론'과 성격이 다른 하나는 다음 중 어느 것인가?

1. 얇은 로프 한 줄로 묶여 있는 코끼리
2. 일정한 간격으로 반복되는 전기 충격을 받은 개
3. 타인의 체험을 유사 체험하는 사람
4. **칸막이를 뺀 상태에서 새롭게 넣은 꼬치고기**

해설 마지막 부분에서 '꼬치고기 이론'의 다음 이야기를 설명하면서 칸막이를 뺀 상태에서 새롭게 넣은 꼬치고기는 포기하는 것을 학습해 버린 기존의 꼬치고기를 각성시키는 역할을 한다고 했다. 그러므로 새로운 자극이 되는 4번이 1번, 2번, 3번과 성격이 다른 하나이다. 그러므로 정답은 4번이 된다.

18 ②'학습성 무력감'에 대한 설명으로 관계가 없는 것은 무엇인가?

1. 여러 번에 걸친 시도가 아무런 영향을 끼치지 않을 때 지금까지의 시도를 중지한다.
2. 사람에게 옮기 쉽고 기업의 분위기에 악영향을 끼친다.
3. **무력감을 체험한 개인은 조직에서 벗어나려고 하는 경향이 강하다.**
4. '꼬치고기 이론'과 '학습성 무력감'은 일맥상통한다.

해설 1번, 4단락 첫 부분 [再三にわたる働きかけが~その働きかけを中止し諦めてしまう]라고 언급되어 있다. 2번, 같은 단락 세 번째 줄에 [恐ろしいのは、個人で学習した体験が個人の中で伝染するだけでなく~企業風土に影響を与えてしまう]라고 나와 있다. 3번, 본문에 나오지 않는 설명이다. 4번, '꼬치고기 이론'과 '학습성 무력감' 둘 다 반복되는 행동이 아무런 영향을 미치지 않을 때 포기해 버리는 것을 말하므로 서로 일맥상통하는 개념이다. 그러므로 정답은 3번이 된다.

19 필자가 '꼬치고기 이론'을 통해서 가장 말하고 싶은 것은 무엇인가?

1. 좋은 영향보다 나쁜 영향이 더 파급력이 강해서 사람들한테 전염되기 쉽다.
2. **'할 수 없다'라는 생각을 '나도 할 수 있다'와 같이 새로운 가능성으로 바꿀 수 있는 자극이 필요하다.**
3. 사회 문제로서 대두된 '학습성 무력감'은 인간 사회에 한정된 문제가 아니다.
4. 체념 무드를 해결하기 위해서는 기업과 조직의 지원과 교육이 필요하다.

해설 필자는 '꼬치고기 이론'을 통해 체념 무드가 만연해 있는 상황을 설명하며 체념 무드를 바꿀 수 있는 새로운 꼬치고기의 투입, 즉 새로운 자극이 필요하다고 설명하고 있다. 그러므로 정답은 2번이 된다.

문제14 정보 검색

문제 해설

20 쓰레기 분리수거가 제대로 된 것은 다음 중 무엇인가?
1 플라스틱 용기의 도시락을 반투명 봉투에 넣어서 월요일에 버렸다.
2 사용하던 소파를 다른 사람이 사용할 수 있도록 쓰레기 수거장에 놓아 두었다.
3 빈 와인병은 뚜껑과 라벨을 떼고 수요일에 회수함에 버렸다.
4 컴퓨터를 버리기 위해서 구청에 전화로 접수를 하고 편의점에서 처리권을 사서 붙였다.

해설 1번, 플라스틱류는 지정된 쓰레기봉투에 넣어서 버려야 하므로 오답이다. 2번, 소파는 대형 쓰레기에 해당하므로 버리기 전날까지 구청에 전화 접수를 하고 처리권을 붙여서 버려야 하므로 오답이다. 3번, 자원 쓰레기에 대한 설명을 보면 알 수 있다. 병은 용기의 라벨이나 뚜껑을 제거한 후에 버리라고 했으므로 3번이 정답이 된다. 4번, 컴퓨터는 재활용숍에 상담하라고 했으므로 오답이다.

21 본문의 '공지 사항'의 내용과 맞지 않는 것은 무엇인가?
1 접수가 필요한 쓰레기는 '대형 쓰레기'뿐이고 처리권의 가격은 다양하다.
2 음식물 쓰레기는 물기를 빼고 지정된 봉투에 넣어서 버려야 한다.
3 화요일과 목요일에 버릴 수 있는 쓰레기는 금속류와 유리 제품 등의 쓰레기이다.
4 위험성·유해성이 있는 쓰레기는 봉투 위에 표시를 한 후 버려야 한다.

해설 [その他のご注意点]을 보면 알 수 있다. [有害性・危険性があるものは回収できませんので、ご了承ください]라고 쓰여 있으므로 회수 대상이 아니다. 그러므로 정답은 4번이 된다.

단어

ゴミ分別(ぶんべつ) 분리수거 | 出(だ)し方(かた) 배출 방법 | 回収(かいしゅう) 회수 | 燃(も)える 타다 | 設(もう)ける 마련하다 | 資源(しげん) 자원 | 粗大(そだい) 대형 | 受付(うけつけ) 접수 | 指定(してい) 지정 | ゴミ袋(ぶくろ) 쓰레기봉투 | 透明(とうめい) 투명 | 中身(なかみ) 내용물 | 飛(と)び出(で)る 비어져 나오다 | 直接(ちょくせつ) 직접 | 容器(ようき) 용기 | ラベル 라벨 | ふた 뚜껑 | 取(と)り外(はず)す 떼어 내다 | 区役所(くやくしょ) 구청 | 処理券(しょりけん) 처리권 | 貼(は)り付(つ)ける 붙이다 | 紙類(かみるい) 종이류 | 衣類(いるい) 의류 | 革製品(かわせいひん) 가죽 제품 | 生(なま)ゴミ 음식물 쓰레기 | 金属類(きんぞくるい) 금속류 | 缶類(かんるい) 캔류 | 古紙(こし) 헌 종이 | 草木(くさき) 초목 | 家具(かぐ) 가구 | 電化製品(でんかせいひん) 전자 제품 | 自転車(じてんしゃ) 자전거 | 加工木材(かこうもくざい) 가공 목재 | 水気(みずけ)を切(き)る 물기를 빼다 | 電池(でんち) 건전지 | 刃物(はもの) 칼 | 消火器(しょうかき) 소화기 | 相談(そうだん)する 상담하다 | 有害性(ゆうがいせい) 유해성 | 危険性(きけんせい) 위험성 | 了承(りょうしょう) 양지, 양해 | 値段(ねだん) 가격 | 異(こと)なる 다르다 | 購入(こうにゅう) 구입 | 集積所(しゅうせきじょ) 쓰레기 수거장

> 지문 해석

☀ 공지 사항

올바른 분리수거·배출 방법을 지키지 않은 쓰레기는 회수할 수 없으므로 주의해 주십시오.

- 올바른 쓰레기 분리수거와 배출 방법에 대하여
- 타는 쓰레기: 매주 3회(월, 수, 금)의 회수일을 정해 놓고 있습니다.
- 타지 않는 쓰레기: 매주 2회(화, 목)의 회수일을 정해 놓고 있습니다.
- 자원 쓰레기: 매주 1회(수)의 회수일을 정해 놓고 있습니다.
- 대형 쓰레기: 매주 1회의 회수일을 정해 놓고 있습니다만, 접수가 필요합니다.

	타는 쓰레기	타지 않는 쓰레기	자원 쓰레기	대형 쓰레기
쓰레기 배출 방법	• 반드시 각 시 지정의 쓰레기봉투를 사용해 주십시오. • 아침 9시까지 버려 주십시오.	• 투명이나 반투명한 색의 쓰레기봉투를 사용해 주십시오. • 내용물이 쓰레기봉투에서 비어져 나오지 않도록 하십시오.	• 봉투에 담지 말고 회수함에 바로 넣어 주십시오. • 용기의 라벨이나 뚜껑은 제거해 주십시오.	• 대형 쓰레기는 회수일 전날까지 구청으로 전화 접수를 해야 합니다. • 접수 시에 안내받은 쓰레기 처리권을 붙여 주십시오.
쓰레기 종류	종이류, 의류, 플라스틱류, 고무류, 가죽 제품, 음식물 쓰레기	금속류, 유리 제품	병류, 캔류, 헌 종이, 페트병, 초목	가구, 전자 제품, 그 외 (자전거, 가공 목재)
주의가 필요한 것	• 음식물 쓰레기는 물기를 잘 뺀 후에 버려 주십시오.	• 건전지나 칼은 회수할 수 없으므로 별도의 회수함을 이용해 주십시오.	• 스프레이캔은 가스 등의 내용물을 다 사용한 후에 버려 주십시오.	• 컴퓨터나 소화기는 회수할 수 없으므로 재활용품 가게에 문의해 주십시오.

- 그 밖의 주의점
- 유해성·위험성이 있는 것은 회수할 수 없으므로 양지해 주십시오.
- 대형 쓰레기는 모두 유료이고 크기, 무게, 높이에 따라 처리권의 가격이 다릅니다. (처리권 구입은 근처의 슈퍼나 편의점을 이용해 주십시오.
- 쓰레기는 회수일과 회수 시간을 잘 지키고 지정된 수거 장소에 버려 주십시오.

파이널 테스트 2회

1. ①	2. ②	3. ③	4. ③	5. ④	6. ②	7. ②	8. ④	9. ②	10. ④
11. ③	12. ③	13. ④	14. ①	15. ④	16. ③	17. ④	18. ②	19. ④	20. ②
21. ③									

문제10 내용 이해-단문

1

지문 해석

수박은 채소라고 주장하는 사람이 있다. 수박은 한해살이 열매로 땅에서 나니까 채소라는 것이다. 식물학 분야에서는 그럴지도 모르겠지만, 그럼, 어떤 식물이 채소인지 과일인지를 정하는 것은 식물학의 혹은 다른 ○○학의 전매특허인가? 서민의 실태를 보면 수박은 거의 과일로 섭취되고 있는 것은 틀림없는 사실이지 않은가? 수박뿐만이 아니다. 예를 들어 멜론은 어떤가? 딸기는? 수박을 채소라고 주장하는 사람은 많지만, 멜론이나 딸기까지 채소라고 주장하는 사람은 지금까지 만나 본 적이 없다.

단어

一年草(いちねんそう) 한해살이 | 実(み) 열매 | 地面(じめん) 지면 | なる (열매가) 열리다 | 植物学(しょくぶつがく) 식물학 | 分野(ぶんや) 분야 | 食物(しょくもつ) 음식물, 식품 | 専売特許(せんばいとっきょ) 전매특허 | 庶民(しょみん) 서민 | 実態(じったい) 실태 | 食(しょく)する 먹다 | 紛(まぎ)れもない 틀림없다, 명백하다 | 言(い)い張(は)る 주장하다 | 特定(とくてい) 특정 | 学問(がくもん) 학문 | 特権(とっけん) 특권 | 大多数(だいたすう) 대다수

문제 해설

> 1 필자의 주장과 맞는 것을 하나 고르시오.
> 1 수박이 채소인지 과일인지를 결정하는 일은 특정 학문 분야만의 특권이 아니다.
> 2 서민의 대다수는 수박을 과일로 먹고 있는 것은 아니다.
> 3 멜론이나 수박을 채소라고 주장하는 사람과는 만난 적이 없다.
> 4 수박은 과일이지만, 멜론이나 딸기는 채소이다.

[해설] 두 번째 줄 [ある食物が野菜か果物かを決めるのは植物学の、あるいは他のナントカ学の専売特許なのか]로 보아 1번이 정답임을 유추할 수 있다.

2

지문 해석

최근 국제 전화가 자주 걸려 오는구나라고 생각은 하고 있었지만, 그런 전화가 올 리가 없어 장난이라고 생각해 받지 않았습니다. 죄송합니다. 결혼하신다니 축하 드립니다. 6월 13일이면 괜찮으니 참석하겠습니다. 그러나 외국에는 한 번도 가본 적이 없으니 여권을 만들어 두겠습니다. 자세한 안내를 보내 주시겠습니까? 저는 아직도 독신입니다. 고

등학교 교사를 하고 있습니다.

단어

いたずら 장난 | 参加(さんか) 참가 | 海外(かいがい) 해외 | 詳(くわ)しい 자세하다, 상세하다 | いまだ 아직 | 独身(どくしん) 독신 | 教員(きょういん) 교원 | 出席(しゅっせき) 출석 | 打診(だしん) 타진 | 意思(いし) 의사 | 本人(ほんにん) 본인

문제 해설

2 이것은 어느 전자 메일의 내용이다. 이 메일에 대한 알맞은 설명을 하나 고르시오.
1 이것은 결혼식 참석을 친구에게 타진하는 메일이다.
2 이것은 결혼식 참석 의사를 결혼하는 당사자에게 전하는 메일이다.
3 이것은 해외로 신혼여행을 가는 것을 친구에게 알리는 메일이다.
4 이것은 해외에서 결혼식을 올리는 것을 친구에게 알리는 메일이다.

[해설] 본문의 두 번째 줄 [ご結婚なさるとのこと、おめでとうございます。6月13日なら大丈夫だと思いますので、参加させていただきます]를 보면 정답은 2번임을 알 수 있다.

3

지문 해석

정말이지, 우리 아버지로 말할 것 같으면 친척에게 속아 부모에게 물려받은 땅을 모두 잃은 이후, 자신의 불행을 한탄하며 매일매일을 술에 빠져 지내셨다. 일도 제대로 하지 않고, 그것을 책망하는 어머니를 오히려 윽박지르는 일도 종종 있었다. 게다가 과음으로 간을 상하게 해서, 오랜 기간에 걸쳐 투병 생활을 하지 않으면 안 되었다. 남들처럼 일만 했다면 극히 평범한 가정을 꾸렸을 텐데. (그렇게 된) 계기에는 동정하지만, 그 후의 가난과 불행은 모두 본인이 초래한 것이라고 나는 단언한다.

단어

~と来(き)たら ~로 말할 것 같으면 | だます 속이다 | 受(う)け継(つ)ぐ 이어받다, 계승하다 | 土地(とち) 토지 | 不幸(ふこう) 불행 | 嘆(なげ)く 한탄하다, 개탄하다 | おぼれる 빠지다 | ろくに 제대로, 변변히 | とがめる 나무라다, 책망하다 | 逆(ぎゃく)に 반대로, 거꾸로 | どなりつける 호통치다 | しばしば 자주 | おまけに 게다가, 그 뿐만 아니라 | 肝臓(かんぞう) 간장 | 長期(ちょうき) 장기 | 闘病(とうびょう) 투병 | ~ざるを得(え)ない ~하지 않을 수 없다 | 人並(ひとな)み 보통 사람과 같은 정도 | 極々(ごくごく) 지극히 | 平凡(へいぼん) 평범함 | 築(きず)く 쌓아올리다, 구축하다 | 同情(どうじょう) 동정 | ~ものの ~하기는 하지만 | 貧乏(びんぼう) 가난 | 招(まね)く 부르다, 초래하다 | 断言(だんげん) 단언 | 気(き)の毒(どく) 가엾음, 불쌍함 | 幸福(こうふく) 행복

문제 해설

3 본문의 내용과 맞는 것을 하나 고르시오.
1 나의 아버지는 친척에게 속았기 때문에 불행해졌다.
2 나의 아버지는 땅을 잃은 것을 어머니에게 비난받았다.
3 아버지가 땅을 잃은 일에 대해서는 안됐다고 나는 생각한다.
4 아버지가 땅을 잃지만 않았다면 나는 행복해질 수 있었을 거라고 생각한다.

해설 네 번째 줄 [人並みに仕事さえしていれば、極々平凡な家庭が築けたはずなのに。きっかけには同情するものの] 로부터 3번이 정답이 됨을 유추할 수 있다.

4

지문 해석

미인을 투표로 뽑을 때에 선택된 미인은 물론, 그 미인에게 투표한 사람에게도 상품이 주어지는 경우, 많은 사람들은 자신이 미인이라고 생각하는 사람이 아니라, 모두가 미인이라고 생각하는 사람에게 투표한다는 것이 경제학자 케인즈(1883-1946)가 설명하는 '미인 투표 원리'입니다.

그는 '주식 투자도 ①이것과 같으며, 주식으로 돈을 벌려고 생각한다면 자신이 사고 싶은 주식이 아니라 모두가 살 것이라고 예상되는 주식을 사 둘 필요가 있다'는 말로, 주식 투자를 설명했다고 합니다.

단어

投票(とうひょう) 투표 | 賞品(しょうひん) 상품 | 説(と)く 설명하다 | 原理(げんり) 원리 | 株式(かぶしき) 주식 | 投資(とうし) 투자 | 株(かぶ) 그루터기, 주식 | もうける 벌다, 이익을 보다 | 予想(よそう) 예상

문제 해설

> 4 이것은 무엇을 가리키는가?
> 1 자신이 사고 싶은 주식을 사 두는 것
> 2 모두가 살 것이라고 예상되는 주식을 사 두는 것
> 3 상품을 갖고 싶어서 모두가 미인이라고 생각하는 사람에게 투표하는 것
> 4 상품을 갖고 싶어서 자신이 미인이라고 생각하는 사람에게 투표하는 것

해설 밑줄 친 부분은 그 앞에서 언급한 '미인 투표 원리'에 대한 것으로, 1단락 첫 번째 줄 [その美人に投票した人にも賞品が与えられる場合、多くの人は自分が美人と思う人ではなく、皆が美人だと思う人に投票する]에 근거하여 정답은 3번이 된다.

5

지문 해석

여성이든 남성이든 신체를 접촉당해도 고소하지 않는 경우라는 것이 몇 가지 존재합니다. 상대가 애인인 경우이거나, 직업인 경우 등입니다. 애인끼리는 서로 만지는 것에 대한 '핫(hot)한 합의'가 있고, 직업인 경우에는 '쿨(cool)한 계약'이 있습니다.

예를 들어 전철 안에서 모르는 여성은 자신의 애인도 아니고 프로 직업 여성도 아닙니다. 몸을 만지는 것에 대해 합의가 성립되지 않아, 치한 짓을 한다면 언제 고소당하더라도 이상하지 않은 상황입니다.

단어

～であれ～であれ ～이든 ～이든 | 触(さわ)る 만지다, 닿다 | 訴(うった)える 고소하다, 호소하다 | 存在(そんざい) 존재 |

商売(しょうばい) 장사 | 触(ふ)れ合(あ)う 맞닿다, 서로 통하다 | 合意(ごうい) 합의 | 成立(せいりつ) 성립 | 痴漢(ちかん) 치한 | 状況(じょうきょう) 상황

문제 해설

5 몸을 만지는 것에 대해 합의가 성립되지 않아라고 되어 있는데, 이 경우 합의란 어떠한 합의인지 가장 적당한 것을 고르시오.

1 직업인 사이의 쿨(cool)한 계약 관계
2 직업인끼리 서로 만지는 것이 가능한 '핫(hot)한 합의'
3 연인 사이의 쿨(cool)한 계약 관계
4 연인끼리 서로 만지는 것이 가능한 '핫(hot)한 합의'

해설 두 번째 줄 [恋人同士には触れ合うことについての「熱い合意」があり]로부터 4번이 정답이 됨을 유추할 수 있다.

문제11 내용 이해-중문

6 ~ 8

지문 해석

녹슨 자전거와 부품이 즐비한 후쿠오카 시내의 자전거점. 여기에서 며칠 전 중고 자전거를 구입했다. 녹은 제거되었고 주행 상태도 좋다.

후쿠오카 거리에 ①방치된 자전거가 흘러 넘치고 있다. 시에 의하면, 2005년도에 5만 대 이상이 철거되었다. 해마다 증가하고 있다. 소유자가 확인되어 반환된 것은 40%가 채 안 된다. 반 이상이 폐기되고, 나머지 10%가 업자에게 매각되거나 복지 시설에서 재활용되고 있다. 내가 손에 넣은 자전거도 철거 후에 재활용된 자전거이다.

방치 금지 구역에 계속 세워 둔 채 놔두면 단시간 안에 철거된다. '열쇠를 잠그고 관리하고 있었다. 방치한 것이 아니다. 멋대로 가지고 가는 것은 도둑이다.' 이런 식으로 구청 담당자에게 항의하는 사람도 있다고 한다.

자전거 보관소의 정비가 진행되었음에도 이용하지 않는 자전거 이용자도 많다. 한편, 보도를 빠르게 달리는 자전거에 보행자가 위협을 느끼는 경우도 있다. 이 때문에 ②부정적인 면이 강조되는 면도 있다.

그러나, 유럽에서는 자전거를 친환경 교통수단으로서 권장하고 있으며, 전용 도로를 마련하는 나라도 많다. 시민의 이해를 얻기 위해서는, 이용자의 도덕 의식 향상이 우선일 것이라고 페달을 밟으면서 생각했다.

단어

さび付(つ)く 녹슬다 | 部品(ぶひん) 부품 | 快調(かいちょう) 쾌조 | 放置(ほうち) 방치 | あふれる 흘러 넘치다 | 撤去(てっきょ) 철거 | 所有者(しょゆうしゃ) 소유자 | 返還(へんかん) 반환 | ~弱(じゃく) ~약(끝수를 반올림했음을 나타냄) | 半数(はんすう) 반수 | 廃棄(はいき) 폐기 | 業者(ぎょうしゃ) 업자 | 売却(ばいきゃく) 매각 | 福祉(ふくし) 복지 | 施設(しせつ) 시설 | よみがえる 되살아나다, 소생하다 | 区域(くいき) 구역 | 管理(かんり) 관리 | 抗議(こうぎ) 항의 | 駐輪場(ちゅうりんじょう) 자전거 보관소 | 整備(せいび) 정비 | 歩道(ほどう) 보도, 인도 | 脅威(きょうい) 위협 | 負(ふ)の面(めん) 부정적인 면, 안 좋은 면 | 強調(きょうちょう) 강조 | ~がちだ ~하는 경향이 많다 | 欧州(おうしゅう) 구주, 유럽 주 | 推奨(すいしょう) 권장 | 専用(せんよう) 전용 | 設(もう)ける 마련하다, 설치하다 | モラル 도덕, 윤리 | 向上(こうじょう) 향상 | ペダルをこぐ 페달을 밟다 | 無視(むし) 무시 | 歩行者(ほこうしゃ) 보행자 | 先行条件(せんこうじょうけん) 선행 조건

문제 해설

6 ①방치된 자전거에 대한 설명으로 본문의 내용과 가장 가까운 것은 무엇인가?
1. 소유자에 반환된 것은 40%를 넘었다.
2. 업자에 매각되거나 복지 시설에서 재활용되고 있는 것도 있다.
3. 약 50%가 폐기되고 있다.
4. 2005년도에는 후쿠오카시에서 약 5만 대가 철거되었다.

해설 2단락 두 번째 줄 [残り１割が業者に売却されるか、福祉施設で再利用されている]에 근거하여, 2번이 정답임을 알 수 있다.

7 ② 부정적인 면이라고 되어 있는데, 예를 들어 어떤 것을 들 수 있는가?
1. 일본에서는 전용 도로를 설치해도 전혀 이용되고 있지 않은 것
2. 정해져 있는 자전거 보관소가 있어도 이용하지 않는 사람이 적지 않은 것
3. 대부분의 자전거 이용자가 보행자를 무시하고 보도를 달리는 것
4. 방치 금지 구역에 조금이라도 자전거를 두면 곧 철거되는 것

해설 4단락 첫 번째 줄 [駐輪場の整備が進んだのに利用しない自転車乗りも多い]를 참고하여 2번이 정답임을 알 수 있다.

8 이 문장에서 필자가 말하고 싶은 것은 무엇인가? 가장 적당한 것을 하나 고르시오.
1. 보행자의 안전을 위해 일본도 유럽처럼 자전거 전용 도로를 설치해야 한다.
2. 구청은 열쇠를 잠그고 관리하고 있는 자전거를 멋대로 철거해서는 안 된다.
3. 환경을 위해 새 자전거를 사기보다 거리에 방치되어 있는 자전거를 재활용하여 사용하는 것이 좋다.
4. 자전거 전용 도로나 자전거 보관소 설치는 자전거 이용자의 도덕 의식 향상이 선행 조건이다.

해설 글쓴이의 생각은 마지막 단락에 제시되어 있다. 일본에서 자전거 이용의 부정적인 면이 강조되고 있는 반면, 유럽에서는 친환경적인 교통수단으로 자전거가 권장되고 자전거 전용 도로를 설치한 나라가 많다면서, 먼저 자전거 이용자들의 도덕성이 향상되어야 시민의 이해를 얻을 수 있다고 말하고 있으므로 답은 4번이 된다.

9 ~ 11

지문 해석

아는 여성이 한탄을 했다. "아… 또 우산을 잃어버렸네. 아마 누군가 가져갔을 거야." 한밤중에 택시로 집에 돌아왔을 때 차 안에 놓고 내려 다음 날 택시회사에 물어봤지만 결국 찾지 못했다고 한다.

듣자 하니 그녀는 최근 몇 년 동안 이번을 포함해 두 개, 열차에서 한 개, 병원에서 한 개의 우산을 잃어버렸다. 회사의 우산꽂이에서도 한 개가 사라졌다. "다섯 개 모두 마음에 들어서 산 것인데…. 한동안은 500엔짜리 비닐우산을 써야겠어요."라며 분노한다.

①이런 데이터가 있다. 경시청 유실물 센터에 의하면 작년 1년간 도쿄도 내에서 습득물로 신고된 우산은 42만

7,655개. 한편, 우산을 유실물로 신고한 것은 겨우 2,791개. ②우산은 일회용 시대가 되었다. 그러니 택시나 열차에서 누군가 놓고 간 우산을 대수롭지 않게 '잠깐 실례'하게 되는지도 모른다.

　나 자신을 돌아봐도 집에는 비닐 우산이 네 개. 비가 올까 조금 걱정되어도 우산을 가지고 나가지 않고 비가 오면 사면 된다고 생각해 버린다. 예전에는 이름을 써서 몇 년이나 소중하게 사용했었다. 한낱 우산일지도 모르지만 때로는 돌이켜 생각해 보고 싶다.

단어

翌朝(よくあさ) 다음 날 아침 | **問**(と)**い合**(あ)**わせる** 문의하다 | **傘立**(かさた)**て** 우산꽂이 | **憤**(いきどお)**る** 노하다, 분개하다 | **遺失物**(いしつぶつ) 유실물 | **拾得物**(しゅうとくぶつ) 습득물 | **届**(とど)**け出**(で) 신고 | **使**(つか)**い捨**(す)**て** 일회용 | **我**(わ)**が身**(み) 내 몸, 나 | **顧**(かえり)**みる** 반성하다 | **振**(ふ)**り返**(かえ)**る** 뒤돌아보다, 회고하다 | **反省**(はんせい) 반성

문제 해설

9　①이런 데이터는 무엇을 가리키고 있는가?
1　작년 1년간 한 여성이 택시 차내에 잊고 두고 내린 우산 수
2　작년 1년간 도쿄도 내에서 습득물로 신고된 우산과 유실물로 신고되어 있는 우산의 수
3　최근 몇 년 한 여성이 택시 차내에 잊고 두고 내린 우산 수
4　최근 몇 년 도쿄도 내에서 습득물로 신고된 우산과 유실물로 신고된 우산 수

해설　이 문제는 밑줄 친 ①의 뒷부분을 보면 알 수 있다. 구체적으로 3단락 [昨年1年間に東京都内で拾得物として届けられた傘は42万7655本。一方、遺失物としての傘の届け出はわずか2791本]으로 보아 정답이 2번임을 알 수 있다.

10　②우산은 일회용 시대가 되었다라고 되어 있는데, 필자가 그렇게 생각하는 이유로서 본문의 내용과 맞지 않는 것은 어느 것인가?
1　유실물로 신고한 우산의 수보다 습득물로 신고된 우산의 수가 훨씬 많기 때문에
2　비가 내릴 것 같은 때에도 내리면 사면 된다고 생각하고 우산 없이 외출하기 때문에
3　택시나 열차에서 우산을 주워도 가벼운 마음으로 사용하게 되었기 때문에
4　아는 여성도 필자도 최근에는 비닐 우산만 사용하고 있기 때문에

해설　2단락을 보면, 우산을 자주 잃어버린 지인이 당분간은 500엔짜리 비닐 우산을 쓰겠다고 분개했다는 내용은 있지만, 비닐 우산을 쓰고 있다는 내용은 언급되지 않았으므로 답은 4번이 된다.

11　우산에 대한 필자의 생각으로 본문의 내용에 가장 가까운 것은 무엇인가?
1　비닐 우산은 어디서나 500엔으로 살 수 있어서 걱정하지 않아도 된다.
2　비닐 우산은 500엔밖에 하지 않기 때문에 편하게 회사 것을 쓰면 된다.
3　지금은 흔한 우산이지만 예전과 같이 소중하게 쓰고 싶다.
4　우산을 소중하게 쓰지 않는 자신을 반성하고 있지만 지금은 일회용 시대니까 어쩔 수 없다.

해설　마지막 두 문장 [以前は名前を書いて何年も大切に使っていた。たかが傘、なのかもしれないが、時には振り返って考えてみたい]로 보아 정답이 3번임을 알 수 있다.

12 ~ 14

지문 해석

　체험은 스스로 직접 보거나, 듣거나, 만지거나, 해 보는 것. 그래서 예를 들면, 해외여행을 가면 누구나 해외여행 경험자가 될 수 있다. 그러나 그것만으로는 해외여행 경험이라고 자부할 수 없다. 해외여행을 간 적이 있어도, 그것이 빈틈없이 짜여진 패키지 여행이라면 티켓을 사는 방법이나 출입국 방법, 호텔 체크인 방법도 모르고 지나간다. 그러나 개인 여행이나 커플로 이동하는 신혼여행은 그렇지 않다. 아무것도 못하면 신부가 정나미가 떨어질지도 모른다.

　①경험이라고 하는 경우는 단지 자신이 해 보았거나 느끼는 것만으로는 불충분하고, 거기서 지적인 뭔가를 얻는 것이 필요하다. 현장에 내던져지면 싫어도 그곳에서 헤쳐 나가기 위해 노하우를 익힐 필요가 생겨난다. 그렇게 되면 체험=경험이 된다. 그러나 물론 그렇지 않은 경우도 있다. 결혼해서 아이가 생기면 부모는 될 수 있다. 아니 결혼하지 않아도 부모는 될 수 있다.

　그러나 그 단계에서는 ②부모를 체험하는 것에 지나지 않는다. 잘 생각해 보면, 체험 단계에 있는 것은 '부모로서의 자신'뿐만 아니라 '아이로서의 자신'도 그렇다. 아이를 기르다 보면, 자신이 아이였을 때 부모의 기분을 잘 알겠다는 사람이 있다.

　거기서 자신이 아이였을 때 부모가 어떤 기분으로 키웠는지를 이해할 수 있게 된다. 그것은 시간이 지난 뒤부터 '아이로서의 자신'을 경험하고 있는 것이 된다. 아이를 체험해 어른이 되고, 부모를 체험하면서 '아이를 경험'한다. 그렇다면 부모를 경험할 때는 어떤 때일까? 그것은 아이의 기분을 이해했을 때일지도 모른다. 그러나 많은 경우, 부모로서의 체험을 쌓아 육아 노하우를 익혔을 무렵에는 육아는 끝난 상태이다.

단어

体験(たいけん) 체험 | **直接**(ちょくせつ) 직접 | **触**(ふ)**れる** 닿다 | **経験**(けいけん) 경험 | **胸**(むね)**を張**(は)**る** 가슴을 펴다, 자신만만한 태도를 취하다 | **至**(いた)**れり尽**(つ)**くせり** 극진함. 더할 나위 없음. 빈틈없이 짜여 있음 | **パック旅行**(りょこう) 패키지 여행 | **出入国**(しゅつにゅうこく) 출입국 | **花嫁**(はなよめ) 신부 | **愛想**(あいそう)**を尽**(つ)**かす** 정나미가 떨어지다 | **知的**(ちてき) 지적 | **つかみ取**(と)**る** 움켜잡다, 알아차리다 | **放**(ほう)**り込**(こ)**む** 던져 넣다. 집어넣다 | **ノウハウ** 노하우 | **身**(み)**につける** 입다, 몸에 지니다, 습득하다 | **経**(へ)**る** (때가) 흐르다, 경과하다 | **積**(つ)**む** 쌓다

문제 해설

12 필자가 주장하는 ①경험의 설명으로 맞지 않는 것을 하나 고르시오.

1　단지 스스로 해 보거나 느끼는 것만으로는 충분하지 않다.
2　체험 속에서 지적인 뭔가를 얻는 것
3　**스스로 직접 보거나 듣거나 만지거나 해 보는 것**
4　체험 속에서 노하우를 몸에 익히는 것

해설　1번과 2번, 2단락의 첫 번째 줄 [ただ自分でやってみたり感じるだけでは不十分で、そこから知的な何かをつかみ取ることが必要になる]에 근거하여, 경험에 대한 설명과 일치함을 알 수 있다. 3번, 본문의 첫 문장 [体験は自分で直接見たり聞いたり触れたりやってみること]에 근거하여, 해당 선택지는 체험에 관한 설명임을 알 수 있으므로 3번이 정답이 된다. 4번, 2단락의 두 번째 줄 [現場に放り込まれたら、嫌でもそこでやっていくためにノウハウを身につける必要が出てくる。そうなれば、体験=経験となる]에서 해당 선택지가 경험에 대한 설명과 일치함을 알 수 있다.

13 필자가 생각하는 ②부모를 체험하는 것의 의미로서 맞지 않는 것을 하나 고르시오.

1 결혼하여 아이가 생겨 부모가 되는 경우
2 자신이 아이였을 때 부모가 어떤 기분으로 육아를 했는지 이해할 수 있게 된 단계
3 '아이로서의 자신'을 경험하고 있는 단계
4 아이의 기분을 이해할 수 있었을 때

[해설] 1번, 2단락 네 번째 줄 [結婚して子供が出来れば親にはなれる]와 3단락 첫 번째 문장 [この段階では親を体験しているに過ぎない]로부터 해당 선택지는 부모를 체험하는 것임을 알 수 있다. 2번, 3단락 첫 번째 줄 [体験の段階にあるのは] 이후에 2번 선택지와 같은 내용이 있으므로 부모를 체험하는 내용임을 알 수 있다. 3번, 마지막 단락의 두 번째 줄 [「子供としての自分」을 経験していることになる]와 세 번째 줄 [親を体験しながら「子供を経験」する]에 근거하여 전자는 아이를 경험하는 내용이며, 후자에서는 부모를 체험하면서 아이를 경험한다고 했으므로 해당 선택지의 내용은 부모를 체험하는 것임을 추론해 낼 수 있다. 4번, 마지막 단락 세 번째 줄 [親を経験する時はどんなときなのだろうか？それは子供の気持ちを理解できた時なのかもしれない]로 보아 해당 선택지의 내용은 부모를 경험하는 것임을 알 수 있다. 따라서 정답은 4번이 된다.

14 다음 중 본문의 내용과 맞지 않는 것을 하나 고르시오.

1 경험을 한다는 것과 체험을 한다는 것은 결국 같은 의미라고 할 수 있다.
2 단지 해 보거나 느끼는 것만이 아니라, 거기서 지적인 뭔가를 얻었을 때 '경험했다'고 말할 수 있다.
3 노하우를 몸에 익힐 필요도 없고, 단지 보거나 느끼거나 하는 것을 '체험'이라고 할 수 있다.
4 어린이를 경험하는 것은 부모를 체험하고 있는 때라고 할 수 있다.

[해설] 본문의 내용은 체험과 경험의 차이를 서술하는 글이므로 경험과 체험을 같은 의미라고 한 1번이 정답이다.

문제12 종합 이해

지문 해석

다음 문장은 상담자로부터의 상담과 그에 대한 A와 B로부터의 회답이다. 세 문장을 읽고 뒤의 물음에 대한 답으로 가장 적당한 것을 1·2·3·4에서 하나 고르시오.

상담자

> 애완동물을 기를 수 없는 맨션에 살고 있습니다. 고양이를 기르고 있던 집에서 문제가 발생해 금지되었는데, 지금까지 기르고 있던 개와 고양이는 버릴 수도 없기 때문에 허용하기로 하고, 새로 기르는 것은 금지되었습니다. 그러나 수명으로 보나 생김새로 보나 명백히 새 애완동물을 기르고 있는 사람이 있다고 생각됩니다. ①그런 사람은 'ㅇㅇ씨 집도 키우고 있어요, 이제 와서 버리라는 거예요?'라며 오히려 화를 냅니다. 결국 딸도 참지 못하고 키우고 싶다고 말하기 시작했습니다. 뭔가 좋은 설득 수단은 없을까요?

회답자 A

저는 고양이 알레르기가 있습니다. 동물을 매우 좋아하는데, 물론 고양이도 매우 좋아하지만 같이 있으면 기침, 재채기, 콧물부터 시작해서 몇 시간 지나면 열이 나고 쓰러집니다. 알레르기로 사망하는 사람도 있는 것 같습니다. 고양이 알레르기라고 말하면 어떨까요? 세상에는 어쩔 수 없는 경우도 있다는 것을 가르쳐 주는 것 또한 부모의 교육의 하나가 아닐까요?

회답자 B

저도 동물을 매우 좋아하기 때문에 따님의 기분을 마음이 아플 정도로 잘 알 수 있습니다. 본래 규칙이라는 것은 지키기 위해 있는 것이지만, 현재 상황에서 생각하면 아무래도 무리한 부분도 있다고 생각합니다. 어른이 당당하게 규칙을 지키지 않고 있으니 어쩔 수 없습니다. 부디 따님의 소원을 이루어 주십시오.

단어

不可(ふか) 불가 | 犬猫(いぬねこ) 개와 고양이 | 寿命(じゅみょう) 수명 | 顔(かお)ぶれ 멤버, 면면 | いまさら 이제 와서, 새삼 | どなる 고함치다, 호통치다 | 我慢(がまん) 인내, 참음 | 説得(せっとく) 설득 | 手段(しゅだん) 수단 | せき 기침 | くしゃみ 재채기 | 鼻水(はなみず) 콧물 | 本来(ほんらい) 본래, 원래 | 現状(げんじょう) 현 상황 | 堂々(どうどう)と 당당하게 | かなえる 들어주다, 이루어 주다 | 最優先(さいゆうせん) 최우선 | 周囲(しゅうい) 주위

문제 해설

15 ①그런 사람이란 어떤 사람인가?

1. 애완동물을 새로 사서 키우는 것을 금지한 사람
2. 고양이를 키워서 문제를 일으킨 사람
3. 이전부터 여기에서 애완동물을 키우고 있던 사람
4. 금지된 후부터 나중에 애완동물을 키운 사람

해설 밑줄 친 부분의 앞부분 [新しく飼うことは禁止されました。しかし寿命から考えても顔ぶれから考えても明らかに新しく飼っている人がいると考えられます]로 보아 정답은 4번임을 알 수 있다.

16 상담자의 상담에 대한 A, B의 회답에 대해 옳은 것은 무엇인가?

1. A, B 모두 상담자 딸에 대해 이해를 표한 후, 딸의 기분을 최우선으로 생각해야 한다고 말하고 있다.
2. A, B 모두 딸의 기분을 제일로 생각한 후, 주위 사람들에 대한 생각의 관점에는 차이가 있다.
3. A가 사회의 규칙을 제일로 생각한 대답인 데 비해, B는 딸의 기분을 제일로 생각한 대답이다.
4. A가 알레르기가 있는 사람들을 중요하게 생각한 대답인 데 비해, B는 규칙을 지키지 않는 어른을 중요하게 생각한 대답이다.

해설 A는 A의 네 번째 줄 [世の中には仕方のないこともあることを教えてあげるのもまた、親の教育の一つではないでしょうか]로 보아 어쩔 수 없이 지켜야 할 규칙이 있다고 생각하고 있음을 추론할 수 있고, B는 현재 상황으로 보아 규칙을 지키는 것은 무리가 있다고 하면서 마지막에 [どうか娘さんの願いをかなえてあげてください]라고 하고 있으므로 정답은 3번이 된다.

문제13 주장이해-장문

지문 해석

　대학 내의 온실가스를 삭감하기 위해, 미에대(쓰시)는 학내에서 배출하는 이산화탄소(CO_2)와, 학생이나 교직원들의 가정에서의 CO_2 삭감량을 ①상쇄하는 '탄소·오프셋' 제도를 시작한다.

　가정의 CO_2 삭감량에 대해 에코 포인트를 부여하는 대신 학내의 삭감량으로 한다. 환경청에 의하면, CO_2 삭감량의 거래는 기업 간이 일반적이고, 가정의 삭감량을 거래하는 것은 드문 시도라고 한다. 동(同)대학에서는 올가을부터 시험적으로 시작해 내년 4월부터 도입하는 프리페이드(선불) 방식의 전자머니 대응 학생증, 교직원증의 IC화에 맞추어서 본격적으로 힘쓴다.

　동(同)대학에서는 에너지 절약법에 근거하여 매년 CO_2 삭감에 힘쓰고, 한층 더 삭감을 향해서 작년 11월, 교수나 가스 회사, 슈퍼의 관계자들로 구성된 에너지 절약 계획 검토 위원회를 발족. 2020년도까지의 중장기 계획을 책정했다.

　계획에는 학내 절전이나 최신 에너지 절약 설비를 도입하는 등, 2020년도에는 1990년도 대비 30%를 삭감할 방침으로, 그 일환으로서 '탄소·오프셋' 도입을 반영했다. 졸업생이나 지역 주민에게도 협력을 구하고 있고, 에코 포인트는 학내의 생협이나 편의점과 더불어 학교 밖의 슈퍼에서 이용할 수 없는지 검토 중이다.

　에코 포인트의 환산액 등 상세한 것은 이제부터 구체적으로 정하겠지만, 예를 들어 학생들이 자택에서 절전에 힘쓰고 전기나 가스, 수도 요금의 명세서를 바탕으로 작년보다 감소했다는 것이 확인되면 삭감량에 따라서 에코 포인트를 부여한다.

　학생이나 졸업생들의 반수에 해당하는 약 6천 명이 협력한다고 상정할 경우, 삭감 목표(30%)의 10%에 해당하는 3.2% 삭감이 예측된다. CO_2 1kg당 학생 2엔, 졸업생 1엔으로 환산하면 에코 포인트 비용은 연간 약 4백만 엔으로, 대학이 전액 부담한다.

　한편, IC화되는 학생증에는 에코 포인트 기능도 추가하여 편의성을 높인다. 또, 전자머니는 이온의 'WAON(와온)' 학생증으로는 처음으로 대응이 검토되고 있다.

　세계 제일의 환경 선진 대학을 목표로 하는 우치다 아쓰마사(内田淳正) 학장은 '학생에 대해 ②환경 교육을 실천할 수 있다. 게다가, 미에대를 거점으로 CO_2 삭감에 힘쓰는 것이 지역에 스며들면, 환경 문제에 대한 학생이나 주민의 의식 개혁으로 이어진다'고 한다.

단어

温室効果(おんしつこうか)ガス 온실가스 | **削減(さくげん)** 삭감 | **排出(はいしゅつ)** 배출 | **二酸化炭素(にさんかたんそ)** 이산화탄소 | **教職員(きょうしょくいん)** 교직원 | **相殺(そうさい)** 상쇄 | **カーボン** 카본, 탄소 | **オフセット** 오프 셋 | **取(と)り組(く)み** 대처 | **エコポイント** 에코 포인트 | **環境省(かんきょうしょう)** 환경성 | **企業間(きぎょうかん)** 기업 간 | **試(こころ)み** 시도 | **今秋(こんしゅう)** 올가을 | **プリペイド** 프리페이드, 선불 | **方式(ほうしき)** 방식 | **省(しょう)エネルギー法(ほう)** 에너지 절약법(エネルギーの使用の合理化に関する法律의 약칭) | **さらなる** 한층 더, 더욱더 | **発足(ほっそく)** 발족 | **中長期(ちゅうちょうき)** 중장기 | **策定(さくてい)** 책정 | **節電(せつでん)** 절전 | **一環(いっかん)** 일환 | **盛(も)り込(こ)む** 포함시키다 | **生協(せいきょう)** 생협 | **換算額(かんさんがく)** 환산액 | **付与(ふよ)** 부여 | **想定(そうてい)** 상정 | **イオン** 이온(회사명) | **ワオン** 와온(전자머니) | **実践(じっせん)** 실천 | **拠点(きょてん)** 거점 | **浸透(しんとう)** 침투 | **乗(じょう)** 승, 곱수 | **双方(そうほう)** 쌍방 | **書物(しょもつ)** 책, 서적 | **真(しん)の** 참다운, 진정한

문제 해설

17 ①상쇄한다는 어떻게 한다는 것인가?
1. 학내 배출 CO_2와 가정 내 삭감 CO_2의 양쪽을 제곱해서 계산하는 것
2. 학내 배출 CO_2와 가정 내 삭감 CO_2의 양쪽을 나누어 계산하는 것
3. 학내 배출 CO_2와 가정 내 CO_2 삭감량의 양쪽을 곱해서 평균을 내는 것
4. **학내 배출 CO_2와 가정 내 CO_2 삭감량을 빼고 계산하는 것**

[해설] '상쇄'에는 '서로 차감하여 손익을 없이 하는 것'이라는 의미가 있다. 따라서 정답은 4번이다.

18 ②환경 교육을 실천할 수 있다가 의미하는 것은 무엇인가?
1. 환경이란 어떤 식으로 존재해야 하는가를 실제로 학장 자신이 행동하는 것이 가능하게 된다는 것
2. **환경을 위해 무엇을 해야 하는지를 구체적 행동으로서 나타낼 수 있다는 것**
3. 환경 보전이란 어떻게 해야 하는가를 책으로 나타낼 수 있다는 것
4. 환경 보전을 위해서 학생들에게 수업을 하고, 수업 중에 설명할 수 있게 되는 것

[해설] 이 글은 이산화탄소를 줄이기 위해 대학이 주체가 되어 학생들과 교직원을 상대로 가정과 학교를 연계해 에코 포인트 제도를 접목시키는 여러 방법의 실천을 소개하고 있다. 1번은 학장 자신이라는 부분에, 3번은 책으로 제시했다는 부분에, 4번은 학생들에게 수업을 한다는 부분에 오류가 있다. 2번은 구체적 행동으로서 실천하고 있다는 것을 언급하고 있으므로 정답이 된다.

19 필자가 이 문장에서 가장 하고 싶은 말은 어느 것인가?
1. 환경 문제에 있어서는 학생을 중심으로 문제 해결을 하려는 것이 가장 우선해야 하는 일이라는 것
2. 환경 문제에 있어서 기본적인 생활 습관을 대학생에게 가르쳐 가는 것부터 시작해야 한다는 것
3. 각종 서비스를 통해 환경 문제에 관심을 갖게 하지 않으면 문제는 해결될 수 없다는 것
4. **환경 문제에 있어서 구체적인 행동을 거듭해 가는 것이 진실한 의미에서의 문제 해결로 이어진다는 것**

[해설] 마지막 문장 [CO_2削減の取り組みが地域に浸透すれば、環境問題に対する学生や住民の意識改革にもつながる]를 보면 침투라는 단어에서 이러한 구체적 실천 행동을 거듭한다는 의미가 함축되어 있고, 그것이 환경에 대한 의식을 바꾸어 환경 문제를 해결해 나가는 데에 일조할 것임을 이야기하고 있다. 따라서 정답은 4번이 된다.

문제14 정보 검색

문제 해설

20 대학에 유학하는 A씨가 외국인 등록을 할 때 필요한 것의 조합은 무엇인가?
1 여권·항공권·재학 증명서
2 증명사진·여권
3 임대 계약서·학생증
4 여권만

해설 신규 등록 해당 부분에서【窓口にお持ちいただくもの】를 참고하여 [パスポート]와 [顔写真 2 枚]를 준비해야 하므로 정답은 2번이 된다.

21 외국인 등록원표 기재 사항 증명서 교부에 대한 옳은 설명은 무엇인가?
1 본인이 직접 갈 경우는 수수료는 필요 없다.
2 함께 살고 있는 형이 대리로 갈 경우, 위임장을 작성하지 않으면 안 된다.
3 대리인이 외국인 등록증을 잃어버렸을 경우는 위임장과 대리인의 운전면허증이면 된다.
4 전화로 신청한 뒤 우편으로 받는 것도 가능하다.

해설 맨 아래의 표를 참고하면 된다. 1번, 수수료는 어떠한 경우라도 수수료를 지불해야 하므로 정답이 아니다. 2번, 표의 [同居同一世帯の親族] 부분에 해당하며 신분증명서가 필요하다. 선택지와 같이 위임장은 작성할 필요가 없으므로 정답이 아니다. 3번, 표의 [代理人] 부분을 참고하여 정답임을 알 수 있다. 4번, 표 윗부분에 [郵送による交付申請は受け付けておりません]이라고 쓰여 있으므로 정답이 아니다.

단어

組(く)み合(あ)わせ 조합 | **賃貸(ちんたい)** 임대 | **原票(げんぴょう)** 원표 | **事項(じこう)** 사항 | **交付(こうふ)** 교부 | **委任状(いにんじょう)** 위임장 | **申請(しんせい)** 신청 | **世帯(せたい)** 세대 | **顔写真(かおじゃしん)** 얼굴 사진 | **紛失(ふんしつ)** 분실 | **切替(きりかえ)** 갈아치움, 갱신 | **所持(しょじ)** 소지 | **又(また)は** 또는 | **戸籍(こせき)** 호적

지문 해석

다음은 외국인 등록에 관한 안내이다.

신규 등록
【신청 장소】
• 구청 구민과 외국인 등록계
【수속 가능한 분】
• 본인
• 16세 미만인 경우는 대리인(본인과 동거 동일 세대의 친족)

【창구에 제출할 것】
- 여권
- 얼굴 사진 2매【세로 4.5cm 가로 3.5cm 6개월 이내에 촬영된 것 (16세 미만은 사진 불필요)】

외국인 등록증(카드) 분실 및 갱신
【신청 장소】
- 구청 구민과 외국인 등록계
【수속 가능한 분】
- 본인
- 16세 미만인 경우는 대리인(본인과 동거 동일 세대의 친족)
【창구에 제출할 것】
- 외국인 등록증(카드) ※ 분실한 경우는 불필요
- 여권(소지하고 있는 경우)
- 얼굴 사진【세로 4.5cm 가로 3.5cm 6개월 이내에 촬영된 것 (16세 미만은 사진 불필요)】

외국인 등록원표 기재 사항 증명서
【교부 신청 장소】
- 구청 구민과 외국인 등록계 또는 각 사무소 호적 주민계
 (우송에 의한 교부 신청은 받지 않습니다.)
【수수료】
- 1통 300엔

신청인	지참물
본인	외국인 등록증
동거 동일 세대의 친족	신분증명서(외국인 등록증 · 운전면허증 등)
대리인	위임장 · 신분증명서(외국인 등록증 · 운전면허증 등)